中国工程院院士

是国家设立的工程科学技术方面的最高学术称号，为终身荣誉。

中国工程院院士传记

江欢成自传

我的优化创新努力

江欢成 著

人民出版社

出　　品：图典分社
责任编辑：侯　春
装帧设计：徐　晖

图书在版编目（CIP）数据

江欢成自传：我的优化创新努力／江欢成 著. —北京：人民出版社，2017.7
（中国工程院院士传记丛书）
ISBN 978-7-01-017169-2

Ⅰ.①江…　Ⅱ.①江…　Ⅲ.①江欢成-自传　Ⅳ.①K826.16

中国版本图书馆 CIP 数据核字（2017）第 000726 号

江欢成自传
JIANGHUANCHENG ZIZHUAN
——我的优化创新努力

江欢成　著

人民出版社 出版发行
（100706　北京市东城区隆福寺街 99 号）

北京汇林印务有限公司印刷　新华书店经销

2017 年 7 月第 1 版　2017 年 7 月北京第 1 次印刷
开本：710 毫米×1000 毫米 1/16　印张：24.75　插页：4
字数：320 千字

ISBN 978-7-01-017169-2　定价：100.00 元

邮购地址 100706　北京市东城区隆福寺街 99 号
人民东方图书销售中心　电话（010）65250042　65289539

　　从1963年2月14日进入华东工业建筑设计院，到上海现代建筑设计（集团）有限公司，再到上海江欢成建筑设计有限公司，我从事建筑设计工作已有50余年（摄于2007年）

我的祖父江玉犇
（1871~1929年），字韫
石，清末秀才

在"韫石之光"的辉耀
下，一大家子七代共百余人
不断地成长、壮大、奉献

我家十分珍贵的老照片，上有祖母、父亲、母亲、6位兄弟、1位妹妹
（缺姐姐）、3位堂兄姐、2位嫂嫂、2位侄子，前排左一是我（摄于1946年）

　　同甘共苦13人：祖母、父亲、母亲、5位兄弟姐妹、嫂嫂、3位侄儿、1
位外甥女，第二排右一是我（摄于1953年）

　　几十位亲人从外地赶回家乡广东梅州团聚，5位黑衣者分别是妈妈、姨
妈、姑妈、舅妈。照片中的73人，约是祖父江韫石名下之半（摄于1982年）。

　　除大哥江协成已故之外，兄弟姐妹7人回老家广东梅州团聚，右一是我（摄于1998年）

　　6位兄弟姐妹敲锣打鼓庆团圆。二哥江平成（右二）也从台湾赶回家。击鼓者是我（摄于2003年）。

　　大哥江协成饱受癌病折磨，匆匆从台湾赶回老家叶落归根，和老母话别（摄于1990年）

　　父亲江均生（字慕衡）于1972年2月14日（农历除夕）因重感冒痰喘辞世，信中满是对乡里的悲天悯人，对家庭却只报老小平安

　　妈妈钟梅英90岁时，高兴地
带着儿子漫步村道，这是她生前
最后一张照片（摄于1991年）

　　饮水思源。我给妻子、孙子、侄辈讲故事，村里的井水以清甜闻名，远
近前来取水泡茶用（摄于2006年）。

广东梅州中学体操队在梅县东校场表演垫上运动时留影，后排左三是我（摄于1953年）

全家福。左起依次为：妻子徐妙芝、儿子江春、我（摄于1971年）。

我（右一）和上海的亲人们——岳父、岳母、妻子、儿子和内弟夫妇、外甥（摄于1983年）

广东梅县
两厢小学
（1947年）

梅州中学初中
（1952年）

梅州中学高中
（1956年）

清华大学
（1960年）

华东工业建筑
设计院
（1963年）

从业50年庆
（2013年）

中国工程院院士传记系列丛书

领导小组

顾　问：宋　健　徐匡迪

组　长：周　济

副组长：陈左宁　黄书元　辛广伟

成　员：董庆九　任　超　沈水荣　于　青　高中琪
　　　　王元晶　高战军

编审委员会

主　任：陈左宁　黄书元

副主任：于　青　高中琪　董庆九

成　员：葛能全　王元晶　陈鹏鸣　侯俊智　王　萍
　　　　吴晓东　黎青山　侯　春

编撰出版办公室

主　任：侯俊智　吴晓东

成　员：侯　春　贺　畅　徐　晖　邵永忠　陈佳冉
　　　　汪　逸　吴广庆　常军乾　郑召霞　郭永新
　　　　王晓俊　范桂梅　左家和　王爱红　唐海英
　　　　张　健　张文韬　李冬梅　于泽华

总 序

　　20世纪是中华民族千载难逢的伟大时代。千百万先烈前贤用鲜血和生命争得了百年巨变、民族复兴,推翻了帝制,击败了外侮,建立了新中国,独立于世界,赢得了尊严,不再受辱。改革开放,经济腾飞,科教兴国,生产力大发展,告别了饥寒,实现了小康。工业化雷鸣电掣,现代化指日可待。巨潮洪流,不容阻抑。

　　忆百年前之清末,从慈禧太后到满朝文武开始感到科学技术的重要,办"洋务",派留学,改教育。但时机瞬逝,清廷被辛亥革命推翻。五四运动,民情激昂,吁求"德、赛"升堂,民主治国,科教兴邦。接踵而来的,是18年内战、8年抗日和3年解放战争。恃科学救国的青年学子,负笈留学或寒窗苦读,多数未遇机会,辜负了碧血丹心。

　　1928年6月9日,蔡元培主持建立了中国第一个国立综合性科研机构中央研究院,设理化实业研究所、地质研究所、社会科学研究所和观象台4个研究机构,标志着国家建制科研机构的开始。20年后,1948年3月26日遴选出81位院士(理工53位,人文28位),几乎都是20世纪初留学海外、卓有成就的科学家。

　　中国科技事业的大发展是在新中国成立以后。1949年11月1日成立了中国科学院,郭沫若任院长。1950~1960年有2500多名留学海外的科学家、工程师回到祖国,成为大规模发展科技事业的第一批领导骨干。国家按计划向苏联、东欧各国派遣1.8万名各类科技人员留学，全都按期回国，成为建立科研和现代工业的骨干力量。高等学校从新中国成立初期的200所，增加到600多所，年招生增至28万人。到21世纪初，普通高等学校有2263所，年招生600多万人，科技人力总资源量超过5000万人，具有大学本科以上学历的科技人才达1600万人，已接近最发达国家水平。

新中国成立60多年来，从一穷二白成长为科技大国。年产钢铁从1949年的15万吨增加到2011年的粗钢6.8亿吨、钢材8.8亿吨，几乎是8个最发达国家（G8）总年产量的两倍，20世纪50年代钢铁超英赶美的梦想终于成真。水泥年产20亿吨，超过全世界其他国家总产量。中国已是粮、棉、肉、蛋、水产、化肥等世界第一生产大国，保障了13亿人口的食品和穿衣安全。制造业、土木、水利、电力、交通、运输、电子通信、超级计算机等领域正迅速逼近世界前沿。"两弹一星"、高峡平湖、南水北调、高公高铁、航空航天等伟大工程的成功实施，无可争议地表明了中国科技事业的进步。

党的十一届三中全会以后，改革开放，全国工作转向以经济建设为中心。加速实现工业化是当务之急。大规模社会性基础设施建设、大科学工程、国防工程等是工业化社会的命脉，是数十年、上百年才能完成的任务。中国科学院张光斗、王大珩、师昌绪、张维、侯祥麟、罗沛霖等学部委员（院士）认为，为了顺利完成中华民族这项历史性任务，必须提高工程科学的地位，加速培养更多的工程科技人才。中国科学院原设的技术科学部已不能满足工程科学发展的时代需要。他们于1992年致书党中央、国务院，建议建立"中国工程科学技术院"，选举那些在工程科学中做出重大的、创造性成就和贡献，热爱祖国，学风正派的科学家和工程师为院士，授予终身荣誉，赋予科研和建设任务，指导学科发展，培养人才，对国家重大工程科学问题提出咨询建议。

中央接受了他们的建议，于1993年决定建立中国工程院，聘请30名中国科学院院士和遴选66名院士共96名为中国工程院首批院士。1994年6月3日，召开了中国工程院成立大会，选举朱光亚院士为首任院长。中国工程院成立后，全体院士紧密团结全国工程科技界共同奋斗，在各条战线上都发挥了重要作用，做出了新的贡献。

中国的现代科技事业比欧美落后了200年，虽然在20世纪有了巨大进步，但与发达国家相比，还有较大差距。祖国的工业化、现代化建设，任重路远，还需要有数代人的持续奋斗才能完成。况且，世界在进步，科学无止境，社会无终态。欲把中国建设成科技强国，屹立于世界，必须接续培养造就数代以千万计的优秀科学家和工程师，服膺接力，担当使命，开拓创新，更立新功。

中国工程院决定组织出版《中国工程院院士传记》丛书，以记录他们对祖国和社会的丰功伟绩，传承他们治学为人的高尚品德、开拓创新的科学精神。他们是科技战线的功臣、民族振兴的脊梁。我们相信，这套传记的出版，能为史书增添新章，成为史乘中宝贵的科学财富，俾后人传承前贤筚路蓝缕的创业勇气、魄力和为国家、人民舍身奋斗的奉献精神。这就是中国前进的路。

宋健

目录
CONTENTS

中国工程院院士传记

江欢成 自传

第三编　优化设计的探索和实践
Studies and Practices of Innovation and Optimization 153

第四编　设计创新的思考和探索

第二十一章　关于创新的学习札记

第二十二章　江欢成及其公司在创新方面的案例

第五编　从工程事故中吸取教训

第二十三章　对建筑设计八字方针的结构演绎

第二十四章　参与处理的几个工程事故

第六编　我的建筑师梦——一个结构工程师对建筑的追求

我的小档案

序　言
PREFACE

一、弹指一挥间，写书有点难
Time flies as snap of fingers

2013年2月14日是我从业50周年纪念日。上海现代建筑设计集团严鸿华董事长要我为这50年写本书。这其实是我多年的心病。现代集团的魏敦山院士及蔡镇钰、张耀曾、凌本立等大师、总师们早就完成了任务，唯独我拿不出像样的东西作汇报。50年来所做的事屈指可数，寥寥几页纸就可以写完，却要把它写成书，于是，笔头变得如此沉重！

幸好，我有个习惯，小笔记本总是随身携带。笔记本总数已有百余册。尤其自1985年11月开始，使用最简单的牛皮纸面工作手册，编号已到86号，我相信"好记性不如烂笔头"。我的另一习惯是拍照。自从有了数码

年历本换得真快，工作笔记已有百余册

华东建筑设计院东邻上海海关大楼　　华东建筑设计院四五米高的大铜门　　华东建筑设计院西靠原工务局大楼

从华东工业建筑设计院到上海现代建筑设计（集团）有限公司，我见证了一个企业长达半个多世纪的变革与发展

照相机后，一个傻瓜小相机不离手，不为创作，只用它作记录以补笔记本之不足，常常未经允许先拍照，显得不甚礼貌，我只好以"狗仔队"自嘲和解脱。亏得这两个习惯的帮助，我终于拿起笔来写此汇报，只是有点不像文章，倒像似连环画。

　　1963年1月，我从清华大学土木建筑工程系工业与民用建筑专业5年半制本科毕业，当年2月14日到华东工业建筑设计院①报到，直到成书之时，仍在从事钟爱的建筑设计工作，回顾50余年诸多大小事情，仿佛就发生在昨天，真可谓弹指一挥间！

华东院，时称建筑工程部华东工业建筑设计院，坐落在上海市汉口路151号。大楼地处外滩，名为浙一大楼，是浙江第一商业银行大楼的简称。

大学时代的我憧憬"为祖国健康工作50年"

它与上海海关、当年的工务局大楼为邻。海关墙面粗犷的大石块使我震撼，工务局的门楼虽不大却很典雅，银行大楼刚造好还没派上用场，上海就解放了，华东院就设在这里，可见其身价和地位。报到当天的印象，至今仍十分清晰。尚未进入大楼，那对高大厚重的大铜门，就使我肃然起敬。乘上当时全国最新、最好的电梯，直达3楼，深红色的树胶地板和柚木门，给我一种高深莫测的感觉。接待我的是办公室的张能达和人事室的张慧敏。张能达人如其名，给我"女能人"的感觉。张慧敏则和蔼可亲、一脸笑容，后来知道她是杨自卫院长的夫人，又多了几分敬意。这就是我对华东院的第一印象。

那阵子，从清华大学、同济大学、浙江大学、天津大学、南京工学院、哈尔滨工业大学来的大学生特多，借住在内江路玻

003

---

① 单位名称经多次更改，先后为华东建筑设计院、华东建筑设计研究院、华东建筑设计研究总院等，以下简称"华东院"。

璃机械厂宿舍，我每天和倪天增、凌本立、田文之、章西福、卢德标、李金锁等人一起，乘61路公交车上、下班。当年的伙伴们都成了华东院的中坚，而今几乎全都退休颐养天年乃至故去了！庆幸我仍在上班，继续填写着年历和工作笔记，一本一本换得真快。拉开写字台侧的抽屉，工作笔记竟已有满满两抽屉！

听众的热烈响应，鼓励我先后作了七八十次报告

2012年10月27日，应中国建筑学会要求，我在天津"高层与超高层建筑论坛"上作主题报告。盛情难却，而正好在两院院士大会上听了三个重要报告，通篇强调创新驱动发展，我有所触动，便以《关于创新的学习札记》为题和同行交流，讲了50分钟。随后，北京工业大学、北京航空航天大学等高校又要我去为青年教师、同学们作讲座，希望我多讲些。我取了个巧，在其中充充气，多放些图片，没想到，还受到颇热烈的欢迎，阶梯教室塞满了人，还有人席地而坐。这给了我勇气和灵感，就用看图看画讲故事的方式来写这本书！**以真、白、新三字为准绳**，力求真实无华、坦白透明，争取有点新意。其实，技术含量较低，就算是一杯白开水，营养不多却止点渴，或许对后来者有点励志作用。

著书过程中，同事问我："你这是自传还是论文？"其实，我也犯晕。说是自传，一不到年龄，二没这分量。说是论文，既无公式，又无计算。思索良久，我说，就算是"自传式工作回顾"吧！因为它很自我，从自我出发，向关心、爱护我的同志，汇报50余年工作的所感所悟。其中还有许多我个人的照片，乃至家庭的照片，因为家庭成员支持了我的事业。

二、激情犹在，余热冉冉
Passion remains; heating still

我在清华大学读书时，有两个口号很响亮很深入人心，那就是：

为祖国健康工作50年，
祖国的需要就是我的志愿。

那时，绝大多数毕业生都为之不懈努力。时至今日，我总算可以在这里写下：**我做到了！**

1957年，全国高校招生10.7万人，广东梅州中学4人考进清华大学，左一是我

清华大学房23班（即工民建专业1962年毕业第3班的简称）在第二教学楼南侧合影，右一是我

1962年10月，房屋建筑专业四个班共约百人毕业前留念，最后一排左五是我

1957年秋入学时，马约翰教授在大礼堂手握拳头，对所有新生演讲："要动！让心脏激烈地跳动！"为祖国健康工作50年要有强健的身体。清华大学的体育锻炼风气很好，下午5点钟过后，操场上都是人。大学生运动会上，清华大学年年得第一。

环顾同班同学，工作50年还在上班的，寥寥无几，但我觉得，要稍广义些看这个问题，即使从工作岗位退下来，在颐养天年的同时，照看和教育第三代，也是在为祖国工作！然而，我十分庆幸，在工龄达到50年的时候，仍有个平台，允许我在工作岗位上努力，仍在海阔天空地畅想，享受设计工作的快乐！至于把"为祖国"作为动力的观念是否陈旧和狭隘，我是这样想的：生

我的全家福，摄于2010年2月春节

在我看来，爷爷的责任就是和孙子玩，随时做"替补"

于斯、长于斯、受教于斯，理应为这方土地和人民做事，因而，"爱国"是公民的第一义务，毫不含糊。然而，我也认为，即使身在国外，也是在传播中华文化、培养炎黄子孙，所不同的只是地点和形式而已！作为地球人，都在为人类作贡献！

至于志愿，毕业分配时填报工作志愿是很考验人的时候，人

当年清华大学土木系同年级的240人中，有20人获奖

各有志，是很可理解的。可贵的是，我们班好多同学都填报了最艰苦的地方，如大庆、新疆等，所有同学都服从分配。我填报的志愿是洛阳、包头、兰州，却被分配到了上海。"班头"董锡林说："华东院是六大区设计院之一，很有影响，清华应在此有一席之地。"果然，分配到华东院的清华"优良毕业生"奖状获得者很多，前后有凌本立、江欢成、项祖荃、潘祖琨、钱谷等人。董锡林的这句话无疑给了我压力。"好自为之！"这是华东院康平副院长离休时鼓励我的话。他那浓重的江苏宜兴口音，我不全明白，但这四个字，我记住了。

我在多个场合说过，我这几十年职业生涯中，能摆得上台面作汇报的，就是两件事：

一是设计了东方明珠塔。

上海东方明珠塔

我认为，自己在几十年的职业生涯中做了两件事：建设东方明珠塔和致力于设计的优化创新

二是做了些设计的优化和创新。

而事实上，东方明珠塔本身就是设计优化和创新的典型成果。因而可以说，优化创新把我50多年的努力串了起来。

所以，本书的实际内容是两部分：

一是对50多年的回顾，报个流水账，其中较大篇幅汇报东方明珠塔的创作和建设；

二是重点汇报优化创新的体会，对设计规范的完善和建筑安全等提些建议。

本书出版之前，曾有少量无书号的同名册子，赠送亲朋好友。我哥哥江凯成看后，为它发明了一个新词叫作"写话"，意为把想说的话写下而已。我很高兴这个词，本书本来就是七八十次报告中的PPT画页加解说词，供读者当连环画看。没想到，这个册子得到陈肇元院士、聂建国院士的肯定。中国工程院原秘书长葛能全，更建议列入《中国工程院院士传记丛书》出版，并提出许多宝贵的修改意见。据此，我作了些调整和补充，尽量把口语变成文句，于是有了这本书。

　　我要特别声明的是，这本书写的是我个人工作经历中的感受和感悟。由于每个人所处的环境和看问题的角度不同，对所涉人和事，肯定会有不同的看法和结论。我相信各有其道理所在，都可以理解。我不希望由这本书引起讨论甚至争辩。书中必有许多不准确和偏颇之处，敬请读者原谅！

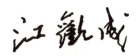

"为祖国健康
工作50年"

眨眼之间，50多年过去了，这50多年是怎样过的？说来实在简单，人们有"朝九晚五"之说，我则"九前五后"，仅此而已！常常外出归来后，下班了还要到办公室弯一弯，已成习惯，总觉时间不够用；当了"总"之后，更多了份责任感。办公室的灯，多是我打开的，让职工进来就有个好心情。我相信身教胜于言教的信条。公司骨干，大多数也是这样做的。

我爱好文艺，吹、拉、弹、唱都能成调，不会的说我会，会的则说我不会，就这水平。中学时当合唱队指挥，演出全套的

吹、拉、弹、唱都是基层业余水平

1957年，梅州中学部分在北京的同学合影，后排是我

我（第一排左一）曾任广东梅州中学合唱队指挥，演出的《黄河大合唱》等多次获奖

《黄河大合唱》。在大学里，我是清华合唱队集中住在文工团的骨干，还为《教育革命大合唱》写过一段歌曲。可是工作后，忽然兴趣都变了，所有的都"生锈"了，连一首流行歌曲都不会唱。

在台湾结构学会作报告

50多年来，我没有间断过建筑设计工作，做了些事，做成了些，也做好了些，但太少！我应该有能力做得更多些、更好些，而做成、做好一件事实在很难，有多种因素的制约，在很大程度上靠机

在清华大学作学术报告

在香港高层建筑会议上，和Ove Arup顾问公司负责人Peter Ayers合影

遇。机遇难得，碰到了就要抓住不放！这是我的体会和对后来者的忠告！

稍有成就而成名之后，我作过的报告有七八十次，包括在小学、中学、大学、设计院、中国工程院、施工企业、学会论坛作报告，乃至为党校上党课，也在境外河内、伦敦及香港、台北等地作讲座。进行学术交流时，我常常十分胆怯，没有高深的理论，甚至连公式、演绎、计算都没有。可没想到，每次作报告似都颇受欢迎。有人告诉我，他连上厕所都舍不得。这是对报告人的最大褒奖。究其因，我体会还是这几个字：**真、白、新**。讲我亲身经历过的，和盘托出不做作，这样，人家才相信；讲我懂的，不卖关子，这样，人人都听得懂；讲我对创新的追求，这样才能有共鸣和响应。

第一章　20世纪60年代——
前辈点拨，受用终生；遵义三线，历练3年
1960s—Wisdom from elder generation benefits for whole life; Three-year tempering in Zunyi

做一名普通劳动者

进华东院后，我被安排到三室一组。先劳动半年，起初在食堂劳动，学会了做包子、做水饺；随后到松江泗泾华东院的农场养猪，挑酒厂的泔水做饲料。我轮值下厨时，做了顿"拳头粄"。这是我家乡的特色小吃，一种揉韧了的面，用手揪成小片，放开水中煮

被分配到华东建筑设计院后，首先在农场参加了半年劳动

熟，再浇猪油、葱花即得，大家都说很好吃。劳动中，我和陈炳潮、蔡师傅等人成了好朋友，和胡建田、顾身信同住草屋，拉琴吹箫，自得其乐！

我享受体力劳动，乐于做普通劳动者。

初生牛犊不怕虎

半年之后，我回到设计室，开始了设计工作。很幸运，一

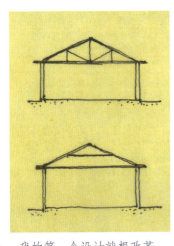

我的第一个设计就想改革

开始，我就遇到好老师：任潮军、阴士良、冯乃昌、方义弼、张耀晟等人。那时，院里有"一帮一，一对红"的措施，我很不赞成。我希望向所有人的长处学习，拜能者为师！我喜欢尝试搞一些不同于常规做法的小革新，都得到老师的支持和指点。建筑师也很尊重我的意见，我想做的事大都能成功。那时，建筑以实用为主，不求华美，结构师的发言权较大。并且，我常帮他们出主意，把问题想在前面。

徐汇煤球厂是我做的第一个工程设计。一个做煤球的手工作坊，约9～10米跨度。阴士良组长让我试试，可以采用砖墙——豪式木屋架结构。工程虽小，但我理解这是一次真刀真枪的考试！我提问，对此小跨度的木屋架可否做得简单些？把豪式屋架中的5根腹杆，只用一根横杆代替。在主要的均布荷载组合下，上弦杆中部通过横杆相互支承，减小上弦一半跨度。对这个想法，阴士良稍作迟疑后同意了。现在回过头来想想，实系初生牛犊不怕虎。这个结构并不很合理，我担心在不对称的风、雪荷载等组合下，结构的表现未被充分复核，幸好它的跨度不大。阴士良的身体佝偻得很，手微发抖，但他的为人、他的学识，令全院佩服。我想，他的同意，实是爱护我的积极性而已！

孙家宅咸鱼加工厂是我做的第二个项目，它是一个腌制咸鱼、咸肉的手工作坊。车间坐落在渣填土上，阴士良指示做得越轻越好。于是，我设计了一种结构：混凝土柱加轻钢屋架，上覆自防水钢丝网水泥屋面板。当时，钢丝网水泥大波瓦已有了标准图可供套用，但我考虑到大波瓦成型需先行把钢丝网退火软化才能压波成型，既损失强度，对机械设备的要求又高。为此，我建

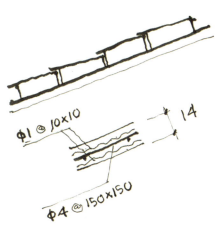

孙家宅咸鱼加工厂屋面板示意图

荷载试验之后，再上去压一压，
左一是我

议做一个一边带挑口、三边翻边的槽型板代替，又得到阴士良的支持。他派我驻闵行的上海混凝土制品三厂，要求我亲自把它做出来，并作承载和风雨试验。我在现场3个月，和技术科区科长和张师傅等人混得很熟，他们对我的设计要求有求必应。屋面板很轻，板面仅有14毫米厚，2网1筋，网由$10 \times 10 \times \Phi 1$的钢丝织成。做成后拍拍它，当当作响，我心中有种说不出的高兴。3个月的施工锻炼，使我对预制混凝土构件的制作有了深刻的认识，对今后几十年的设计业务都起作用！料想时至今日，该加工厂早已被拆除，因为那块地是沿江宝地；并且，臭鱼味很污染环境，几公里外都可闻到其腥臭味！否则，我担心所用轻钢结构不耐腐蚀呢！

作风雨试验，看防渗漏的可靠性

华东建筑设计院大楼加了两层

经验之谈

做了这两个工程之后，我逐渐被安排做重要些的工程设计。我的第三个项目是华东院大楼加层。我从三室一组调到二组，在张耀晟工程师带领下，把6层上加两层的框架结构从基础到上部，全部手算复核了一遍。施工期间，逐根钢筋现场校验，使我对图纸上的东西在实际上是什么样子，有了清晰的概念。张耀晟还教会我把握一条：只要连续梁的跨中弯矩支座弯矩之和大于$1/8ql^2$，就不会出大问题。他常用跨中1/8，支座按构造或按1/16配筋。这些经验之谈够我受用一辈子。

复杂问题简单化

我的第四个项目是虹桥机场指挥塔楼设计，8层大楼在1964年是少有的高层建筑。在20世纪二三十年代的上海外滩高层和国际大厦之后，30年间就少有这样高的建筑，我的前辈都没有机会做，我真是受宠若惊！最值得一提的是，对顶部瞭望塔的结构，我又动了小脑筋。10米直径的六角亭，能否用最简单的办法建造？常用的办法是主、次梁结构，屋面上用现浇板找坡排水。我想把主、次梁都拿掉，仅保留面板和圈梁做一个折板式穹顶。但壳体结

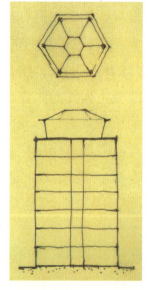

虹桥机场的老指挥塔楼

构，在没有计算机的情况下，对它的分析令人生畏。我请教了组长冯乃昌（1952年毕业的清华学长），他的几句点拨，让我豁然开朗：板按互为支承的连续板分析，穹的矢高当作梁高计算环梁的拉力，环梁兼吃推力，按拱来推算，配筋适当留些余地。嗬！原来工程可以这样做！把复杂的问题简单化，概念十分清晰！这又是我一辈子用不完的财富！

山散隐，干打垒

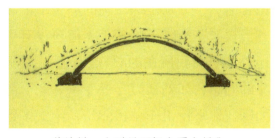

落地拱，大型屋面板上覆土绿化

1966年夏，按照毛主席关于建设大三线的战略决策，在贵州遵义成立了建工部第二综合设计院。人员从华东院、中南院、建研院借调。大家都不明白"借调"为何意，"借"尚可咬咬牙，"调"则一去不复返！上海的家小怎么办？为此引起了巨大的震动，做了许多动员工作。我是单身汉，从客家山村出来，并不留恋大城市生活，便主动报了名。总部办公室借用遵义市委党校，设计则在现场，从市中心开两小时左右汽车到老蒲场，再过去几公里，称之为4号点。竹棚席顶，蛇虫出没，对于大城市来的人来说有些可怕。可是，周围百姓把它当天堂，都来看热闹。日光灯挂起来，在山村里简直就像宫殿一般。这是毛主席说的"骑毛驴也要进来"的山沟，按照"山散隐"（靠山、分散、隐蔽）的原则盖工厂。盖好后，有的像民居，有的像山包，更要紧的则进洞。我的密级不够，只做洞外建筑。黏土拌灰，夯成砌块，试制、晾干、试压等均亲自动手。4厘米厚的预应力平板上面盖青瓦或草，看起来像是民居。我做的最大建筑是21米跨度的落地拱车间，在大型屋面板上覆土种草。

打倒"当权派"

1967年，北京的红卫兵串联到了遵义。名为"井冈山"的造反派组织，从061工程总部开始造反，"打倒金凤（遵义市委书记）""打倒刘慧芳（遵义市市长）"的喊声不绝于耳。最大规模的游行发生在造反派头头王××被另一派刺杀之后。随后，重庆、武汉等地的大武斗就开始了！

综二院造反派喊的口号是："打倒查海波！打倒宋华！打倒吉浩"（分别是综二院的党委书记、院长、副院长）。这几位"当权派"都吃了些苦头，但还没有到"坐飞机"的地步，相对还算文明。我所在的4号点有过一次戴高帽游行。我佩服那些挨斗的同志，如刘秋霞等老专家、老干部，他们都顶下来了，还一如既往地坚持工作！1968年，绝大多数同志回上海、武汉、北京的原单位造反。我留驻现场配合施工，直至1969年回到华东院第一设计室，在华东院革命委员会的领导下"抓革命、促生产"。

40多年过去了，当年一起进山沟的同事杨梦柳、季康、朱达欣、王茂龙、张明甫、王培德、袁兴方、张富林、许庸楚、余舜华、张子蓉、王玲华、吴云芝、李志明、孙田成、徐妙芝等多人，还常常团聚。杨老太牵头，徐妙芝跑腿，都对贵州充满眷恋

"何时回遵义看看？"当年一起进山沟的同事如今常常聚会，我在后排左四

之情，总想回去看看。听说那些建筑早就改变了用途，甚至被拆掉了，心中有点说不清的滋味！

凤凰涅槃，浴火重生

2013年5月23～27日，中国科协第十五届年会在贵阳召开，我被安排在中国水电顾问集团贵阳勘察设计院作一次技术交流。得该院大力帮助，在池主任专程、专车陪送下，我和夫人徐妙芝终于如愿以偿，重访遵义故地。那党校、那老蒲场、那"山散隐"的厂房……是那样熟悉，令人回味！

在老蒲场，我们受到了航天精工制造有限公司（原称536厂）的热情接待。没有介绍信，靠一张名片进了大门。在一段对当年情形的描述之后，蹇总、张主任就相信了我们，并尊称为长辈、功臣。参观了他们的工厂，该厂管理得很好，井井有条，整洁明亮，像似花园。参观了展示厅，反映

"分散"的民居式厂房

当年建厂情况的老照片使我们倍感亲切！2003年，536厂濒临破产，仅剩120人，年产值只有400万元。转产航空零配件之后，凤凰涅槃，浴火重生，现有800员工，年产值达4亿元。但邻近的工厂，如531厂、405厂、415厂、420厂等都搬走了，或到遵义市，或到贵阳市，厂房租给了小企业。有些厂房甚至连门窗、砖墙都没了，草比人高。昔日老蒲场现今改名为遵义市新蒲新区了，正在重新规划和建设之中！

因时间关系，没有看到昔日的落地拱和山洞等建筑。很想找到当年在405厂的席棚设计室和在它下面的小卖部，可惜没找

"靠山"的铸锻车间

香江水清澈丰盈

到，但拍到了当年建设的靠山的车间和民居式厂房等建筑的照片，和当年在此奋斗过的同事分享，稍释情怀。

遵义市已大变样。当年小小的香江，筑坝后已成遵义的新形象，一些青年人在江中游泳，许多人在江边公园跳舞，红花岗的文化宫更热闹非凡。在再次瞻仰了遵义会议会址之后，重回山梁上的党校，欣赏美景，并指点每幢房子，大礼堂和教室正在搞职业培训，当年的简易食堂已被拆除，宿舍变成了教学楼、办公楼。回忆起当年同事徐××在党校骑车，从高坡冲下掉进香江的趣事。为寻找当年从市中心到党校的必经之路和路边那凉风嗖嗖的山洞，我从山下的沥青路沿土坡艰难上爬，夫人徐妙芝却不冒此险了！

几年时间不算长，但它刻录了一段轰轰烈烈的青春年华，遵义情结一直在当年的同事中挥之不去，我也在遵义有了现在的小家。夫人徐妙芝的姨夫张哲民是原建设部建工总局局长，已97岁高龄。不久前拜访他，他仍笑谈那年考察大三线建设时，发现外甥女谈恋爱了！

此次访黔给我很大的感触是，贵州目前还属欠发展省份，但昔日"**天无三日晴，地无三尺平，身无三分银**"的情景，正在朝好的方向转化。我用一首打油诗以对："**天清灰尘少，生态原味保，休闲宜居好！**"整个贵州都在涅槃重生之中。

第二章 20世纪70年代——
促生产，攻疑难；首次出国，样样新鲜

1970s—Keep producing and overcoming difficulties;First time going abroad and fresh to everything

20世纪70年代，在"抓革命、促生产"的口号声中，我幸运地处于"促生产"那一拨，虽有台湾哥哥的关系，却有贫农出身作保护；虽不能当头头，却免受了冲击。在10年"文化大革命"中，我从未脱离过生产，除跟着喊口号、跳"忠字舞"以及"早请示、晚汇报"之外，一直忙于设计。这10年是我业务上的成长期和丰收期。

软土上建大天线

1972年2月，尼克松访华，随带一个10米直径的抛物面天线放在上海虹桥机场，以便对他的访华讯息实时传输。之后，我国决定在上海安装两个30米直径的大天线，一个对着太平洋上空的人造地球卫星，另一个对着印度洋。当时买的是美国的设备，美方要求放在佘山，以避免地基变形影响讯息传输，因为只在那里有基岩露头。但上海市决定放在七宝，在通信极不发达的情况下，放在身边到底方便些。这个任务颇为神秘地落在了我肩上。为此项目，我第一次乘飞机去了北京，兴奋之情溢于言表，连走路都轻飘飘起来，写信向妈妈报喜："你儿子乘过飞机了！"当

时对许多人特别是像我这样的农村孩子来说，乘飞机实在是一种荣耀。在陈寿华主任工程师指导下，我摸清楚了设备对土建的要求：一是地基在风作用下的变形要求，保证天线始终对准4万公里外的卫星；二是基座的固有频率，要避开发射设备伺服系统的频率以免共振。针对这种情况，我们和上海勘察院合作。莫群欢总工程师试验后发现，地基土的动弹性模量约为静变形模量的10倍，从而解决了第一道难题。我设计了中长桩箱式基础，8个肋伸出箱外，回填级配沙石，以增大其抗扭刚度，提高其自振频率，错开伺服频率，从而获得了成功，地面站运行保证率达到100%。本设计曾引起较大反响。在航天英雄已经进入太空的今天看来，这实在微不足道，但在当时看来，中国人第一次成功地在软土地基上建造了大直径的天线基础，国际上绝无仅有！因而获得了1978年第一次全国科学大会奖（当时，不分奖级，也无名次）。

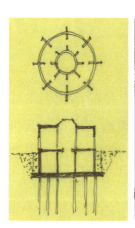 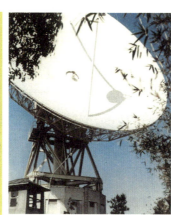 

中国第一次把30米直径的天线放在软土地基上——基础、天线和微波塔

与之配套的微波塔，是我第一次设计钢塔。我画了多种设计方案，设计总负责人（以下简称"设总"）蔡镇钰选了个三角形平面的，简洁，美观，施工方便，用钢极省。在画方案过程中，

我感受到了造型设计的乐趣，越画越开心。大学学的画法几何起了很大作用。

有了点小名气

随后，我设计了梅山炼铁厂的锻工车间，第一次做隔震设计。其中有2吨锻锤基础、1500吨水压机基础等。厂房设计中，我还尝试了12米跨度的钢混组合吊车梁。

上弦混凝土，下弦型钢

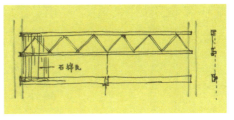

预制腹杆整浇上、下弦，吊挂墙梁

从此，我似乎成了解决难题的能手。华东院第二设计室设计大隆机器厂新厂的铸钢车间时，赵良圃是组长，张家俊是设总。他们已忙了很长时间，发现12米跨度墙体结构十分复杂，便把我从一室借到二室。我用很简单的装配式桁架安装大波瓦，同时吊挂下面的墙梁，解决了问题。他们为此感到很是吃惊。

80米沉井的世界纪录应是一个教训

大隆机器厂的设计完成后，又叫我去设计上海在江苏沛县的大屯煤矿，作为先头部队的一员到淮南、枣庄等地考察，下到四五百米深的矿井巷道学习。他们的打井经验是冻结法，用低温盐水管把井筒周围的土冻住然后挖井，说这是"通天法"。当时的上海市领导认为强迫工人在零摄氏度下挖土不人道，并听取了某专家的意见，决定采用沉井法施工。井筒上部是152米厚的土层主井深400米，其中土层是最困难的区段。我横算竖算，为克

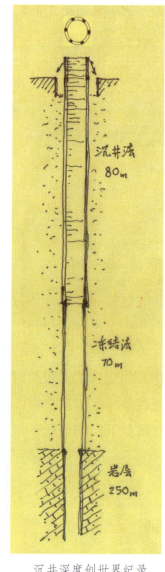

沉井法
80m

冻结法
70m

岩层
250m

沉井深度创世界纪录

服下沉摩擦力，最多沉到75米，因而反对采用沉井法。不料，这任务反倒落在我肩上。我设计了8米直径、壁厚1米的井筒，沿周边分成8块预制管片（1米高）、8根现浇柱子，把它们连成整体。刃脚首当其冲，受力大而复杂。杨僧来工程师（后为华东院副院长）作了精细的分析计算。井筒外还设计了外套井，以便在沉不下时倒拉施压。施工队是上海基础公司四队，队长是石礼文（后为上海市建工局局长）。在水下用高压水枪冲刃脚下的土，边冲边压边下沉，花了近一年时间，沉下80米后，再也动不了啦。虽然没沉足152米，倒也创造了世界纪录！下面的70多米，不得不回到用冻结法解决问题，由沈恭等人完成（沈恭后为上海市建委副主任）。通过这件事，我对施工单位十分佩服，以后再和施工单位打交道，总是虚心听取意见。与此同时，我更体会到决策者的科学态度是何等重要！

闯劲有余，慎重不足

在这之后，我又回到一室，设计了上海无线电十八厂，那是滑模施工的9层框架结构。我设计了钢筋自承重骨架，在梁的钢筋骨架上，加焊几根斜筋形成桁架，从而省去了施工用的下部琵琶撑。我还设计了装配式室外悬挂楼梯，每层一个丫形混凝土构

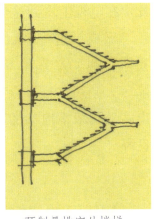

自承重骨架浇捣混凝土

件吊装后，安装踏步板，十分方便，听说后来被选入武汉工学院教材。现在回过头来想想，那时也真是大胆，其中的不安全因素颇多，亏得没发生大地震！但钢筋自

预制悬挑室外楼梯

承重骨架的尝试成功后，帮我解决了东方明珠塔百米斜撑建设的大难题。

劳者多能，能者多劳

此外，我还设计了上海某厂总装车间，其中有33米大跨度重型混凝土屋架，上弦盖屋面板，下弦铺楼板做设备层。通常，大屋架是分两段预制，然后拼接。我尝试了整体翻身起吊，和机械施工公司的王大年总工程师合作，仔细分析了过程中的内力和变形。吊装十分顺利。那时不像现在，动不动就宣传突破、申报大奖。做成功了，大家很高兴，有点成就感，仅此而已。此后，我

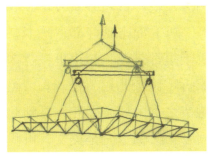

整体浇捣33米混凝土桁架，突破常规

和赵良圃（左）在北京民族饭店

几次在电视上看到这个车间的生产场景，自豪之情，油然而生。

做成了这些事后，许多比较难的工作，便落到了我身上，我体会到了"劳者多能，能者多劳"的道理。全国第一次设计革命大会在北京民族饭店召开，会期7天。华东院派了两名代表出席，我荣幸地参加了如此隆重的全国大会，另一代表是组长赵良圃。

赞比亚的美好回忆

为设计赞比亚联合民族独立党（UNIP）总部大楼，我去过该国三次共两年时间：1975年考察，做方案9个月；1983年、1984年驻工地两次，一年三个月。赞比亚给我留下许多美好的回忆。

1975年8月，由上海建工局的王迎春、华东院的严钦汉带队，考察团一行11人，在友谊商店按标准置装。有资格进入该商店，已觉身价非凡。我第一次出国，一上飞机就觉得样样新鲜：乘巴基斯坦航空公司的飞机，经卡拉奇、亚的斯亚贝巴到达卢萨卡，年轻漂亮的航空小姐，精心设计的餐具、餐点，还外送一个很时尚的人造革航空包（我在英国时，天天背着它上班）。我想起1965年我们在虹桥机场作现场设计时，扒在铁丝网外，看巴航试航起降，宋华院长争取了个机会让我们到机上参观客舱。没想到现在自己乘上了国际航班，旅行两天一夜。真是感慨万千（我的小孙子才6岁，已多次乘飞机了）！到了赞比亚首都卢萨卡，看到的是红土地，但树上、墙上、院子里都是花。超市里，货物琳琅满目。国内螺丝钉论盒卖，人家拆零论个儿封装挂着卖。黑人主妇推着购物车，满车卷筒纸、罐头之类，还有婴儿。看到此情景，我们这些西装笔挺的人成了阿乡！大街上全是英文，可我大字不识几个。那时，中国大街上几无英文字母。办公楼内，人们轻声细语、彬彬有礼。我们还用复写纸，他们已用复印机。从

考察赞比亚会议中心，右三是我

三尖碑位于卢萨卡市政中心大转盘

自由塑像后面，就是赞比亚联合民族
独立党总部大楼新址（占地8公顷）

偌大个中国出来，在赞比亚面前却显得十分无知和寒酸。在那里，我们参观了天然动物园、利文斯敦大瀑布。卢萨卡地处南纬17度，该是热带地区，但因是高原，海拔1700米，据说海拔每升高100米，气温降低0.7摄氏度，因而气候很是舒服，汗水蒸发快，只要在树荫下，温度高也不觉热。其间，还去过赤道上的肯尼亚首都内罗毕，去过坦桑尼亚首都达累斯萨拉姆。途中，飞驰的轿车和集装箱卡车，让我印象深刻。非洲不像以前想象的那样

江欢成 自传

我（左一）与严钦汉（左二）、龚洪涛（左三）、项祖荃（右一）在赞比亚

在木伦哥希村总统别墅前合影，左一是我

炎热和可怕。黑人朋友多数赤贫，皮肤细嫩油滑，卷曲的头发紧贴头皮，穿一身单衣四处谋生。他们常在工地旁用两块石头架起罐头筒烧玉米糊吃，一天只吃两顿却不叫苦，从3米深的基坑内铲土往上抛，一天下来不叫累，晚上则围圈咚咚起舞，几乎天天如此，不亦乐乎。大楼的地基是溶岩，挖石头的进度很慢。我提出用计件方法，把石块堆成长方体，按方数付钱。这样，积极性高了，施工速度翻番！但是，我真体谅他们的辛苦！

考察团住过最简陋的铁皮房，也住过很好的总统别墅（非洲统一组织开会时住的木伦哥希村），参观了许多外国援建的建筑，走访了当地的材料设备商。考察实在是很好的学习机会！我发现那种无柱的墙——板盒式结构很受欢迎，室内空间效果好、施工方便，便把它用于设计16层高的赞比亚联合民族独立党总部大楼。回到国内，我又用它设计了9层高的某研究所大楼。不久前，看到报道说鱼骨式剪力墙高层建筑是新结构，其实几十年前，我就在赞比亚用过了。

1976年5月，我们乘坦赞铁路的火车经达累斯萨拉姆乘船回

在赞比亚联合民族独立党总部大楼奠基典礼上，卡翁达总统揭幕

国，在大洋中游弋13天。不为省钱，也不为玩，只因考察团的铁箱子太重。箱子是坦赞铁路的老师傅将瓦楞铁打平之后做成的，箱子里尽是罐头，最多的是中国出口的"乐口福"，是用剩下的伙食费买的。出国期间的津贴是每天1美元，我用它买了块小"罗马"表和罗马尼亚生产的电热炉、电风扇、电唱机。我和王巧臣、周至孝三人负责押运这些铁箱子回国，在广州登岸，转火车到上海北郊站。为了几个罐头和家用小电器如此辛苦辗转，现今难以想象，当时的穷相，可见一斑。

不懂英语不行

赞比亚曾是英国殖民地，官方语言是英语，司机的英语都说得很好。我感到英语十分重要，便在那里学完了英语广播教材第1至4册（我在初中学过英语，高中、大学是学俄语），回国后又求教许德光工程师，并在上海外国语学院进修半年。这些就是我在1980年去英国时的英语基础。

赞比亚给我留下了美好的印象，是我人生旅途的一个重要

赞比亚联合民族独立党总部大楼会议中心博物馆和宴会厅有6万平方米

我（穿白衣者）想出量石方、计工资的方法，提高了赞比亚工人的积极性

环节。考察团包括王迎春、严钦汉、黄文斌、龚洪涛、项祖荃、江欢成、丁文达、王巧臣、姜达君、周至孝、陆永强（翻译）共11人，同吃同住同出门，成了老朋友。尤其是龚洪涛做的红烧鸡脚爪和汤包，至今仍令我回味。还有一点感触很深：我国工程师出门必带翻译和司机，三人做一件事，而外国专家却一顶仨。原因是当时出国有三人同行（后改两人）的规定，此其一；再者，没有一位专家会开车，会说英语！这个现象直至改革开放几十年后的今天，才勉强得以改变！

从赞比亚回国后，我做了两年初步设计和施工图，带做一些零星的小工程，如新民晚报社住宅楼、上海北郊火车站等。另外，我参编了《赞比亚设计资料集》，由铁道部第三设计院主编，他们搞坦赞铁路积累了丰富的资料。我负责建筑材料篇和建筑设备篇，与洪明栋及上述考察团成员合作。

第三章　20世纪80年代——
英国、香港开眼界，总工不"总"想闯关

1980s—Open eyes in Britain and Hongkong: Chief Enigneer not keen on daily work but breakthrough

学英语，交朋友，阔视野，树信心

1978年，党的十一届三中全会召开，我国多年自我封闭的大门眯开了一条缝，我的人生历程也出现了一个关键点。

英国工业联盟Confederation of British Industry（CBI），对发展中国家一直提供奖学金，以加强英国和世界的联系。我国起初拒绝接受，直到1980年才接受。当年给中国9个名额，其中建筑结构工程师1名。按英国工业联盟的要求，年龄要在35岁以下，可我国因"文化大革命"的关系，大学教育中断了10年，为此，英方放

改革开放后，中国第一批获英国工业联盟奖学金资助的访问学者，第一排右一是我

FOURTH ROW (L to R)
ERIC ENGLBRECHT, South Africa
JOSE GARCIA MERE, Peru
YE JIAN, China
HUMEN TAN, China
PAT THORN, New Zealand
IAN STEPHENSON, South Africa
BRIAN BOCK, Australia
MURRAY TATE, Australia
RON BLACKWELL, Australia
PETER KING, Australia
PATRICK V. McGUIRE, Australia
MARTIN TONG WOON MING,
　Hong Kong
GREG CURTIN, Australia

THIRD ROW (L to R)
RICHARD RAUBENHEIMER,
　South Africa
JAKCHAI BARLEE, Thailand
MASOOD A. PASHA, Pakistan
ZBIGNIEW LONC, Poland
LAW SIU SEONG, Hong Kong
LU QIU, China
DAVID DJANIE, Ghana
ALLAN J. JOHNSON, Australia
P. A. T. AYIKU, Ghana
LUIZ DE RAPYO JUNIOR, Brazil
LEE SOO SONG, Malaysia
GEOFFREY PIGGOTT, Australia
S. RAVINDRA NATHAN, Malaysia

SECOND ROW (L to R)
PIBOOLSAK A. PISAN, Thailand
JORGE L. BULLON, Peru
JIANG HUANCHENG, China
LUCAS MARTINS GAIARSA, Brazil
FRED H. JONES, CBI Scholarships
D. W. R. WALKER, Manager, CBI
　Scholarships
J. M. PEAKE, Chairman, CBI
　Scholarships Board
SIR TERENCE BECKETT,
　Director-General, CBI
M. O. BURY, OBE, Director,
　Education Training & Technology
　CBI

FRONT ROW (L to R)
AUBREY THORNICROF
LLOYD McLEOD, New Z
MURRAY R. TRIGGS,
BRUCE HARKER, New Z
ROBERTO GIRALDO V,
CARLOS E. VARGAS LC
　Colombia
LUIS A. ESCOVAR PARI
　Colombia
GUILLERMO HERRERA
　Peru
ANGEL E. BOTTINO M,

同届CBI访问学者，第二排左三是我，前排左一是赞比亚的桑尼

松了年龄的限制。经国家经委推荐，英国驻华使馆对3位中国建筑结构工程师进行笔试、口试以选取一位，我有幸中选。那时，我已经42岁了，而比我年长的还有几位：谭虎门51岁，黄际雄48岁，何业宏45岁。一行9人中，还有陆楸、戚震华、叶剑、苏君展、童恩超，这几位比我稍小几岁。这些人回国后，都成为各单位的技术领导。我于1980年国庆前夕到了英国，在著名的Ove Arup顾问公司，进修高层建筑设计与分析，边干边学共两年一个月，其中4个月在Cardiff University学英语。房东是英籍德国老太太，叫Lilo。她人很好，通过游戏，训练我开口说英语。我把岳母珍藏的湘绣送给了她。她十分高兴，配框挂墙，拍照留念。

英国房东Lilo浓重的德式英语帮我开口说话

在英国的华人朋友们，如James黄、Francis陈、Lizie陈、W.T.岑等人，从生活到语言给了我许多帮助。他们不太会说普通话，逼着我用英语沟通，不懂再用文字表达。在Francis陈家住了一个月，我的英语口语有了突破性进步。

出门靠朋友——我（右一）和来自中国香港、中国台湾、新加坡和马来西亚的同行在一起

一年三个月在Ove Arup顾问公司伦敦总部，六个月在香港分公司，我参与了开罗Bank Misr、香港绿杨新邨、香港交易广场大厦等工程设计，窝在资料室里学习了Ove Arup顾问公司大量的高层建筑设计资料，积累了点回国汇报的资本。我发现Ove Arup公司的结构设计风格就是传

在英国Ove Arup 顾问公司前留影

力路径清晰，敢使用大断面，控制住轴压比，留有适当余地。几位老板，如Duncan Michael，John Martin，Peter Lasater等人都非常真心地对我提供帮助，邀请我到家过圣诞，住上几天，一起上教堂，让我知道英国人是怎样生活的。有人说，英国人难交朋友，成了朋友却很真诚，我算有了点体会。我的公司现在也有几位外籍职工，对他们，我还没做到这一点呢！

拜访Ove Arup先生

我拜访过Sir. Ove Arup爵士①。那时，他已87岁高龄仍经常上班。他有个演讲，里边提到整体设计（Total Design）的理念，强调设计的综合性。它成为我此后优化思想的一个重要内容。我也同样体会到：**如果每个工种都想本工种最优，其整体结果必然不优。**设计就是综合解决许多矛盾的过程，分清主次、中庸折中，但**每个工种努力把自己的事做好是整体优化的基础。**所以我理解，**优化就是合理化**，而不是通过挖安全度去拼命节约。扩而大之，**文化、建筑、结构三者结合取其共核，是搞好建筑设计的精粹**，而建筑还要融汇在社会经济活动之中，所以，规划更为重要。

除了学习技术，我还努力去了解英国这个十分陌生的国度

在John家过圣诞，住了4天，前排左二是我

在Duncan家，左一是我

---

① Sir. Ove Arup爵士（1895～1988年），著名的结构工程师，丹麦裔英国人，毕业于丹麦工业大学，1946年创立奥雅纳工程顾问公司，与众多国际知名建筑师合作，设计了悉尼歌剧院等大量有国际影响的建筑。

我（中）和英国的同事合影，Peter（右）　　　　在伦敦
现在是Ove Arup公司在美国洛杉矶的头儿

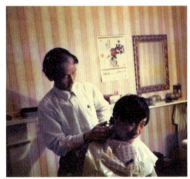

走在城堡前令人心旷神怡的绿色大道上　　　为同批CBI访问学者理发，理
　　　　　　　　　　　　　　　　　　　　发是大家聚会时的节目之一

在Ove Arup香港分公司，左一是我

在英国期间，每天骑折叠式自行车
上、下班

抓拍的英国白金汉宫门前
卫兵换岗情景

在温莎城堡前目睹了英国
女王的风采

和社会。骑自行车上、下班，乘发达的地铁，排队等候公共汽车
（等很长时间才来一部，站客还不得超过5位，上满了，再耐心
地等下一部），看白金汉宫的卫兵换岗（红色沥青路代替了红地
毯），在温莎城堡目睹英国女王英姿，听海德公园的自由论坛，
去海格公园瞻仰马克思墓，在伦敦市中心的许多公园看英国人
晒太阳，在鸽子广场（Trafalgar Square）喂鸽子，逛星期日市场
（中国留学
生是这里的
常客。当时
有一句话：
"要买便宜
货，去问中
国人"）。
伦敦给我的
印象是：平
和、安宁、

英国女警美丽、和善，
我夫人与之合影

在海格公园的马克思
墓前

生动、文化、绿色。

　　我作为访问学者的主要收获可用几句话表述：**学了英语，交了朋友，开阔视野，树立信心**。这些收益，在我此后的事业生涯中，不断地起作用。

　　我对于"学了英语"的最深体会，是在1983年重返赞比亚驻现场时，感觉自己和1975年时相比判若两人，耳聪目明、主动自如了许多。碰巧，卢萨卡建设局局长桑尼先生，也是同期CBI访问学者。在他的支持下，赞比亚联合民族独立党总部大楼工程得于顺利进行。另外，我还交了好些黑人朋友，甚至代表中国专家组，在黑人工友的葬礼上致辞追悼。我作为一个中国专家混坐在灵柩车上，黑人朋友沿途唱歌，自然地分声部，和声很好听，黑人的自然艺术与生俱来！

　　至于"交了朋友"却有个过程。起初，总是和中国大陆来的

重返赞比亚，巧遇同期CBI访问学者桑尼

在赞比亚的市场和小朋友合影

聚在一起。因有语言、文化的隔阂，也有政治上的警觉在起作用，生怕别人别有用心，甚至担心某人会不会是台湾间谍。慢慢地，我发现，人们不论肤色和国别，相互交往时多是友善和真诚的。"开阔视野"和"树立信心"，则始终支撑着我的工程设计。

　　还有一事值得一记：在赞比亚期间，我差点成了共产党员。工地上的组长水光、副组长王渔士赞扬我表现很好，一问，却不是党员，便要发展我"火线入党"，几乎要开党支部大会了，传来

华东院的答复："还是回华东院发展他吧！"回国后，华东院党委书记找我。我有所犹豫，做入党积极分子已28年（1954～1982年），如今年纪大了，还是抓紧时间做点实事为好。后来，党组织也认同，说我算是有些影响的人物了，在党外也有好处，就此作罢。

总工程师的责任——把关与闯关

1982年10月底从英国、中国香港回来后，我在上海土木学会作了4次共15小时的报告，题目是《英国和香港的高层建筑》。

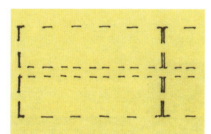

鱼骨式墙板结构

400多位听众如饥似渴地想要了解外边的情况，并且刚开始接触高层建筑设计，大家的兴趣很浓。

1983年，我设计了某研究所大楼，把赞比亚联合民主独立党总部大楼那种平板扁柱结构，在国内首次尝试，为业主提供了一个简洁明亮的空间，台模施工也很方便，深得好评，获上海市优秀专业设计奖。

1984年，驻赞比亚现场期间，我被提升为华东院副总工程师；1985年回国后，就成了总工程师，直到上海现代建筑设计集团成立。这样算来，我在华东院35年，其间14年在总工程师的位子上。

1998年3月，华东院和上海市民用建筑设计院合并，成立上海现

在上海土木学会作报告时的讲稿

江欢成建筑设计所的成员们个个朝气蓬勃、年轻有为，第一排右六是我
（摄于2007年夏天）

合肥市人民检察院办公楼

上海碧玉蓝天大厦

上海浦东陆家嘴的5个大项目——东方明珠塔、海洋水族馆、碧玉蓝天大厦、金茂大厦以及招商银行总部大楼（江春主创），都有我及同事们的贡献

代建筑设计集团，我又当了6年的集团总工程师。当年，我坚决反对两院合并。在两院干部大会上，我跳上台去，呼吁珍惜华东院、民用院这两块金字招牌（当时说，两院只留一个人管理设计资质），并对重大决策不公开、不透明的做法提出批评，我称之为"**两个人谈恋爱，两千人结婚**"，引发了热烈鼓掌，老同事至今仍在传说。然而后来，现代集团越做越好，最近还上市呢！看来是我没与时俱进，跟不上时代发展了！

当上华东院总工程师之后，我搞了仙霞高层住宅优化设计、东方明珠塔、金茂大厦、雅加达塔等工程。雅加达塔的设计队伍又名华东院国际部，后改为华东院五所；成立现代集团后，更名为江欢成建筑设计所。我在现代集团当总工程师6年，晃晃悠悠被牵着走、推着干，在其位不谋其政，心中很不是滋味。我的大

2014年12月6日，严鸿华董事长（右）、张桦总裁（左）留我当上海现代建筑设计集团资深总工程师，还赠送照相机

2013年2月5日，我、王凤石（后排右一）、吴云缓（后排左一）向原华东建筑设计院总工程师周礼庠（前排右一）拜年

部分时间仍在设计所里，做了上海碧玉蓝天大厦、合肥市人民检察院办公楼等项目以及一些优化设计。在设计所，我的主要搭档有成勇伟、李波、肖世荣、万钧、舒薇蔷、程之春、杜刚、魏俭等同志，个个才华出众、配合默契。

2004年年底，我退居二线，被任命为现代集团资深总工程师，时年66岁。严鸿华董事长和张桦总裁专门宴请我，并送给我一个当时最好的小型数码相机。从此，我就相机不离身，它成了我的好伙伴。在原建设部大力支持下，江欢成设计所转制成为民营的**上海江欢成建筑设计有限公司**。我任董事长、总经理、总工程师，和以往一样早出晚归。

前后当了约20年总工程师，我对自己的评价不高，甚至可说是一个"不称职的总工程师"。和前后几位老总周礼庠、陈宗梁、汪大绥、高承勇相比，他们都比我做得好！我有自知之明，不是总师这块料。我可以努力把自己的工作做好，但从不敢要求别人怎样做。我之所以当上总工程师，只是因为大学生断档10年、竞争者不多，又出国镀过金、会讲两句英语，仅此而已。

说实在的，我自惭形秽，几乎没搞过技术管理，一没组织能力，二不想整天忙于管理事务，三以工程任务在身作自我原谅。记得孔庆忠院长当时对我说："周总（周礼庠）是很好的总工程师，任劳任怨，细致把关，华东院的工程没出过大事故，希望你……"我有些不同想法：技术管理工作要由技术室做，**总工程师的要务是带领大家闯关**。这也成了我"失职"的又一借口！

第一把火——仙霞型高层住宅的优化设计

当了总工程师后，我新官上任的第一把火是仙霞型高层住宅的优化设计。仙霞型住宅是华东院在20世纪80年代初设计的风车型住宅，因为是上海最早的高层住宅，战战兢兢地把所有内墙都做成混凝土剪力墙。随后建造的许多高层住宅，都以此为样板套用。我刚从国外回来，觉得人家并非如此，这样做既浪费，住户使用的灵活性又很差。因此，我拦下几位刚分配来的大学毕业生，包括周建龙、张伟育等人，加上刚调来的王明辰、陈琪两位工程师，组成专题设计组。我自命为设总，把混凝土内墙的绝大部分改为砖隔墙，使用空间和灵活性都好了许多，建筑物的重量减轻了10%。沪太新邨的甲方十分支持我，宁肯把工程停下，等

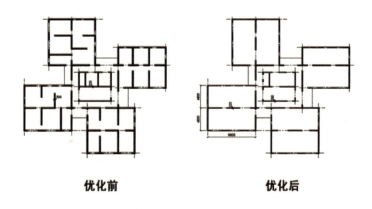

优化前   优化后

仙霞型高层住宅的剪力墙布置

我的图纸并答应给予奖励，虽未兑现，我已是十分高兴。以后，海潮路工房等工程也相继套用。专题设计组的几位成员后来都成为华东院的技术领导或骨干，大家都有一种成就感。

第二件大事——东方明珠塔的设计、建造与发展

担任总工程师后的第二件大事，就是当东方明珠塔的设计总负责人。我万分幸运地赶上了改革开放的大好时机，花了8年的时间和精力，完成了东方明珠塔的设计与建造。因为它是我职业生涯中最重要的作品，我就多用些篇幅作个回顾。为写这本自传，我翻阅了我的工作手册，有关东方明珠塔的从1号到23号共23本，时间从1986年1月20日到1995年9月10日共8年8个月。摘录工作很是累人，我几次摘录，几次放弃，下了个狠心才告一段落。有一种责任感驱使我干这事，因为类似这种历史记录，除了我之外，大概只有东方明珠的副设总张秀林能做了，其他人或调走了，或故去了，或没作记录。这种记录虽不全面，但很真实。希望人们记住那些可敬的建设者，也希望能对今后研究东方明珠塔的人有点帮助，起码可作为时间和人物的索引。东方明珠塔建成后，时任上海市广播电视局局长龚学平曾经要将众功臣刻石置于塔座，未能兑现，本书多少作了点记载，但远不全面。

本书记载的东方明珠塔的故事，前后历时30年，包括立项、投融资、设计、建造、经营、维护和发展等多个阶段，跨越4个10年。为了保持故事的连续性，我把它放在"20世纪80年代"中简单叙述。由于东方明珠塔的故事很多、篇幅很大，我将具体内容单独集成第二编，以保持故事的完整性。

上海东方明珠塔全景

第四章　20世纪90年代——
"额角头碰到了天花板"，"雅塔"基坑
晒了10多年

从金茂大厦设计监理到设计代表

20世纪90年代，我仍然精力充沛，想做很多事情。许多重大工程往往近在眼前，却总难有所成就，令我遗憾彷徨！

1994年，金茂大厦的国内合作设计院请的是上海市民用建筑设计院，为摆摆平，业主请华东院当顾问并做设计监理，审查设计公司的设计。华东院成立了监理组，就是东方明珠塔的班子，我是组长。审查出结构中的主要问题是计算风载远小于中国的规范，顶部设计风速仅为43米/秒，而东方明珠塔是49米/秒，风压和风速的平方成正比，两者风压相差30%。另一个问题是大伸臂结构，由于柱子和筒体有差异变形，造成伸臂的应力太大。为此，我建议先放松螺丝，待静载基本完成后再锁定。对于前者，SOM建筑设计事务所请了加拿大西安大略大学的Davenport教授、Isymov教授做顾问，提供了世界上大量的气流和风速资料，在专家会上意见纷呈，但依据均不充分。李国豪[①]校长说了一句话：

---

① 李国豪（1913年4月13日~2005年2月23日），广东梅州人，我国著名桥梁工程与结构力学专家、中国科学院院士、中国工程院院士，曾任同济大学校长、上海市政协主席、上海市科协主席。

"中国规范太保守",从而得以通过。而对于后者,则为设计者所接受,在施工图中有所体现。由此,SOM建筑设计事务所的工程师Stan Korista 和Mark Sarkison等人和我成了好朋友,对我们投了信任票,在设计审查完成之后,聘请我们作为他们的设计代表,在现场挂出了SOM-ECADI(ECADI即华东建筑设计院)的牌子。苏肇瑜、吴杭是华东建筑设计院的常驻代表。所以,我们在金茂大厦工程中是双重身份:先是代表业主监理设计,后是代表设计方驻现场处理有关设计问题。现在金茂大厦的事,还常常找到我。

与金茂大厦主设计师 Mark Sarkison
和夫人合影

与李国豪老前辈(左)合影,李国
豪曾为上海金茂大厦的风载问题拍板

我在上海金茂大厦工程中有双
重身份:先是业主的设计顾问,后
是设计公司的设计代表

从东方明珠到亚洲巨人

1994年，印度尼西亚一个代表团参观了东方明珠塔的建设，我接待了他们，1995年年初，便邀请我们投标雅加达塔。该塔558米高，业主是爱国华侨彭云鹏、林运豪先生，"558"是"无不发"的谐音。它比东方明珠塔还高90米，面积是东方明珠塔的6倍（40万平方米）。我们沿用东方明珠塔的成功经验，并作了进一步优化。仍是三筒支承的巨型空间框架结构，但取消了东方明珠塔的斜撑，因为它到底较难施工，而把三筒加大、分开，以取得较好的稳定性；三个竖向筒体用楼层把它们捆紧，以保证其整体性，共同工作；用29个圆盘（楼层）取代东方明珠塔的11个圆球；塔头锥体坐在3个筒的中心，避免东方明珠塔相对不利的剪切传力，并和桅杆的刚度有较和顺的变化。所有这些不仅较好地解决了竖向交通问

雅加达的典型艺术品——木偶
人ONDEL

雅加达塔——亚洲巨人

题，造型也更为挺拔，施工更为简便。它的造型受到雅加达典型的艺术品——木偶人ONDEL的启发，加上印度尼西亚人口众多、资源丰富，我把它取名为"亚洲巨人"，充分体现了我们对该国及其历史文化的理解和尊重。该方案雏形由郭畅拟就，后经邵晶修改完成，我任设计总负责人。我和邵晶、唐兹龙三人前往雅加达述标，在和另五家国际知名的建筑师（SOM、Muphy Jahn、Baldwin、丹下健三、印度尼西亚的ITB）的激烈竞争中一举夺标。这或是大型建筑设计中，我国成功参与国际竞标的第一次！

　　1997年，雅加达塔开工建设，完成了千米周长的地下连续墙、416根桩和4万平方米、16米深的基坑施工。不幸遇到两次国际金融危机，加上印度尼西亚政局的变化，1998年停工到现在，裸晒太阳已有10多年了，很是遗憾！印度尼西亚方面十分希望中国投资，我也为之牵线联系。雅加达塔的建设将大长我国志气，对东南亚影响巨大。雅加达塔的设计，集中了华东院许多精英的努力，包括邵晶、余挺、沈毅、潘允哲、杨婷、李波、高承勇、沈激、

雅加达塔的基坑晒太阳10多年，幸好尚未出事，江春为续建之事到现场考察

梁宏、吕炳庚等人。但愿努力不致白费，有朝一日，"雅塔"终将矗入云天！

　　印度尼西亚曾是我感到神秘而遥不可及的地方。没想到因

我（右一）和印度尼西亚的亲人在雅加达塔工地展示室

与自己的作品在一起，雅加达塔模型背后是东方明珠塔实景

在华东建筑设计院展示厅

"别拍啦"！我在工作室

我（右六）与印度尼西亚政府有关负责人，以及雅加达塔业主彭云鹏（右五）、林运豪（右七）等人合影

我（左一）在雅加达塔施工现场作桩的荷载试验

试压用桩——外套钢管用于扣除上部的摩擦力

我（右二）在雅加达塔所在地区政府办公室

与雅加达塔的业主彭云鹏合影

印度尼西亚政府及业主代表Joko和Steve等人来江欢成建筑设计有限公司考察，右三是我

"雅塔"的关系，20世纪90年代，我竟去了印度尼西亚13次，连同21世纪头10年续建的萌动，共去了20多次。印度尼西亚也是泱泱大国，华人占3%，勤劳、富有而爱中华。我的四叔一大家子人在那里已有八九十年历史，我因此和他们恢复了联系。我的堂弟江淼成从此常带团回国，在当地侨界颇有影响。我的名字也因而在印度尼西亚报纸上出现多次，当地华文报纸还专门介绍了我。我交了许多印度尼西亚朋友，Steve Tan、

我（左）在加拿大西安大略大学作风洞试验时，与Isymov（右）和Roesdiman（中）教授合影

Roesdiman、Danis、Wiraman、Widi等先生给了我许多支持和帮助。这是开拓印度尼西亚市场很好的条件，我希望公司的年轻同事珍惜并利用它。为适应时代发展，应业主要求，江春做了新的造型设计，业主十分欣赏。但关键问题，还在资金上。

为设计雅加达塔，华东院成立了国际部，后变成了第五设计所，我任所长。除了设计该塔外，五所还做了其他一些工程，如丁香公寓、时利花园、梦幻钱湖、鲁山大佛等。我作为华东院的总工程师，还做了越南塔、万象大厦（今世茂大厦）等工程及一些管理工作。1998年，为越南350米高的电视塔之事，我到越南考察并讲课3天。

第一编

『为祖国健康工作50年』

053

雅加达塔造型的发展

MINISTRY OF CONSTRUCTION
VIETNAM NATIONAL CONSTRUCTION CONSULTANTS-VNCC
37 Le Dai Hanh Street, Tel.(84-4) 8218594; 9760663 Fax: (84-4) 9762694

From: Trần Đức Nhuận- senior architect-VNCC General Director
To   : Mr. Jiang Huan Cheng, Chief Engineer;
         Fellow of Chinese Academy of Engineering

Hanoi, Oct. the 26 th 1998

Dear Mr. Jiang Huan Cheng,
    Thay mặt VNCC và nhân danh cá nhân, tôi xin chân thành cảm ơn ông
Viện sĩ, đã cung cấp cho chúng tôi những kiến thức và kinh nghiệm quí báu cho
các kiến trúc sư, kỹ sư của chúng tôi về thiết kế tháp truyền hình quốc gia qua
những buổi thuyết trình.
    Khi chia tay, tôi muốn nói với ông rằng, tôi và các cán bộ của tôi đánh giá
cao những buổi thuyết trình của ông và thấy chúng rất hữu ích cho nghề nghiệp
của mình.
    Một lần nữa cảm ơn ông vì tất cả.

    On behalf of VNCC and myself, I'd like to sincerely thank you for passing
precious knowledge and experience in National TV tower design to our
architects and engineers through your presentations.
    Saying good-bye, I tell you again that, my staff and myself really
appreciated your presentations and found them interesting and helpful for us.

    Once again, thank you for every thing.

TRAN DUC NHUAN

上海丁香公寓，是江欢成建筑
设计所的早期作品

在越南讲课后收到的越方感谢信

鲁山大佛伟岸慈祥，"钟"罩钟设计未果

20世纪90年代末，我们设计了鲁山大佛。这是一个巨大的如来佛雕塑，总高132米，包括佛像108米、金刚座24米，坐落在半山上，俯视芸芸众生，伟岸而慈祥。河南鲁山是墨子的故乡，天瑞公司董事长李留法以建造墨子铜像为由立项，后来改为如来雕像。造像期间，河南省领导对此项目的看法有所反复。曾经有段时间，在马路旁挂起很长一条塑料布，用于遮挡视线，不让领导看见山上有大佛。但后来，听李二长总经理说，河南省委领导拍着李留法的肩膀，称赞他为河南人民做了件好事。鲁山大佛建成后，对河南旅游文化产业的发展起了一定作用。随着高速公路的建设，它和嵩山少林寺、石人山、洛阳关圣、龙门石窟等连成一线，或会像无锡大佛那样，让旅游火旺起来。

可登高，从佛眼看世界

在鲁山大佛工地的中心点

钟楼构思

我为鲁山大佛的钟楼构思了钟的造型，它和小山头的地形很好地结合起来，一气呵成，一目了然，音响效果可能更好。这个"钟"罩钟的概念，得到同界别全国政协委员中艺术家们的赞赏。但业主的想法多次反复，一度想把已建成的钟楼拆掉重建。

荣誉超过贡献，天上掉下馅饼

东方明珠塔的成功，对我个人产生了始料不及的影响。各种荣誉纷纷落在头上，真所谓"挡都挡不住"，远远超过了我的贡献。我先后获得华东院金质荣誉奖章、国务院政府特殊津贴、人事部突出贡献专家称号、上海市劳动模范称号、上海市十大新景观设计师称号、上海市重点建设工程科技明星称号、上海市重点工

获得的上海市重点工程实
事立功竞赛杰出贡献奖章

程实事立功竞赛20周年杰出贡献奖，并被评为上海市建设系统专业技术学科带头人、上海统一战线先进个人，先后当选上海市人大代表（两届）、全国政协委员（两届）、上海市政府参事（两届）、上海市建委科技委副主任、上海市科协副主席（两届），被聘任为几个学会的理事，几个专家委员会专家库的专家，几个学报的编委，清华大学、同济大学、浙江大学的兼职教授等。大多数没有实质工

获得的部分荣誉证书和聘书

作，徒有虚名，不堪重负！

　　2013年9月，我还获得广东梅州颁发的叶剑英奖，奖金15万元。张楚汉院士、廖万清院士和我，以45万元作为第一笔基金设立了"院士奖学金"献给梅州中学，以感谢母校的培养。梅州中学迄今为止，培育了8位院士，包括李国豪、黎尚豪、吴佑寿、黄本立、江欢成、张楚汉、廖万清、陈燊（台湾"中科院"院士）。

　　1995年6月，我收到一封挂号信，内有一份通知书：祝贺我

获得的部分荣誉证书和聘书

当选为中国工程院院士，
由朱光亚①院长签署。这
是中国工程院自1994年成
立后，第一批选举产生的
院士，它是国家工程技术
方面的最高学术称号和终
身荣誉。通知书使我多少
有些莫名其妙。原来，在
1994年11月，人事室的施

中国工程院首任院长朱光亚（左）视察东方明珠塔期间，我向他汇报工作

恩叫我填过一个表，不知不觉就当上了院士。我并不知道它的
分量，后来收到了张金盾卡，交警将提供方便。我的金盾卡遗
失了，听说以后也不再发放了。另外，凭院士证乘飞机，会被
安排在经济舱第一排，或尽量安排前面的座位，乘坐VIP摆渡
车。后来，各大学、各大企业为了单位利益，拼命为评上院士
而助选拉票，费尽九牛二虎之力，我这才感觉到了它的分量。
我实在是"额角头碰到天花板"了！

翻阅我当年填写的
《中国工程院院士候选人
提名书》，大号铅字打
印，连同单位意见、主管
遴选意见共10页纸。对照
现今的提名书，增加了学
术团体兼职、重要科技奖
项、发明专利、论文和著

我的中国工程院院士证

①　朱光亚（1924年12月25日~2011年2月26日），湖北武汉人，我国"两弹一
星"元勋，著名物理学家、中国科学院院士、中国工程院院士、中国工程院首
任院长，曾任全国政协副主席、中国科协主席。

作4项。看似细致了、科学了，但我觉得带来了一些副作用，似在鼓励专家兼职，鼓励多报奖，颇有浮躁之感。有些学校把奖项归被提名者，被提名者的论文和著作数以百计，从而，学校的工程院院士激增，生产第一线的总工程师专家则望而却步。如果今天我重新被推荐，肯定会落选，因为我根本拿不出像样的著作。

中 国 工 程 院

江欢成同志：

我十分荣幸地通知您，您于一九九五年五月当选为中国工程院院士，当选名单已经国务院批准，特此通知顺致祝贺。

华公平

一九九五年六月二十日

我当选中国工程院院士的通知书

1997年，在党外院士理论研究班上，我（第一排左三）和全国政协副主席、中共中央统战部部长王兆国（第一排左五），中共中央统战部副部长刘延东（第一排右四）等人合影

好在世人对老院士的评价似还比较认可，我心里才踏实了些。在每两年一次选举新院士时，我从不在意被提名者的奖项和论著，我看重的是他本人实际的工作、行业中被认可的程度和人品。院士增选对我国科学发展、技术进步起着相当重要的作用，但院士的评选方法，很值得研究和改革。

2004年，上海现代建筑设计集团叫我申报中国工程设计大师。我说，论荣誉，院士高于大师，还是给别人更好。但现代集团掂量，报别人恐怕成绩不够。报我能稳得，讲起来，现代集团多一位大师也是好的。于是，我又多了中国工程设计大师这块"馅饼"。

我当选中国工程院院士后，又被授予中国工程设计大师称号

从报考会员被拒到资深会员中选

1994年，英国土木工程师学会会长Stuart Mustow和总监兼秘书长R.Dobson参观东方明珠塔建设之后，同年12月，该学会选举我为资深会员。随后，1995年1月，英国结构工程师学会也选举我为资深会员。回想1981年，我在英国时欲报考以成为它们的普通会员，虽已得到Ove Arup公司极力推荐

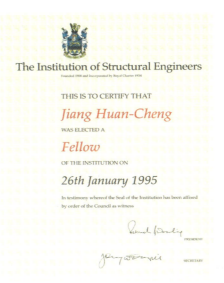

英国土木工程师学会、结构工程师学会先后选举我为资深会员

我（右三）陪同英国土木工程师学会会长和总监兼秘书长等人参观东方明珠塔

（该公司的Director是前学会主席），仍未被批准报考，理由是清华大学的学历尚未被英国承认，虽然他们知道清华大学很好。而这次却轻松地成了Fellow，又是一次意外。

这使我想起Ove Arup先生，当今世界著名的奥雅纳工程顾问公司的创始人。他是丹麦裔英国人，出生于英格兰，但他的丹麦工业大学学位未获英国认可，年轻时在英国申请成为结构工程师学会会员，同样被拒。在他成为成功人士之后，也把他请了进去。作为著名的结构工程师，他还获得了英国皇家建筑学会金质奖章，并被授予勋爵爵位。人们尊称他为"Sir"而不是"Mister"。我把他作为学习的榜样，我俩的经历和结果也颇有相似之处。

英国联合年会上，我作为首位结构工程师作报告

1995年10月25日，我荣幸地被**英国皇家建筑师学会和英国土木工程师学会联合年会**邀请，作为报告人，在庄严典雅的英国土木工程师学会总部大楼作报告。这是很高的荣誉，因为该年会由建筑师、工程师每年交替作报告，一次仅请一位当时有较大影响的专家。对工程师而言，每两年才轮到一次。**在第二届联合年会上，我作为首位结构工程师作报告**，报告题目是《东方明珠

『
为
祖
国
健
康
工
作
50
年
』

英国皇家建筑师学会和英国土木工程师学会联合年会致我的邀请函

我（左二）与英国结构工程师学会的领导合影

塔和浦东的发展》。我的原上司Duncan Michael先生参加了报告会，随后又邀请我到Ove Arup公司作报告，和当年在第一设计所（Group 1）的同事Paul等人见面，分外高兴。想当年，第一设计所有三四个高层建筑在手设计（该所专做高层建筑），我对此十分羡慕。现在，我们也有了，甚至比他们做得还要多。

重返伦敦，拜访了老朋友，感到很亲切，又加深了我对伦敦的美好印象：古老、文明、礼貌、平和、乔木、绿地……只可惜难得见到太阳。儿子江春当时还在伦敦Norman Foster、Richard Rogers公司进修，儿媳程蓉也在伦敦读硕士，一家趁机团聚了一次，参观了罗杰斯公司和很超前的住宅建筑。

我（右一）与夫人徐妙芝、儿子江春、儿媳程蓉一起再访John家

著名建筑师罗杰斯（中）与江春（右）和我合影

我与儿子江春在罗杰斯公司工作

从上海市人大代表到全国政协委员

从1988年到2012年的几十年间，我虽未"官"运亨通，却有点步在仕途之感。人被推着走，帽子戴得重，我对荣誉也有些麻木了。它们实系身外之物，我所需要的仍是一日三餐、粗茶淡饭，学习、工作，早出晚归，和两个孙子玩耍，颐养天年。我获得的社会荣誉包括：

1988年2月至1993年2月，当选第九届上海市人大代表（虹口区选举）；

1993年2月至1998年2月，当选第十届上海市人大代表（黄浦区选举）；

1998年3月至2008年3月，当选第九届、第十届全国政协委员，无党派届别；

担任全国政协委员期间，在全国政协会议上与部分全国政协委员合影

全国政协无党派界别会议上，全国政协委员们畅所欲言

1994年4月，当选上海市劳动模范；

2001年4月至2008年4月，被聘任为上海市政府参事；

2008年至2012年，被聘任为上海市科协副主席。

其间，我还当过上海市建委科技委副主任，被聘为清华大学、同济大学、浙江大学的兼职教授，教育部工程教育督学。至于某学会理事、某刊物编委等，因为没有做什么实际工作，更谈不上贡献。只是为大学讲过几次课，在同济大学带过两位博士、一位博士后，仅此而已。

我当了10年市人大代表、10年全国政协委员，没有提什么重要的提案。写提案要做很多工作，而我忙于日常业务，视点也不够敏锐、高远，但我十分高兴的是政协、人大就像一个大学校。我觉得每位人大代表、政协委员的发言都很有见地，得益匪浅。尤其是政协，因为它是按界别分组，思想相对更活跃些，不像人大按行政分组，有上下的约束。我交了许多朋友，做建筑方案时，大书法家欧阳中石、画家张立辰都给过我指点。

时任全国政协主席李瑞环是很受敬重的领导，他的报告是大家最期待的。但对他的"政协三不"——尽职不越位，帮忙不添乱，切实不表面，当时，我很不理解。我说，我们是主人，是来参政议政的，不是来帮忙，也不是来添乱的。话语一出，不禁

政协全国委员会办公厅

政全厅字（2001）89号

对政协第九届全国委员会第四次会议

第2047号提案的答复　　（A）

江欢成等十三位委员：

你们提出的《关于政协视察活动宜轻车简从[

提案》收悉。现答复如下：

一、关于视察活动轻车简从的问题。每年全[

政协办公厅组织委员视察时，对各省、自治区、[

辖市政协都提出厉行节约、轻车简从的要求。但[

员每到一地，出于对视察的重视和对委员的敬重，

我对政协全国委员会办公厅办理提案的意见是"不满意"

哗然。某位委员说："江委员大概不想当委员了！"把我吓了一跳，我在政治上确实太稚嫩了！幸好，全国政协很宽容，没把此番话"简报"上去。此后，我提过一些小提案，包括政协视察活动宜轻车简从、提倡委员个人或少数人组合进行视察活动等。但对这些提案的处理意见说为了安全和效率等原因，不予接受。我对处理意见的回文则是"不满意"，完了再没下文。现在看来，我的这些提案竟和党的十八大精神相符，只是我提得不是时候，超前了些。

很有趣的是，我们大学一个小班的20人中，在同一届竟

清华大学房23班"三侠客"合唱
《伏尔加河之歌》，中间是我

有3位全国政协委员。另两位分别是：俞晓松，原国家经委副主任、中国贸促会会长；刘西拉，原清华大学、交通大学系主任。同学们戏称我们为"三侠客"。

我参加了很多政治活动、社会活动，但只是有点"步在仕途之感"而已。1995年，我当选中国工程院院士之后，某民主党派上海市副主委来找，说他们都年纪大了，希望我加盟。意思很明显，加盟为接班，担任副主委、主委都是有可能的，这是很好的为官阶梯。但我婉拒了，我的志趣是做工程、做好老百姓。我当选上海市劳模后，家人笑道："人说，憨大才去当劳模。"我也坦然，因为我并没有刻意去当劳模，只是努力把事情做得好些，日子本来就该是这样过的。

第五章　21世纪头10年——
搭个平台好唱戏唱好戏，
把设计做得好些再好些

2000s—Building a platform for performance and greater performance; Better design and even better

总以为还是"小江"

2000年，我62岁，但自我感觉也就是50出头。每次开会，我总觉得人家的发言都比我有见地。每次拍照，我的固定位置就是靠边站，总以为自己是"小江"，因为从参加工作到现在，就在一个公司工作，长时间里，同事们都亲切地叫我小江。不经意间，有人叫我老江了，外人甚至叫我江老。我觉得很不舒服："我真的这样老了吗？"确是真的！开会时，环顾周围，我常常是老大。转眼工夫，我从小字辈变成了前辈，实在令我心寒。老前辈齐国钟辞世前不久，到我的办公室，叫我"小江"。多年没听到这个称呼了，我紧握他的双手，感谢他这样叫我！

这10年，我为交出总工程师岗位、打造平台、探索新路而不遗余力。在几个不同场合上，我都建议现代集团领导物色新的总工程师接班，并提出总师要作为公司的形象，在行业中有一定的号召力，因而，最好有较高的学历、较好的经历，能用外语在国际活动中交流。

1998年60岁时，我打了个报告，请求允许我离职搞个民营

上海江欢成建筑设计有限公司(改制仪式)留影 2004.

2004年12月8日，我（前排右五）在上海江欢成建筑设计有限公司成立庆典上，与建设部原副部长郑一军（前排左五）、王素卿司长（前排右四）、上海市国资委和建委领导、上海现代建筑设计集团领导及部分与会院士合影

的设计事务所，发挥专长，做自己想做的事。为此，建设部林选才司长曾与姚念亮董事长、项祖荃总裁商谈过，两位领导没有同意。我料想，一个重要因素是院士的原因，现代集团不能随便放走院士。当时，形势发展尚未达到这个地步，未能成功。

2004年，时任建设部副部长郑一军召开座谈会，讨论建筑设计体制改革事宜。我再次提出这个想法：外国的设计公司多是小型的，而我国都是大的。设计作品以脑力劳动为特征，不是生产流水线。是否可以搞些小型设计公司？这样有大有小，利于竞争，利于做好做精、树立品牌，也能体现个人价值。我的这个想法，与建设部不谋而合。他们支持我作此探索，成立一个"名人领衔的设计公司"。建设部和现代集团领导讨论，找了个出路：江欢成仍属现代集团编制，是现代集团的人，但建设部给予江欢成公司独立的综合甲级资质，江欢成当独立企业的法人代表。这是很特例的。形势发展到这个阶段，现代集团领导也就同意了。现代集团党委副书记竺涵达组织江欢成设计所28人投票，赞成转制的票数符合法定要求。竺涵达表示，不愿走的，可留在集团；跟着走的，3年内还可回集团，结果是，28人都放弃集团的"铁饭碗"改端民营的"瓷饭碗"了，没有一位返回集团。我十分感谢同事们对我的信任，我一定要对他们负责，让他们在公司过得高兴！

66岁"下海"了

2004年12月8日，上海江欢成建筑设计有限公司成立。由现代集团严鸿华董事长主持庆典仪式，建设部原副部长郑一军、司长王素卿到会剪彩。建设部副部长黄卫发来贺信："上海江欢成建筑设计有限公司的成立，是组建由专家控股的混合所有制建筑设计机构的一次重要尝试，是我国建筑设计行业探索与国际行业发展模式接轨的一次尝试。"上海市国资委、上海市建委领导发言表示支持。魏敦山、戴复东、叶可明、刘建航、沈祖炎、项海帆、曾溢滔、侯惠民等近10位

我（左四）与建设部原副部长郑一军（右二）、上海现代建筑设计集团董事长严鸿华（左二），在上海江欢成建筑设计有限公司成立庆典剪彩仪式上

前来祝贺上海江欢成建筑设计有限公司成立的院士们，自左至右依次为：侯惠民、曾溢滔、戴复东、魏敦山

时任上海现代建筑设计集团党委副书记竺涵达（左），祝贺上海江欢成建筑设计有限公司成立

上海现代建筑设计集团副总工程师王国俭（右）始终给予上海江欢成建筑设计有限公司大力支持

院士前来给予鼓励，并在典礼上作了热情洋溢的讲话。上海市人大常委会主任龚学平、上海市政协主席蒋以任分别题词："创上海腾飞标志，树世界建筑丰碑"，"勇于创新，胜于前人"。江欢成公司正为之努力！

上海现代建筑设计集团给予了巨大的支持，把印度尼西亚雅加达塔等工程转给江欢成公司，并投资20%作为股份（后改为10%）。严鸿华董事长定调：江欢成公司和现代集团是"资金纽带，血肉联系"的关系。竺涵达副书记对江欢成公司进行具体指导，并为年近60岁的徐荣解决了从国有企业退休的问题，以避免个人因改制造成的损失。而现代集团张桦总裁则语重心长地说："江总，你要准备吃3年萝卜干！"果然，新公司从2005年开始运作，连续3年没有利润、没有红利，第一年还亏了8万元。现代集团王国俭副总工程师在计算机应用等诸多方面，给了江欢成公司许多宝贵的帮助。

现代集团凭借它的品牌、规模以及国家大型项目对国企的倾斜，越做越好。相比之下，我感到巨大的压力。好在江欢成公司管理简单、人员精悍，虽人均产值比现代集团低很多，人均收入却不相上下，队伍还算稳定，起码骨干心齐。随着江欢成公司的名字逐渐被知晓，产值每年以10%左右的速度增长，来联系设计业务的越来越多。每年吃年夜饭的时候，我都把公司业绩向职工报告。我把它放在本书《我的小档案》里，从中可以看到我的压力和喜悦。

几家媒体采访我，都问："你66岁下海，为什么？"说实话，我原本对公司、股份、利润、分红一无所知，根本没有下海赚钱这个概念。名早就出了，钱也足够花。我图的是搭个平台，让年轻人唱戏，亲自做点自己想做的事，把设计做得好些再好些！这最后一句话成了江欢成公司的宗旨。我设计了个图章，上面是"追求完美"。任何事不可能十全十美，但我意在追求；下面是把设计"做得好些再好些"，把"追求"落实到每一个工程上，扎扎实实地做好设计的优化。

我每年在上海江欢成建筑设计有限公司的年会上，都要将公司一年的发展盘点一番

我设计的反映上海江欢成建筑设计有限公司宗旨的图章

做得好些再好些

遵循这一理念，江欢成设计所和江欢成公司做了不少作品。

上海百联西郊购物中心是较早的作品，是我们和美国捷得公司合作的。环境、空间、氛围等设计得很好，人们在此感到轻松、亲切，因而人气很旺，仅两年半时间，就收回了投资。本项目的设计费较少，但做好了品牌，获得了上海市优秀工程设计一等奖。从此，许多购物中心、会议中心、办公大楼以及城市综合体等纷纷找我们设计，包括武汉龙王庙购物中心、嘉定顶峰购物中心、温州大西洋城购物中心、包头国际会展中心、浦东陆家嘴碧玉蓝天大厦、厦门成功花园、溧阳平陵广场、上海逸飞创意街、上海思南路历史文化保护建筑、盐城塔等。

结构设计是江欢成公司的强项，为此，马岩松、矶崎新、安藤忠雄、贝建中、夏邦杰、李祖原、RMJM等著名建筑师都乐于和我们合作，包括上海海洋水族馆、三亚凤凰岛、北海北部湾一号、中钢天津响螺湾大厦、厦门财富中心、青岛财富中心、西湖会展中心、上海静安中华大厦、上海南京路优衣库旗舰店、厦门海峡明珠广场、上海青浦朱家角新城、斐讯科技园、元祖梦世界等。

许多业主慕名而来，委托江欢成公司进行结构优化设计，优化项目较多，本书将另辟一编介绍。

上海百联西郊购物中心

包头国际会展中心

北海北部湾一号

上海海洋水族馆

厦门第一高楼——财富中心获中
国建筑学会优秀建筑结构设计二等奖

我在施工现场，作钢管混凝土
柱混凝土浇捣工艺试验和质量检测

中钢天津响螺湾大厦

江欢成公司负责中钢天津向螺湾大厦结构方案设计，做了5个方案进行比较

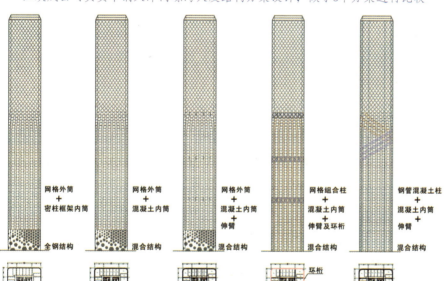

网格外筒
+
密柱框架内筒

全钢结构

网格外筒
+
混凝土内筒

混合结构

网格外筒
+
混凝土内筒
+
伸臂

混合结构

网格组合柱
+
混凝土内筒
+
伸臂及环桁

混合结构

钢管混凝土柱
+
混凝土内筒
+
伸臂

混合结构

环桁

方案一
推荐方案

方案二
推荐方案

方案三

方案四

方案五

煮熟的鸭子也会飞

世事难料，"下海"之后，我才知道市场竞争的残酷和无奈，甚至煮熟的鸭子也会飞掉。印度尼西亚雅加达塔，最艰苦的基础工程已完，但在金融危机面前无能为力；某某工程，我们随叫随到，无偿服务多年，可老朋友不打招呼就把它给了别家；某某大酒店，业主分家，我们前面做的工作白费了；令我十分沮丧的还有某某摩天大楼，我们做了大量深入细致的工作，方案完成之后，扩大初步设计几近完成，但连同施工图设计不翼而飞。更难预料的是，该工程打了桩、挖了一半基坑，竟也停了下来，正在找下家接盘。为某总部投标，我们花了很大努力做方案，某日傍晚刚把文件送到招标办，第二天清早尚未评标就听到消息，未进前三，专家评标只是过程、摆设而已。为世博园地某总部投标，我们进入了前三，心想要做第二轮竞赛了，谁知道，业主就要外国名家做，而被排除在外。为某摩天大楼投标，专家对我们的设计评价很高，后来竟传出一个笑话，为让第四名进入前三，"去掉一个最高分"，叫我们哭笑不得。

从江欢成公司跳槽出去搞经营的同事，回来告诉我他的体会，中标与否，公关是七，技术是三。对投标的失利，我只能表示无奈，但有时确实感到沮丧。招、投标的"学问"很大，我是学不会了，太累了！市场竞争很残酷，规范市场尚需时日！

我寄希望于年轻人，学会在大海中游泳，找突破口求生存，做好作品树品牌，有了好品牌，才拿得到好任务。江春对江欢成公司的追求有一句话："国际服务，国际质量"，大概也是这个意思。我表示支持。

奉献老者一根寿杖

进入21世纪头10年，我做了一件自认为颇有意义而值得一记的事，就是参加了3次（前后6年）山西应县木塔维修方案的考察和讨论，包括2000年4月12日（太原）、2002年6月5～8日（太原）、2006年4月24～26日（朔州）。由于我坚决反对大修，专家们的观点发生了戏剧性的变化。

应县木塔，国之瑰宝

应县木塔建于1065年，距今已有900多年历史。它呈平面八边形，总高65.86米，宽35米，外观五层六檐，内部九级，明五暗四。塔身为双重构架、砖石台基，十分美丽壮观！是我国首颁重点文物保护建筑（1961年）。因木塔扭转、倾斜、压损等原因，应县木塔文管会多次申请维修，提出了很多数据叫人眼花缭乱，所拍摄的损伤照片很是吓人。应县木塔文管会叫我们参观正在拆建的崇福寺，希望对应县木塔也有类似的大动作。参与研讨的专家不下50位，也很被大量的数字和破损所迷惑。专家视之为己任，争论激烈，归纳为4种维修方案：**落架大修，抬升中修，就地小修，钢架支护**。

会上，多数专家发出"危险""迫在眉睫""落架""抬升"的呼声。而我发出了不同的声音：恳求一定不能落架或复位！建议小修。恳求汲取陕西法门寺的惨痛教训！那里把遭雷劈尚存的半个塔拆除重建。

我对应县木塔的安全持乐观态度。应县木塔有很好的身段，高宽比约为2：1，有如可爱的小胖墩或是五六十岁的壮汉，又是内筒外框木结构。结构重心在三层平座，该处偏心仅14厘

应县木塔横纹压缩，端部翘裂

米，相对于基座，偏心率仅为0.56%。某些柱头节点，由于木材横纹压缩徐变而翘尾弯折，看起来吓人，实则只是局部构件问题，是结构变形的适应过程。它可能产生内力调整，但不致引起整体结构破坏，也容易维修。最有效的办法是**加辅柱或斜撑，将部分荷载转移至辅柱，减小主柱特别是斗拱的压力**。我打了个比方：一位老人身高缩了5厘米，背驼了。你要让他焕发青春，把他牵引复位，这不是要他的命吗？已是多年罗锅了，他就这样舒服，子孙尽孝最好的办法就是

考察应县木塔时，某次专家座谈会合影：周干峙（前排右六）、张锦秋（前排右五）、傅熹年（前排右四）、叶可明（前排右三）、郑孝燮（前排左四）、我（前排左三）

奉献他一根寿杖。什么地方不行，就在什么地方撑一下，坏了还可更换。**不必求他焕发青春，但求延年益寿。**

大家都在说"危险"，这时我讲"不危险"要负很大的责任，弄不好会成历史罪人！我有思想负担，不能保证自己百分之百正确，但可以肯定，**小修进补比动外科手术更对应县木塔负责！我坚持不落架、不抬升、不纠偏、不复位、不手术！**

我的意见终被与会专家的大部分所接受。后来，我写成了报告——《应县木塔维修方案之争与我见》递交国家文物局。据说，已决定暂缓实施抬升方案。使我稍觉踏实一点的是，80多岁的李玶院士也写信给国家文物局反对抬升应县木塔。他是地震专家，对应县木塔的抗震能力有信心。它经受住了多次地震和战争炮火的考验。

我对应县木塔小修的建议，可简述为：**加强整体刚度（某些窗子格栅加斜撑，铺设双层木地板），构件和节点加固（碳纤维缠绕），对倾斜的柱子反向加撑等。**

汶川大地震所见所学所想①

2008年5月12日14时28分2秒，汶川爆发特大地震，震中在四川汶川映秀镇，震级8.0级，震源深度12公里。其时，我和江欢成公司的许多同事在阳朔旅游。午休时，我前后两次感到床在摇动，间隔约2分钟。从地图上量得阳朔距汶川约530公里。后从报道中得知，主震区地下岩体在100秒内两次破裂，破裂带自西南部四川康定起，到东北部陕西略阳止，长620公里，宽60公里，释放的能量相当于1000多颗当年在广岛投下的原子弹。汶川大地震中，遇难6.9万多人，失踪1.8万人，受灾4500万人。通过学习得知，这次大地震的直接成因是印澳板块以每年5厘米的速率

---

① 文中借用了若干从互联网上下载的照片，以说明我"所学"的体会。

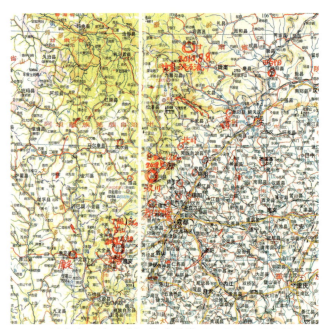

四川康定至陕西略阳的破裂带 620公里×60公里

向北推挤欧亚板块，受阻于四川盆地。1748年2月23日，该处曾有过6级地震。此后，积聚了250多年的应力终于释放，造成龙门山构造带破裂。青藏高原把四川盆地压在身下，呈右旋逆冲断裂。地球有如人体，有呼吸，有心跳，要运动，要翻身。人类生存其中，必须与之相适应。

2008年5月18日（震后第六天），我应成都市建委邀请，和同事丁朝晖会同同济大学的施卫星教授等人，对成都灾区、都江堰重灾区进行考察，对蓝光集团在成都的若干楼盘进行安全检测。出发前，我们定了三条原则：（1）体验地震，投入抗灾；（2）考察损毁，改进设计；（3）实事求是，不说假话。

成都离震中映秀约75公里，一般估计，地震烈度小于7度。据说主震发生时，高楼明显摆动，嘎嘎作响，墙壁开裂，面墙掉落，立式空调翻倒，人站立不稳。我们到成都后的第一感觉是人们心情沉重，高楼的住户夜宿在帐篷或汽车内，但建筑挺括、秩序井然。焦急不安的我们，顿感安稳和庆幸了许多。

在成都，我们考察了凯丽香江、东方溪谷等楼盘，都是42层120米高的剪力墙结构住宅，也考察了一些配套的多层建筑。发现的主要损伤是：粉刷和填充墙开裂，少数剪力墙的连梁出现交

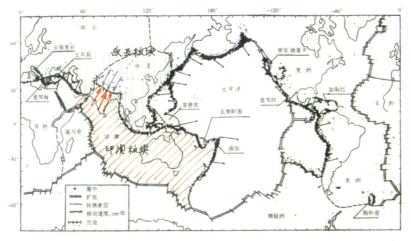

印澳板块挤压欧亚板块

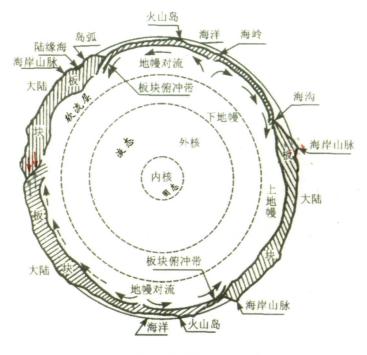

地球是活的

江欢成
自传

没有肉眼可见的结构裂缝

盖缝镀锌钢板及旁边的面砖拉坏

盖缝混凝土板顶坏小屋顶

084

齐平的屋顶错开了

叉裂缝，抗震缝的盖缝镀锌钢板被拉坏、掉落，盖缝混凝土板把小屋顶顶坏，贴邻的两幢高楼前后错位，但经动力特性检测其基本频率和阻尼比，表明大楼没有明显的内伤，多层框架梁和填充墙的裂缝较宽（因层高较高），多层砖混结构都未发现裂缝。发现某楼梯梯段板断裂，是由于施工质量有问题，在钢筋和混凝土之间夹有很长一块纸板！

都江堰离震中映秀仅25公里，地震烈度估计为8～9度，属重灾区。我们发现破坏情况有明显的地段性，若干地段遭受严重破坏，几成废墟。建筑物的大量隔墙严重开裂，装饰性的小塔楼倾倒。二王庙东区入口排屋只剩倾斜的构架，但二王庙大殿的结构尚好，只是露椽落瓦而已。而某些地段却没有明显的破损，甚至底层架空的多层框架也完好，马头墙、单腿站立的城市雕塑"踏燕飞马"仍安然无恙。

这种地段性特征，料想跟都江堰离震中很近有关。这时，竖向振动可能起着更大的破坏作用，在波峰、波谷上不易倾倒。

彭城白鹿学校教学楼安全地立在隆起的土地上，它和前面的地面落差有2米多。如果教学楼立在斜坡上，那准倒无疑。二王庙入口排屋的破坏，我觉得较大因素是地震引起的地质灾害，因为该建筑物立在路侧陡坡上，地面已破裂、塌陷。

从成都、都江堰回来，我写了份考察报告，题目是《汶川大地震所见所学所想》。所见所学，已在前面提到，所想的有以下几条：

一片废墟

建筑物右边垮塌，空心板还挂着

都江堰二王庙入口排屋被破坏，坐落在高坎上

小塔楼由于鞭梢效应而倾倒

马头墙还挺立着

城市雕塑"踏燕飞马"出奇地安然无恙

平坦的地面震后高差达2米

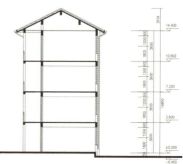
教学楼剖面，走廊的柱子落地为好

卵石混凝土竟用于小截面的柱子

梯段板的钢筋和混凝土之间竟有很长的纸板

1.生命所系，重担千斤。8.7万人遇难、失踪，大多数被埋在倒塌的建筑下面。设计师的工作和人民生命安全密切相关。要坚决反对以怪为美，反对以不合理的结构来造成视角冲击挑战自然力的倾向。

2.地震区划要作调整，按原有区划，这地区的设防烈度为6～7度，而这次映秀、北川竟高达11～12度。举一反三，对我国烈度区划需要重新审视和修改。

3.我国建筑抗震规范经受了考验。凡按规范设计建造的建筑，均有良好的表现，许多建筑物在超烈度情况下仍挺立着。

4.建议抗震规范的修订，把注意力从"小震不坏"，转到"大震不倒"上来，在结构体系和结构延性方面下功夫，建筑第一要保护的是人而不是物，房子不倒什么都好说，房子倒了什么都不好说。

5.严格施工质量管理，特别注意预制板的锚固和钢筋混凝土的质量问题。

6.提高中小学教学楼的抗震能力。

教学楼出于功能要求，空间大，横墙少，层高高，门窗洞多，预制板多，加上许多教学楼采用悬挑走廊，造成结构偏心，又是单跨框架，冗余约束少，均不利于抗震，因而破坏严重。北川中学2853人，仅幸存1342人。

学生是祖国的希望，人类的未来。教学楼的抗震能力应大大提高才是，最好把教学楼建设成为抗震庇护所！

我带着我的"所见所学所想"，参加了多次讨论和报告会：

2008年5月21日，接受《成都商报》的采访（35分钟），对成都高层建筑的安全问题释疑。

5月21日，参加上海市建委科技委组织的研讨会。

5月22日，接受《东方早报》的采访。

5月23日，上海市建委黄融

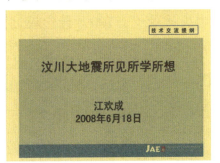

在考察汶川地震灾区后，参加了多次讨论和报告会

主任为中共上海市委书记俞正声去中央开会做准备而召开专家会，讨论彩板过渡房问题。会上，我对建设100万套彩板房（上海承担8万套）的决定表示十分担心，尤其担心它造成的浪费、损坏的良田好土和带来的日后处理的困难，认为最缺乏的是信心，而不是彩板房和帐篷，地震灾区的很多建筑仍可居住。

我建议：（1）制定政策不要在情绪冲动的时候。从感情出发，我或许会建议再多盖些彩板房，但不理智、不科学；（2）按照都江堰的情况，盖彩板房不如加固住房；（3）一要做地震安全评估，二要抓规划，三要搞新建筑。我恳请黄融主任把我的建议转呈俞正声书记。

5月25日，参加中国建筑学会召开的抗震救灾专家咨询会，强调提高中小学教学楼的抗震能力。

5月28日，参加中国工程院关于灾后重建问题的科技论坛，强调修订抗震设防区划。

6月18日，参加成都高层建筑抗震与防灾大会，再次考察了成都、都江堰和映秀等灾区。会上，我大胆地表达意见：成都所有按规范设计建造的建筑是安全的！要为成都灾后的建设和发展增加信心。成都的电视台专门播放了我的发言。

6月28日，参加国家抗震办召开的汶川地震建筑震害分析与重建研讨会。会上，国家抗震办贾杼处长告诉我："你的建议被中央接受了，100万套彩板过渡房减少了！"为此，我对自己直言不讳、"干扰决策"的疑虑稍有释怀！

优化就是合理化

21世纪头10年，我做了较多的优化设计。多系业主对某设计不满意，慕名叫我优化；有些则是业主在设计的同时，委托我们作为第三方咨询，提出对于设计方案的优化意见。

2000年，第一个被委托的优化设计项目是重庆朝天门滨江广场大厦。我作为专家组组长，审查它的初步设计，认为该设计有诸多不合理之处，提出了几点优化意见，估计起码可节约1万方混凝土。业主是私人老板，当晚即叫我们做优化设计，把200米高的3幢大楼重新设计。结构改得合理了，刚度和顺了，安全性能提高了，使用空间灵活了，还节约了2.2万方混凝土，为此获得了全国建筑结构设计一等奖。

此后，上海陆海空大厦、上海湖北大厦、深圳会展中心、深圳保利剧场等10多个项目纷纷找上门，有些开发商还希望我们审查是否钢筋多配了。我一再强调：**优化是把结构合理化，绝无挖**

安全度之意。结构合理了，其结果往往是安全度提高了、使用空间好了、材料节约了。我们所优化的项目几乎都达到了这样的效果。出于院士的责任驱使，我以公司优化的许多实例到处宣讲。搞优化得罪人，为公司赚不了多少钱，亲朋们劝我别搞，但我觉得，这是对可持续发展伟大战略的响应，是对科学发展观的落实，我义不容辞。幸好几年下来，已逐渐被业界同行认可了。

鉴于工程实例占有较大篇幅，本书把它们分成若干编，各有其相对的独立性，以便读者取其所趣。

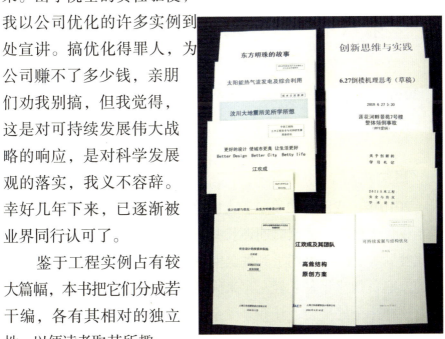

我的部分报告文本

第六章 21世纪第二个10年——
小车不倒，探索不停

2010s—The carriage goes on with never ending exploration

自然规律，不可抗拒

2010年，我已经72岁了。人家总问我是否上半天班。其实，我不仅每天全勤，甚至时间还长些。早些来开灯（和杜刚、魏俭"比赛"），让同事们进到办公室就能提起精神；晚些走，因为我的家庭负担比年轻人轻。早来晚走，早已成为我的习惯。我庆幸有这样一个好平台，让我享受余生。我个子小，年轻时不免自卑，这也是我总觉自己仍是"小江"的一个原因。年纪大了，我觉得小个子还不错，供血路径短，尚无老年"三高"。但终究年岁不饶人，精力不够，容易疲累，记忆力差，因而，凡事必做笔记。更要命的是对新生事物诸如Iphone、Ipad、互联网络等引不起兴趣，不想学，不思进取，没"野心"了！因而萌生退意，急于物色接班人。

至于接班人选，我希望在熟悉、可信的同事中挑选。我考虑过老搭档郭畅，他在美国不能很好地发挥才华，曾有回国发

上海江欢成建筑设计有限公司常务副总经理魏俭

上海江欢成建筑设计有限公司总建筑师程之春

上海江欢成建筑设计有限公司结构总工程师杜刚

展的念头。我正在考虑公司元老程之春、杜刚、魏俭，他们都是教授级高级工程师，工作十分努力，以身作则，为人表率，并都十分看好和爱护公司。他们都是公司的副总经理，并分别兼任建筑所、结构所、机电所所长，都是很好的人选，但又不十分理想。魏俭当公司的常务副总经理多年，很有经验。杜刚知识面广，办事效率极高。但是，他们两位都不是建筑专业出身。江欢成公司作为建筑综合甲级资质的公司，一把手最好是高级建筑师。公司发达，龙头为先！程之春，同事们都亲切地叫他阿春，人缘好，是建筑师，又是规划师、高级翻译师，对设计规范特别熟悉，知识面很广，设计做得很好，是我主要的选择对象。公司是一个团队，领导层是一个班子，但领头的很重要，这是我最着急要解决的问题。就在这关键时刻，儿子江春决定回国发展，经和公司几位领导讨论，相比之下，选择了他。

写到这里，我要补充一下我的年龄。我出生于腊月廿三日，很容易记住，是敬灶神那天。为简便计，当年填报户口时，我把生日从农历后推一个月即1938年1月23日，后查历书，应是1月24日（巧得很，我和华东院总建筑师凌本立同年同月同日生，他也作同样处理），但不知何故，在户口簿上竟变成了1938年11月23日生。因此，我年轻了10个月，多少占了点便宜，起码在1998年9月60周岁之前拿到了汽车驾照，并且听起来年轻一些。

江春加盟，转型发展

所有父母对儿女的成长和发展都会有个规划，即使不写在纸上，脑袋里也在盘算：幼儿园—小学—中学—大学—工作—出国—回国—工作—结婚—生子—建业……我也不例外，对儿子江春的规划和诱导，在一步步实施，基本上是沿着规划进行的，有些调整，但不大。例如，江春在出国前夕就结婚了，但没有很快

江春主创的苏州东方之门（已建成）

江春作品：上海招商银行总部大楼（已建成）

江春作品：深圳大学城图书馆（已建成）

要孩子，以工作为重。这是他自己调整的，应该说，调整得很好。我组建公司，主要是想做自己想做的事，并对我手下这一班人负责；潜意识中，希望江春也在这个平台上参与"唱戏"。曾几次试探，他不以为然，说是不习惯国内的创作环境；并且，他在外国公司也算是个头，收入不菲。我理解他，孩子长大后，最不愿意的是在老子手下特别是光环下工作，这叫自尊和志气。我尊重他，不强求。

2010年，江春加盟上海江欢成建筑设计有限公司，任总经理、设计总监

　　事有凑巧，在我们正酝酿谁接班、怎样接班之时，江春所在的RMJM公司因策略改变，要把他这位设计总监调回香港。2009年11月13日，我正在青岛和贝建中先生研讨我们合作设计的高难度的青岛财富中心。这时，接到江春的电话，说他正面临着一个关键的选择，或回香港，或到其他公司，到江欢成公司也不是不可能的。我喜出望外，但不动声色，以免干扰他决策，旋即和公司骨干讨论，决定聘请他为总经理、总建筑师。公司领导层都希望江春来。他在1992年从同济大学毕业后，在上海市建筑设计院工作一年，其余十几年都在国外著名建筑事务所工作，包括Ove Arup、Richard Rogers、Norman Foster和RMJM公司，有国际经验，曾参与香港国际机场等设计，由他主创的国内作品有：苏州东方之门、深圳大学城图书馆、上海招商银行总部等，有很大的影响力。在上海，由他组建的RMJM分公司也有6年历史。但我担心两件事：一是江春能否适应，包括内部的各种管理制度、外部的竞争环境和人脉网络；二是公司职工能否接受和认可他的领导。其中的关键人物就是我本人，时至今日，我自己的定位也要有个转型，只能是公司的旗帜和支撑，而不能是总管和障碍。于是，我许诺，江春加盟后，稍作过渡，我就退居二线，由他唱主角。我对江春说，你会发现这个平台很好，你会感到

厦门世侨中心大厦（已建成）

你的脑袋不够用！他勉强答应"可以考虑一试"，试不好再走。

他在2010年3月1日加盟，首先改造办公室环境，继而搬离现代集团大厦，以避免被误当为现代集团下的子公司。在树立公司形象的同时，他做了许多建筑方案。这几年，他全身心投入，着力提升公司品牌，把我们这个以结构为强项的建筑设计公司，改造成为**以建筑为龙头、结构为强项，机电紧密合作的设计公司**，并以"国际质量、国际服务"作为公司的目标。按当今的话来说，就是"转型发展"！他工作很努力，他的能力和成绩也得到了同人们的认可，并且取得了可喜的成绩。上海建国西路嘉御庭、衡山路雅士阁、

无锡河湖治理基地 150米×150米的大空间（已完成施工图）

松江斐讯科技产业园，以及厦门世侨中心大厦、无锡河湖治理基地、金鹰集团项目等多个建筑原创方案都在实施中；印度尼西亚雅加达塔的现代化方案，也受到了业主的赞许。江春说，他这两三年做的方案比在国外十几年还多。

1994年，江春到英国时，曾给家里写过一封信，体会到那边建筑师们真的是在做作品。"做作品"早就印在了他的脑海中，我支持他，因为我自己也是这样想、这样做的。成立公司之初，我就是想打造一个平台，做想做的事。然而公司成立之后，我才切身体会到生存的压力。为求生存，不想做的事也得做。公司要有这样两手，要在"小康"的基础上做精做强，把人才留住，否则，理想就成了空想。

我与上海江欢成建筑设计有限公司领导班子齐心协力，建设高新技术企业

　　江春当公司的总经理后，我依诺退居二线，一般不参加生产会议，一是因年纪关系，二是让年轻的班子决策，不因我而瞻前顾后。但只要力所能及，我始终站在背后，给予技术支撑。当然，只要公司需要，我甚至还可以冲在前面。每天上班，我仍早来晚走，做事业的兴趣盎然。

　　然而，受国际形势和国内宏观调控的影响，建筑业不可避免地受到冲击，若干上手的大型项目处于停顿、观望状态，新的项目则竞争激烈。江欢成公司面临巨大的生存压力，幸好80多位建筑师、工程师很爱护公司，在新班子江春、魏俭、程之春、杜刚等人领导下，有很强的凝聚力和战斗力。

　　我寄厚望于同人：求生存，做作品，抓机遇，再突破！

　　正是——

回顾50年，

弹指一挥间。

从业之初激情犹在，

二线之后余热冉冉。

"小车不倒尽管推"①，

后来居上是必然。

平台牢筑同表演，

小康现代作贡献！

我始终认为自己只是一个"70后"

────────────

①　焦裕禄语录。

第 二 编

Stories of Shanghai Oriental Pearl Tower

东方明珠的故事

在上海市虹口区第四中心小学作报告

我用《东方明珠的故事》这个题目演讲，最早是2008年10月在上海市虹口区第四中心小学，这件事给我留下深刻印象。在那里，我戴上了红领巾。这是我读初中时十分向往而未能如愿的事，只因当时两位哥哥在台湾。随后，我又在上海久隆模范中学、同济大学学生会"同舟论坛"，以《从东方明珠说起》为题作过报告。PPT均以照片为主，辅以简短说明，本编稍作整理和补充，与读者分享。

东方明珠塔已被公认为上海的标志性建筑，电视上每有有关上海的报道，总少不了美丽壮观的东方明珠塔，令人振奋和自豪。中国建设者们在20世纪八九十年代，就成功地自行设计、自行建造、自行经营了这座美轮美奂、与世媲美的建筑！此后，在东方明珠塔身旁，虽然建造了许多比她高得多、大得多的摩天大楼，却都无法撼动她的标志地位。

鉴于她的影响之大，有必要对她作一详细记载，供后人追忆和借鉴。我作为建设者之一，从1985年下半年开始可行性研究至1995年5月1日开播电视节目，共10年时间参与建设；并且，直至出书的今天（2016年）已有30个年头了，仍常为她忙碌，在完善、更新、充实等方面继续努力。东方明珠塔始终令我魂牵梦绕。

我的角色是东方明珠塔的设计总负责人，领导设计组做具体的设计。我知道自己分内的事情，也听到过他人讲述的有关东方明珠塔的故事。在我的记忆中，对东方明珠塔较有发言权的还有下面许多同志，包括：时任上海市广电局领导龚学平、陈文炳、王忻基、何允、何振声等人，电视塔建设处的钱文亮、朱文宝、阮国威、袁炳奎、盛亚飞、钮卫平等人，华东建筑设计院的王茂松、项祖荃、凌本立、张秀林、汪大绥等人，广电部设计院的于纪恺、周国才等人，上海市建工局的叶可明、俞锦昌、顾文虎、吴欣之等人，还有时任上海市领导刘振元、倪天增、吴祥明等人，上海市建委科技委的奚正修、沈恭等人，上海市重大办的赵翠书、徐荣华等人，他们都是东方明珠塔建设的大功臣。此外，还有几千位建设者为她做出了贡献。然而，时过境迁人去，已不可能重聚出书，只好尽我所知所感所能作个简要记录，稍补遗憾。

第七章 东方明珠的开篇——立项选址、竞赛融资的8年

Initial stage: Feasibility Study, Location, Competition and Financing

上海电视塔原在青海路东南京路南侧，建于1972年，塔高209.35米，建成后5个频道的发射效果，比此前在永安公司塔楼顶部发射大有改善。但随着"文化大革命"结束后高层建筑逐渐兴建，电波受阻，市民的收视效果变差，拟建新的、更高的电视塔取代它。

1983年11月17日，上海市广播事业局向广电部报送了题为《上海广播电视"六五"、"七五"规划和后十年设想》的报告，首次提出建造一座高度在400米以上的广播电视塔。5天之后，时任上海市市长汪道涵即在广电部的发文上批示："原则同意广电部意见"，"转市计委纳入中期计划"。

1984年5月，上海市人代会闭幕后，市广电局向市政府请示引进外资筹建电视塔事宜，并着手选址，提出了建塔于静安公园、人民广场、陆家嘴等多种选择。上海市广电局局长龚学平抓住浦东行将开发开放的机遇，看重面对上海外滩的地理优势，倾向选址于陆家嘴，把电视塔建在浦东公园西侧的一片江边土地上。现在看来，确系十分高明的选择。当时的一大障碍，是该处有黄浦江水上导航中心。1984年11月，上海市无线电管委会认可，该处建塔在采取措施后不影响水网工程的指挥。

1985年3月，选址报告呈送上海市政府。1985年6月，上海市城乡建设规划委员会批复同意。1986年5月27日，上海市规委进一步明确："选址在浦东公园西侧现纺织原料仓库和航保处仓库处。"我没看过批文，但由于该塔的中心位于浦东公园西侧墙内的儿童乐园位置，可见该批文中应包括

东方明珠塔的中心在浦东公园内的儿童乐园

浦东公园的部分土地。当时对绿化建设重要性的认识不像今天这样高，也听不到市民的反映，公园要占就占了。我们设计时努力使塔和公园融为一体，把塔座设计成绿化的坡地。但后来为了APEC会议的需要，又切去了一块公园用地，建设新闻发布会的场馆，致使今日浦东公园几不复存在！幸好在浦东世纪大道旁，辟出了一块中央绿地稍作补偿，但已没了当年的参天大树！

1986年2月20日，上海广电局在征询了水、电、煤气、通信等相关部门的意见之后，完成了预可行性报告。华东建筑设计院经营部的王茂松主任和建筑师黄勤男、经济师吴圣谋等人已提前介入，协助编写这份报告以争取项目。电视塔是高耸结构，比之于高层建筑难度较大。我开始收集资料，阅读王肇民教授有关电视塔设计的书，学习加拿大设计的阿布扎比电视塔方案。我在工作笔记上，记下了参与东方明珠塔设计的起点：1986年2月13日。另外，我还列出了当时我国9座电视塔的高度和投资：北京塔380米，5000万元；天津塔400米，5000万元……

1987年，为正式的可行性研究报告的编制做了大量准备工作，包括电视塔工程调研和融资洽谈等。直至1988年4月26日，在七重天宾馆开会，由上海投资咨询公司组织的评估获得通过。

1988年5月3日，上海市广电局邀请华东院、民用院、广电部设计院三家的方案竞赛。华东院选送了5个，民用院做了4个，广电院做了3个。共有12个方案参与评选，均于1988年8月10日提交上海市广电局。

1988年11月29日至12月1日，由上海市建塔领导小组委托市建委科技委聘请北京、南京、上海等地的51位专家进行方案评审。1989年2月21日至22日，方案评议会工作组（专家14人，组长是奚正修）在上一轮评审的基础上提出评议结果："三个方案均被评为优秀方案，推荐'东方明珠'为实施方案。"

1989年3月4日是很值得纪念的日子。上海市委常委扩大会讨论决定，"东方明珠"为实施方案。时任上海市委书记江泽民很高兴地说了"Land Mark"（地标）两字。

关于电视塔的融资，1984年7月，上海市外经贸委同意"中外合资（合作）经营"该塔。1986年10月，上海市广电局编写了项目建议书，申请C国政府贷款。1987年1月17日，国家计委批准立项，纳入上海"94专项"①。拟叫外国人设计，加拿大的方案是砼塔，在大、小两个立方体块的高层建筑上架设桅杆，日本的则是钢塔方案。我都有过一瞥，对其造型不敢恭维，果真按此建造，必令人失望。1987年8月，C国先进力投资公司前来洽谈，初步达成协议：投资4000万美元，一部分为无息贷款，另一部分用于购买该国材料、设备。然而，因1989年政治风波的关系，C国撤回了投资承诺，电视塔工程面临严重考验，濒临夭折。1991年，改由上海银团贷款，4月10日，在银河宾馆举行签字仪式。银团由中国人民银行牵头，包括建行浦东分行、工行浦

---

① 1986年8月5日，国务院以"国函（1986）94号"文，批准上海采取自借自还的方式，扩大利用外资，以加强城市基础设施建设，加快工业技术改造，增强出口创汇能力，发展第三产业和旅游业，此项政策就叫"94专项"。1987年12月30日，上海久事公司应运而生。

东分行等44家金融机构，融资1.5亿元人民币、100万美元。我在会场见证了这一重要时刻。电视塔工程起死回生，为资金问题折腾了2年！

1991年10月15日，朱镕基副总理在383根桩施打完毕后的第5天即到现场视察，盛赞东方明珠自筹资金、自借自还的建塔经验。他说："这是个创举"，并对龚学平说：你在浦东建塔，推动浦东开发开放，可以给你免税。其时，工地上临时摆了张桌子，上面放着东方明珠塔的模型，由我向朱镕基等

我与华东建筑设计院院长项祖荃（左二）、副设总凌本立（右二）、副设总张秀林（右一）在上海东方明珠塔奠基石前

领导汇报塔的设计，所拍照片，我十分宝贵地珍藏着。此后，中央领导人常来工地视察，包括李鹏、乔石、李瑞环、李岚清、李铁映等多人，都由我负责介绍，真是荣幸之至。

1991年7月30日上午8时30分，上海广播电视塔奠基仪式在工地隆重举行。龚学平在奠基石上写道："奔波八年，历尽艰辛，庆典之日，勿忘为之奋斗奉献的人们。"

开篇8年，设计、建造4年，12年成就东方明珠！

第八章 东方明珠的创作——
华东建筑设计院集体智慧的结晶

Conceptual Design: Collaborative efforts of ECADI talents

　　我向来认为，个人智慧在建筑创作中起着关键的作用，东方明珠塔的创作也不例外。凌本立在东方明珠塔的创作上起了极为关键的作用，最终的实施方案，在他手上绘就。他的贡献是毋庸置疑的。然而在这里，我还想多讲一句话。那就是：东方明珠塔也是华东院集体智慧的结晶。仅就她的创作而论，之前的许多方案为实施方案打下了坚实的基础，项祖荃的支持和指点、张秀林的完善和实施……无不为她的成功做出了贡献。

　　我是自始至终的参与者，甚至在方案组开始工作前一年多，就已投入工作。我回忆了整个创作过程，在此作个记录以飨读者。

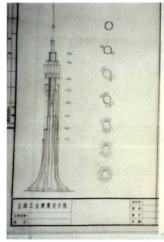
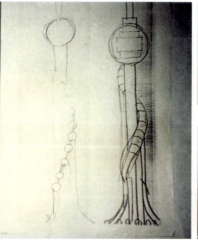

科威特的水塔

我最早的东方明珠塔构想，凌本立在束筒顶上加了许多球　　比利时世博会的原子结构

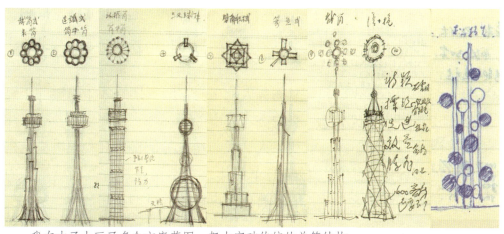

我在本子上画了多个方案草图，努力突破传统的单筒结构

　　1985年年底，陈翠芬、王茂松、吴圣谋、黄勤男、刘燕等华东院经营部的同志在做上海广播电视塔的前期工作，要我提前介入。我从1986年1月即开始收集资料，特别是学习了加拿大设计师设计的阿布扎比电视塔方案。1986年9月，我画了个束筒截筒方案，请凌本立副总建筑师指点。凌本立在每个截筒顶上都圈上一个球，把塔楼也改成球。我当时觉得，科威特的水塔和比利时世博会的原子结构对他的影响很大，他还特别喜欢球体的简洁、纯粹，我是很赞同的。

　　1987年5月15日，上海市广电局陈文炳副局长主持会议，提出两点要求：一定是混凝土塔，以省却钢构、油漆维护；一定要与众不同，成为上海的标志！华东院与会的是邬志中副院长和我。回来后，我画了功能立面，草拟了任务书，作为创作建筑方案的基础。当时确

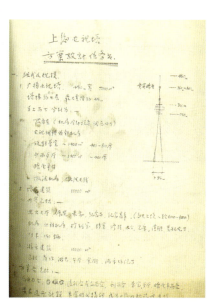

我草拟的东方明珠塔方案设计任务书

定塔的总高为450米，这是广电部的规定：无线电波覆盖范围，只许到崇明、金山，不可越界。在项祖荃院长领导下，几十位建筑师做方案，老总方鉴泉、蔡镇钰、张乾源、张耀曾、凌本立、张秀林、管式勤和陈梦驹等人都亲身参与，还有才华横溢的年轻建筑师，如黄勤男、张俊杰、崔中芳、邱峰、费晓华、沙红、汪清……结构工种，就我一人。我向建筑师们讲解混凝土塔栀结构的多种做法：传统做法是单筒体，它结构合理，截面模量各向相同，但缺乏个性；而多筒体、束筒体、巨型空间框架、底部支撑等结构更有特色，容易成为标志，虽然比单筒体复杂些、稍贵些，但值得！

　　1988年8月，华东院从几十个方案中，精选了5个方案投标，分别命名为东方明珠、白玉兰、申、跃上穹窿、飞向未来。所有模型都送到上海市广电局位于岳阳路的声像室，先由广电局在局内干部中征求意见，几乎一边倒地选中东方明珠。但后来传出信息，说东方明珠有两个重大问题：一是斜撑不好施工，二是球体不利于工艺设备布置。因而，转向传统结构，倾向民用院的永恒方案。对此，我们十分着急，不仅出于对华东院利益的考虑，更担心上海再建一个与武汉塔、天津塔、北京塔等雷同的作品，而不足以成为上海的标志，也可惜了陆家嘴这块上海的宝地。为此，我们赶紧向施工专家秦惠民、刘曜、裴静之、吴君侯等人汇报斜撑施工的两种考虑：一是以预制装配式的钢笼做骨架，用它吊挂模板浇捣混凝土；二是直立浇捣混凝土，然后倾侧放在直筒上整浇节点。他们认可了其可行性。我们也向工艺专家何允、何振声、陈绍楚等人汇报设备布置方案。龚学平在听取了工艺专家的意见后，表示工艺布置不足以影响方案的选择。与此同时，由我以人民来信的方式写信给朱镕基市长和倪天增副市长，阐述电视塔造型对于城市标志的重要意义。这封信后来改为打印，通过组织程序正式呈送。我不认为群众来信能起多少作用，但我们做了努力。

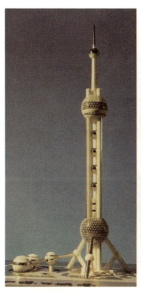
东方明珠方案

白玉兰方案

申方案

跃上穹窿方案

飞向未来方案

东方明珠塔的大斜撑

　　评选专家共51人，包括建筑组的冯纪忠、吴良镛、戴复东等16人，结构组的沈祖炎等9人，施工组的秦惠民等11人，经济组的奚正修、徐绳墨等7人，工艺组的何允等8人。专家讨论了3天（1988年11月29日~12月1日），倪天增副市长、刘振元副市长、龚学平局长也多次参与讨论。12个方案先取其三作汇报：华东院介绍东方明珠方案，由项祖荃、吴圣谋和我汇报；民用院介绍永恒方案，广电部设计院介绍飞碟方案。

　　在上海广播电视塔设计评议会上，东方明珠、永恒和飞碟3个方案均被专家评议为优秀方案，并推荐东方明珠方案为优先考虑的实施方案

倪天增（右一）担心塔身球体有偏心的感觉

吴圣谋汇报东方明珠塔的造价

王忻济、沈恭、吴正修、龚学平（自左向右）在评标会上

吴正修作点评

吴良镛①院士当时是建筑组副组长，他那句"大珠小珠落玉盘"的点评，无疑对东方明珠方案起了画龙点睛的作用，为公众所喜闻乐见，大有"建筑是凝固的音乐"之感。东方明珠塔身上共有11个球，地面上还散落着4个小球，包括球幕

吴良镛院士

影院、露天音乐厅、游艇码头等，确实和唐朝诗人白居易《琵琶行》的意境十分贴切，其中有四句：

大弦嘈嘈如急雨，小弦切切如私语。

嘈嘈切切错杂弹，大珠小珠落玉盘。

这一点评，据说张秀林也提过，但他当时名气不响，没引起共鸣。在设计构思时，确实没意识到东方明珠塔的美妙之处，起码凌本立并不赞同，认为《琵琶行》描写的是歌女，太苦了！塔的名字也曾考虑过"海上明珠"，现在看来，"东方明珠"更为恰切地代表了上海。

东方明珠塔最终成型，据说是凌本立、张秀林、项祖荃在火车上讨论出来的，凌本立在废报纸上画了草图。我在这里要补充一下创作组的团队作用：三个筒体的概念，由我首先提出。当时，孟建民（现任深圳市建筑设计院总建筑师、设计大师），受南京理工大学齐康②教授委托，到华东院参与电视塔的方案设计，关在华东院的乍浦路工房。苦想三天，无从突破。孟建民正在苦恼之际，我伸出三个手指请他试试。他喜出望外，构思了芦笙造型，一丛竹子从地下长出，节节高升，从12根变6根变3根变

---

① 吴良镛(1922～   )，中国科学院院士、中国工程院院士、清华大学教授、建筑学家、教育家。

② 齐康(1931～   )，中国科学院院士、东南大学教授、建筑学家、建筑教育学家。

管式勤的方案

张俊杰与我合作的方案

孟建民的方案

孟建民方案中的塔楼
被改为球

凌本立的方案

1根。他的手上功夫很好，画好后，大家觉得味道出来了，该方案就有3个筒体、3个塔楼（在10多年后，我在合肥见到孟建民，他自然地回忆起当时的情景。我说，东方明珠塔有你的功劳，我不会忘记。他说："这是你的主意。"）。后来，凌本立以它为基础，把芦笙塔楼改为球体，并进一步把下部多个竖向的多筒体改为三根斜撑。而下部斜撑方案，我从一开始就已提出，在管式勤的方案中已经体现了。张俊杰与我合作的方案，更和东方明珠有许多相似之处，包括它的3个球、几个筒和斜撑，只是筒体略呈弧形。下图颇为清楚地表明了东方明珠塔设计方案的发展轨迹。这些就是我上述"实施方案坚实基础"的含义，他们对创作东方明珠塔的贡献，我们不要忘记！

　　对于有关人员对东方明珠塔所作的贡献，有过一些议论，各自从不同的角度评说，都有道理，均可理解。然而在组织上，华东院早就有江欢成、凌本立、张秀林的排序。2010年3月的中国建筑学会"新中国成立60周年建筑创作大奖"评奖中，更把这三人固定了下来，他们均获得建筑创作大奖。我所抱歉的是，因仅限三人，贡献很大的项祖荃院长没能上去，但，我要在本书中给他记一大功！

第九章　东方明珠的结构——
带斜撑的巨型空间框架

Structure: Mega space structure with struts

　　华东建筑设计院，原名为华东工业建筑设计院。1952年建院之时，全国6个大区的重点建筑设计院都叫工业院，因为第一个五年计划建设需要大量的工业建筑。对于工业建筑，由结构工程师当设计总负责人的不少，但民用建筑均由建筑师担任设计总负责人。

　　东方明珠塔是大型的民用建筑，但由于结构工种对高耸结构的重要性，我被任命为设计总负责人，而凌本立（副总建筑师）、张秀林（副主任建筑师）则是副设计总负责人。建筑、结构、机电等各工种的设计工作，均在设计总负责人的领导下进行。

　　介绍东方明珠塔的时候，常常有这样几句话："完美的造型、独特的结构，使东方明珠成为上海市的标志。"在做方案的时候，我们苦苦思索的就是结构创新以突破传统的单筒模式，使之与武汉塔、北京塔、天津塔、沈阳塔等不雷同而成为上海的地标。东方明珠塔带斜撑的巨型空间框架结构，无疑是最大的突破点，它和11颗明珠浑然一体，才有了今天这个既完美又独特的效果。在东方明珠塔10多个重大创新中，结构体系创新无疑是第一位的。

　　对东方明珠塔的结构，我编了首打油诗来描述：

　　浅桩支承薄底板，三个筒体三撑杆，

　　七组大梁一根桅，一把大伞一只碗。

结构设计　Structural design

"东方明珠"广播电视塔结构概念。
The structural concept of ORIENTAL PEARL.
TOWER.

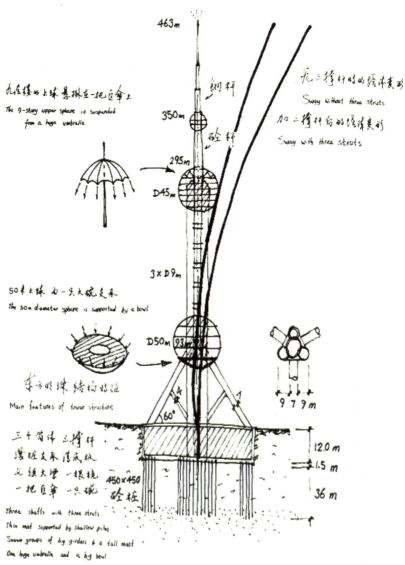

463m

铜杆

350m

砼杆

295m

D45m

无三撑杆时的摆动表现
Sway without three struts

加三撑杆后的摆动表现
Sway with three struts

九层镶的上珠悬珠至一把巨伞上
The 9-story upper sphere is suspended
from a huge umbrella

3×D9m

50米大珠 由一只大碗支承
The 50 m diameter sphere is supported by a bowl

D50m 93m

979m

东方明珠 结构特征
Main features of tower structure

60°

三个筒珠 三撑杆
薄板支承 浅成桩
七组大梁 一根桅
一把巨伞 一只碗

450×450
砼桩

12.0 m
1.5 m
36 m

Three shafts with three struts
Thin mat supported by shallow piles
Seven groups of big girders & a tall mast
One huge umbrella and a big bowl

我手绘的东方明珠塔结构概念图

113

第十章　东方明珠的建设——
多个世界之最的实现

Construction: Numerous world records

　　东方明珠塔建设工程指挥部，由总指挥龚学平，副总指挥盛重庆（后由盛亚飞接替）、江欢成组成；钱文亮是筹建处主任，总管日常工作。1991年8月27日，即在9月1日打下第一根桩之前几天，我率领30人的设计组进驻现场。设计室的工棚就在工地旁边的丰和路侧，我在门口立了一块大牌子，上书"上海腾飞标志，世界建筑丰碑"。在设计室的墙上，挂的图片是巴黎的埃菲尔铁塔、纽约的自由女神和旧金山金门大桥、悉尼的歌剧院，这些是我们的座右铭和赶超目标。我每天骑车上、下班，赶挤轮渡。钱文亮关心我，说要给我买部柴油助动车，我没要，自己买了辆霸伏助动车。

我在东方明珠塔施工现场设计室

　　工作条件很差，每天早上，图板上都是一层灰尘。花炳灿的台子下，已被脚踩出了一个坑。那时候还没有计算机制图，为设计百米直径的圆形平面，胡蓉扒在大图板上，用设计铁道用的铅尺拟合出来。倪天增副市长到设计室来看我们，说了句很鼓励我们的话："草窝里飞出金凤凰！"

参与东方明珠塔建设的部分设计
师在施工现场设计室外合影

当年，我每天骑车赶往东方
明珠塔建设工地

东方明珠塔建设工地上的大标牌

设计东方明珠塔时赶超的目标——
巴黎埃菲尔铁塔、悉尼歌剧院

现场设计在相当艰难的情况下进行。我身为华东建筑设计
院的总工程师，把院里的事交给了常务副总工程师陈宗樑，全身
心投入东方明珠塔的设计。我感谢华东院领导的照顾，但没给配
备行政人员。我只好每天早些去，打开水、扫地；晚些走，挤
点时间自己画图和整理图档。30多位建筑师、工程师开始都很专

设计组在施工现场确定东方明珠塔的中心，右一是我

我在东方明珠塔工地展示室向访客作介绍

心，时间一长就有些疲沓了，抓得到的就十六七人。主要原因，第一，他们都是华东院第三设计室的骨干，多少还有别的工程羁身；第二，施工现场设计条件差，奖金又少，积极性受到挫伤。设计费太少，偌大个工程仅100万元，奖金按产值分成（28%），3年的奖金得从这里提取，每人每月只有200元左右。反映到龚学平那里，才又加了100万元设计费，并外加8万元作为现场奖金。

116

华东建筑设计院

一九九三年 3月 3月15~17日出勤及加班费

编号	科室	姓名	金额	领款人盖章	备注
1	38X1+④	江欢成	78		
2	51X1+④	凌大缓	71		
3	58X1+④	袁荣德	98		
4	88X1+④	王恒光	124		
5	64X1+④	谷松	884		
6	82X1+④	花炳	102		
7	64X1+④	颜敏	84		
8	76X1+④	张青松	116		
9	66X1+④	胡蕚	86		
10	51X1	郭畅	59		
11	35X1	吴文芳	35		
12	6X1+④	许禄申	108		
13	60X1+④	张焱	100		
14	42X1+④	赵磊	82		
15	56X1+④	赵朋元	96		
16	52X1+④	王夏辰	92		
17	51X1+④	周莲芳	99		
18	81X1+④	汪x微	121		
19	0X1+④	江予新	28		
20	78X1+④	金榴裘	118		

合 计 金 额（大写）

主管： 制表：

华东建筑设计院院长项祖荃在东方明珠塔打桩仪式上

奖金很少，重在参与重点工程建设

主 要 完 成 者　　　　表—6

序号	姓名	性别	年龄	职称	职务	专业	参加本项目起止时间	扼要填写与申报优秀内容的关系及贡献
1	江欢成	男	58	教授级高工	总工程师	结构	1987.1-1995.5	设计总负责人
2	凌本立	男	58	教授级高建师	总建筑	建筑	1987.1-1995.5	副设计总负责人，方案主要设计人。
3	项祖荃	男	56	教授级高建	院长	建筑	1987.1-1995.5	方案设计主持人及指导者。
4	张秀林	男	53	高建	所总建筑师	建筑	1987.1-1995.5	副设计总负责人
6页 胡蕚		女	60	高建	所主任建筑师	建筑	1989.3-1995.5	建筑工种负责人
5页 汪大绥		男	55	高工	总工程师	结构	1989.3-1995.5	结构工种负责人
7	江予新	男	58	高工	组长	电气	1989.3-1995.5	电气工种负责人
8	许禄申	男	58	高工	组长	空调、通风	1989.3-1995.5	空调通风工种负责人
9	王学良	男	31	工程师		给排水	1989.3-1995.5	给排水工种负责人(后期)
10	吴文芳	男	36	工程师	组长	弱电	1989.3-1995.5	弱电工种负责人

注、1、申报优秀（工程、住宅）设计人员最高限额一等奖9人，二等
2、申报优秀专业设计人员1~2人。
3、凡有二个及以上单位合并上报的完成者要统一平衡后按次序填入。
4、见申报材料填写说明"(6)"。
☆、建议考虑本工程的特殊性，主要完成者增加至10名。

东方明珠塔设计组报送1996年度上海市优秀勘察设计项目获奖人员名单及排序，我对排序第5、6作了修改。

后来我听说，上海市广电局本来给华东院140万元设计费，是华东院自己发扬风格，只要100万元，却亏了设计师们。为激发现场工作的积极性，我甚至采用计时计件的奖励办法，一小时2元、一张2号图3元。第三，更大的问题出在我身上：不会叫嚷以争取院里人力、物力、财力的支持，只会埋头干，太过相信"以身作则"的感召力。我每天的工作是：对外，开会、解决难题、承受压力；对内，排进度、核图纸、分奖金。白天讨论、下工地，晚上才能坐定，计算、画图，下球拱顶、上球悬挂桁架、桅杆等关键的图纸都是我画的。

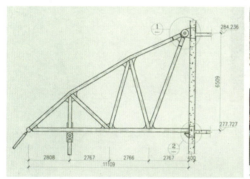
12榀大桁架吊挂9层的上球

我在东方明珠塔施工现场

　　幸好，许多同志还是顾全大局，以参与建设这一伟大项目为荣，在应对诸多纷扰、业主不断修改使用要求和施工进度紧迫等不利环境下，没有拖施工的后腿，而且为施工解决了许多难题，创造了更好的施工条件。一次，听到机施公司的师傅十分高兴地说，上球10多吨重的悬臂钢桁架，半个小时就装好一榀。我也很高兴，这是因为我们的设计做得巧妙，使安装变得如此简单。一榀桁架只用一个直径250毫米的销子即可完成，而这主意是我出的，这几张图正好是我做的。在现场为东方明珠塔的设计付出巨大心血和智慧的有多人，除了设计总负责人江欢成、副设计总负责人张秀林外，还有各工种的负责人：胡蓉、汪大绥、江予新、许禄申、吴文芳、王学良、赵明之等人，以及前后30多位建筑师、工程师。张秀林从方案开始即全身心投入，我的所有决策都和他密切商讨。为了球体幕墙直径180毫米的三角形杆件，我们一起站在浦西外滩，眯起眼睛琢磨了多次。汪大绥在做基础的时候，为了不影响施工，甚至通宵加班。东方明珠塔设计组最终获得了上海市先进集体奖。

东方明珠塔荣获上海市优秀设计一等奖

东方明珠塔完全**是我国自己设计、自己施工、自己经营取得巨大成功的作品**，我们为之感到无比自豪！我们和筹建处及施工公司密切合作，实现了**许多大胆的创新：**

东方明珠塔带斜撑的巨型空间框架

——首创带斜撑的巨型空间框架，框架节点缀于11个球体上，突破了混凝土电视塔的传统模式。它与众不同，具有强烈的标志效果。

——巨型斜撑轴线交汇于93米标高，使塔体结构的控制截面抬升，结构内力减小1/3。

——在上海的软土地基上建高塔，基桩入土仅48米，大大领先于上海其他超高层建筑。例如，离东方明珠塔780米远的金茂大厦，桩深79米。其他超高层建筑也多如此。

——高塔底板的厚度仅为1.5米。通常，30层高建筑物的底

东方明珠塔的基坑

东方明珠塔的塔身与大厅环梁

板厚度还比它厚些。

　　——提模施工清水混凝土筒体，不加任何修饰，质量优秀。

　　——泵送混凝土，一泵到顶，高达350米。

　　——塔身预应力混凝土的296米长的钢绞索后张施工，中间没有接头，多次反复张拉，伸长1.5米。充分利用张拉孔钢管兼做受力钢材。

　　——60度倾角的百米斜筒，史无前例，采用自承重钢骨架吊模施工，优质高效。

　　——预应力混凝土"大碗"支承直径50米的大球。"碗面"径向预应力，受力直接、高效。

　　——直径45米的上球，在顶部用一把"大伞"悬挂9层楼板。"大伞"由12榀悬臂钢桁架构成。

　　——110米长的钢桅杆分成11节，在地面拼装，通过特制的液压装置，沿20束钢索爬升至468米高空，仅10天即到位，其间经受了8级大风的考验。

为东方明珠塔安装30毫米厚的红色玻璃

东方明珠塔身预应力钢丝束，最长296米无接头

东方明珠塔拼装斜撑钢骨笼的最上一节

东方明珠塔长110米的桅杆由20个机器人抬升

东方明珠塔50米直径的下球球冠结构十分漂亮，右是我

在263米高的东方明珠塔施工现场讨论工作，右一是我

"师傅，您辛苦了！"我（左）和为东方明珠塔桅杆热喷铝而成了"金属人"的工人师傅合影

——首创6米高大梁水平设缝，增大了塔体结构的延性。

——曲面铝合金幕墙成功制作、安装，使球体美轮美奂。

——红色玻璃被大胆地大面积使用，获得强烈的视觉美感。

——集标志、观光、旅游、攀登、购物、博物馆、市民广场等于一身，成为综合性的标志性建筑。

这一巨大工程，在建造过程中，确**也碰到许多技术难题**，但在大家共同努力下，均被一一化解，主要有下面几项：

——由于压力释放和钢板桩踢脚等原因，斜撑基坑开挖隆起200毫米，采用加型钢、加厚垫层并配筋，快速施工，使之得到控制。

——斜筒施工过程中，由于钢管骨架的变形逐渐积累，直径7米的筒体有呈椭圆形的趋势。将直径4米的支筒，同时支撑7米直径斜筒上、下壁的办法，使这一难题得以解决。

东方明珠塔的基坑支撑发生压曲事故

东方明珠塔的下球桁架被剪断

东方明珠塔的上球钢架坠落

东方明珠塔的下球楼板被凿穿

　　——球面由双曲铝板拼装成型，上海飞机制造厂采用了拉压成型技术使之实现。

　　——上球顶的空调设备等巨大装置，采用沿斜索拉升的办法，避免了逐层穿楼板。

　　东方明珠塔建设过程中确还出现过一些险情，甚至死亡事故。记忆中有这样几次：基坑开挖时，撑杆压曲，基坑变形；296米长的预应力钢筋，从高空沿张拉钢管滑落，在地下室卷曲堆了一小间；安装上球体钢架时，钢丝绳受阻拉断，钢架坠落，撕裂桁架，砸穿楼板。幸好，这几次都未造成人员伤亡。不幸的倒是一颗小螺丝，从几百米高空顺着电梯井掉落。真不巧，一位工人把脑袋伸进电梯井，被螺丝钉砸穿安全帽，"中弹"身亡。我们从这些事故中吸取了不少教训。教训是财富，一点不假，它给了我今后的工作许多启示。

东方明珠塔开业庆典上，礼仪小姐令人眼睛一亮

　　建设东方明珠塔的直接贡献者成千上万，和我打交道较多、还清晰记得的除了上面提到的同志之外，还有朱文宝、阮国威、袁炳奎、王俊良、叶可明、钟汝芳、俞锦昌、刘溶、吴欣之、顾文虎、徐辉、倪建新、潘文杰、丁立园等同志。钮卫平后期加盟，她为东方明珠塔的开业和营业倾注了极大热情，在倪建新、徐辉等同志辅佐下，把东方明珠公司办得有声有色。东方明珠塔接待了数以百计的国家元首级贵宾，建塔的8.3亿元投资，在6年内就连本带利收回。2013年，全年营业收入高达5.4亿元（包括门票、娱乐、博物馆、餐饮、商场、游艇、码头等）。这与成功的开发管理关系极大，我觉得其精髓所在就是高起点、高要求。东方明珠塔开业之时，模特身材的礼仪小姐，打扮时尚，中、英语一起上，确实叫人眼睛一亮！

第十一章 东方明珠的科研——三大课题，多方支持

Research: Three topics of study and supports from various sources

东方明珠塔有三大科研课题，包括风工程试验研究、地震工程试验研究、静载整体模型和节点试验研究。其中，风洞试验问作了4.6米高的刚体模型试验，在绵阳的中国气动中心进行。该模型后来陈列在东方明珠塔工地展示室，吸引了大量的来访者。球和杆的节段模型试验，在708所进行。1.8米高的气动弹性模型试验，在同济大学进行。以上试验，取得了体型系数、局部风压、倾覆力矩、桅杆风振响应等关键数据。

我（左）在绵阳中国气动中心做4.6米高的模型风洞试验

有关地震工程，我们作了9.2米高的振动台试验，在同济大学进行，证明了东方明珠塔足以承受超过7度设防烈度的地震，在8度常遇地震下也不出会现裂缝。最薄弱的部位是桅杆根部，我们对它作了尽可能的特别的加强。静载试验的整体模型有4.6米高，试验结果和设计计算吻合得很好。

为东方明珠塔作节段模型风洞试验

为东方明珠塔作1.8米高的气动弹性模型风洞试验

为东方明珠塔作9.2米高的模型振动台试验

节点试验主要作了桅杆和下部筒体咬接的节点试验，6米高的大梁做成3米＋3米的叠合大梁，作了延性试验，经分析，约可提高塔结构的延性5％～10％。大多数试验在同济大学结构试验室中进行。我们和同济大学的吕西林、施卫星、顾明等教授配合得很好，随着东方明珠塔的建成，他们也培养了许多硕士、博士。

我们是边设计、边科研、边施工。没等科研成果出来，我们已经设计甚至施工了，但科研结论和设计吻合得很好，这使我更加自信和放心。那些来得及处理的如桅杆结构等，都作了加强。

东方明珠塔没有采用TMD、TLD等减震装置。设计时曾有过考虑，并在太空舱350米标高的平台下加了一个夹层（标高347米），准备安装200吨的阻尼质量块，只因为对它的认识不深，担心弄不好反而增加塔的负担，起了负作用，而终未放置。

高塔建成后，经过几次较小的地震考验，桅杆顶部消雷装置的针尖掉落两根，幸未伤人，而塔身结构安然无恙。

科研中有两件事，我仍心存歉意。一是我们请风工程权威、同济大学的朱振德老教授前来授课，只给了他50元讲课费，真是又穷又窘！另一件事，我们花这么大力量，做了如此

东方明珠塔的桅杆升至468米高空，设计者们在避雷针下留影，前排右一是我

有开拓性的工作，却只获得了分项科研的上海市科技进步奖二等奖，令我这个设计总负责人无地自容。我埋怨自己没有做好申报工作，没有做好总结和宣传。

第十二章 东方明珠与龚学平——从决策到细则

Mr.Gong Xueping: From decision to details

在这里，我还要为龚学平记几笔功，他对东方明珠塔的贡献，应排名第一。从立项到选址，从C国撤资到自我融资，从组织竞标到选择方案，从国外考察到优化设计，从万象百货到改造为民俗博物馆……无不倾注了他大量心血。有些事，可能并不为大众所知：

塔址当时有几个选择，包括静安公园、人民广场等地。现今的塔址，是当年浦东公园的一部分和纺织原料仓库、海军航保处仓库。东方明珠塔面对浦西外滩，人们从11条交通大道（包括水道）过来都清晰可见，无疑是最佳选择。总体选址正确，在很大程度上奠定了东方明珠塔的成功。

龚学平（右）率团参观法国、德国、加拿大、美国的电视塔和球体建筑时，与我合影

1989年的政治风波之后，C国不来投资了。龚学平联合了40多个财团，随后又上市发行股票，使东方明珠塔得以建造，进而吹响了浦东开发开放的进军号。而当时，他还只是局长。

东方明珠塔是上海浦东开发开放的进军号、排头兵，当时在她身后和左右尚无这些高楼

龚学平要求建造混凝土塔而不是钢塔，不仅是为减少维护的工作量，而且塔更有体量感、力度感。

东方明珠方案在上海市广电局的民意测验中，开始的时候遥遥领先，中间因对施工难度和功能要求等问题的疑虑，曾有变卦。除我们及时释疑之外，在功能等问题上，龚学平听取了何允、陈绍楚等专家的意见，从而使局面得以扭转。

龚学平强调东方明珠塔必须与众不同，使它成为上海的标志。在设计过程中，他提出下球体太低，有下蹲的感觉。于是，我们把它提高了5米，现在看来是合适的。

龚学平还提出过要把下球的直径扩大到70米，做空中迪斯尼乐园。对这一点，我们没敢苟同，用泡沫塑料做了外壳包上去以说服他。他看后，自己也觉得不成比例，也就作罢了。

龚学平提出，东方明珠塔前更需要的是广场而不是甬道

很多人问，东方明珠塔为啥采用红色玻璃

我在东方明珠塔前广场留影，上海的重大活动常在这个市民广场举行

对于塔前广场，原设计是一条长长的甬道通到现在的圆环道路中心，并已施工到了红线，做了许多台阶。龚学平发现东方明珠塔缺少广场，便要求推倒重来，于是，有了今天的弧形广场和两条圆形坡道。现在看来，这一决策也是明智的。

对东方明珠塔选择红色玻璃，很多人都询问过。我们原本建议采用浅蓝绿色或银白色玻璃，显得雅致些。在听我汇报后，龚学平问："还有别的选择吗？"我说，项祖荃院长曾提出过红色玻璃也可考虑，他在菲律宾看到过，效果不错。但大面积的红色弄不好恐怕会变得很俗气，很吃不准。龚学平说："这么说来，你们不提红色，是怕担责任。责任我来担！""红色"就这样被大胆地决定下来了！看来，他早就胸有成竹。我们挑了样品中最浅的红色，大面积一铺，仍然显得十分抢眼。东方明珠塔建成后，确实听到过不同的评价，但似被多数百姓所接受和喜爱。

上海城市历史发展陈列馆是后来改造的，为东方明珠塔增添了浓厚的文化色彩，展品内容丰富，从上海开埠讲到现在。我多次陪同海内外宾客参观，无不感到在有充分视觉享受的同时，受到深刻的教育。许多游客在栩栩如生的蜡像前拍照留念。

龚学平至今还对两件事耿耿于怀：一是原设计为空中旅馆的5个小球如何利用；二是15米标高的屋顶平台，怎样更吸引游客。

第十三章　东方明珠与领导支持——
可惜，倪天增副市长没看到

Supports from leadership: Regretful that Mayor Ni passed away

时任上海市副市长倪天增在方案设计过程中，十分关心设计组的工作，也非常关注方案的优化。他到工棚看望我们，觉得办公条件太差。之后，我们便搬到了筹建处楼下两间正式的房子内办公了！他很担心3个筒体和圆球的关系不好处理，除了3个正视图之外，从其他角度看起来都是偏心的，有不稳的感觉。为此，我选择下部斜撑不交在直筒上，而交在两个直筒之间。这样，在球体外悬的方向，有斜撑把塔体支住，可以改善不稳定的感觉。果然，东方明珠塔建成后，许多人反映施工搞错了，球体造偏了！甚至有的国际友人也提出怀疑。幸好，时任上海市副市长赵启正的一句话"变化的美，犹如斗转星移"，很好地解了围，并逐渐被大众认可。我一直在观察东方明珠塔，只要能看见3个筒，哪怕后面的筒只看到一点点，偏的感觉就几可忽略。

十分遗憾的是，人民公仆倪天增副市长没看到这一天的到来。由于长

赵启正为东方明珠塔释疑——"变化的美"使缺点变成优点

期忘我工作的劳累，他于1992年6月7日英年早逝！

东方明珠塔建设期间，众多领导都亲临现场视察，包括江泽民、朱镕基、乔石、李瑞环、万里、吴邦国、黄菊、罗干、陈至立、孟建柱、华建敏、朱光亚等人，我有幸向他们当中的多数作了汇报。江泽民为东方明珠塔题

1991年，朱镕基（左四）在上海市有关领导陪同下视察东方明珠塔施工现场时，我（右一）作汇报

写匾额"东方明珠"；朱镕基为东方明珠塔伸出大拇指；吴邦国说，这个塔越看越漂亮；邹家华谈起东方明珠塔时说，上海就是行，不光经济行，做什么都漂漂亮亮。他们的关注和评价，对于东方明珠塔工程是巨大的鼓舞和支持！当时，上海只有这一个重大项目，另一个大项目——迪斯尼乐园尚在谈判中。上海市重大办的赵翠书主任和助手徐云华每星期都来工地开会，两人风格泼辣，并有令箭在手，谁都不敢怠慢。

第十四章 12年奋战终成正果——
媲美埃菲尔铁塔

Final success after twelve years fighting:'As grand as the Eiffel Tower' from foreign press

东方明珠塔从1983年算起到1995年建成，其间经过C国撤资等波折，"12年抗战"终成正果！今天，人们**看到东方明珠就想起上海，说起上海就想起东方明珠**。电视上、公路旁、屋顶上到处都是东方明珠，儿童作画的题材也是东方明珠。东方明珠已被

小朋友在东方明珠塔263米高的观光层

公认为上海的重要标志，在一定程度上提升了上海的地位，甚至有人说，提升了中国的地位。因为，她也是我国改革开放的标志，是中国建筑师、工程师自己设计和建造的。为此，在1997年举行的东亚运动会上，就把她的模型抬在

中国运动员队伍的前面。这些倒是我们在设计时没敢奢望的！第一家整版介绍东方明珠的，是1995年6月21日出版的香港《大公报》。第一家介绍东方明珠的外国杂志是英国1994年8月出版的"Construction Today"，连同封面登了5个版面，评价很高。它一开头，就把东方明珠与世界其他著名建筑相媲美，意为**巴黎有埃菲尔铁塔，伦敦有塔桥，上海有东方明珠**。

JULY/AUGUST 1994

GEOTEXTILES
CONCRETE ADDITIVES

CONSTRUCTION
TODAY

HIGH OVER
SHANGHAI

INSIDE CHINA'S
BUILDING BOOM

Its giant size and unusual multi-globed outline already makes Shanghai's television tower as much a city symbol as the Eiffel tower for Paris and London's Tower Bridge.

The TV tower, which at 463.85m will be the third

Project leader Jiang Huancheng at the base of the tower.

　英国的"Construction Today"杂志最早刊载上海东方明珠塔的消息（5个版面），把她和巴黎埃菲尔铁塔及伦敦塔桥相媲美

本報記者　曾華

● 五十七歲，廣東人，清華大學畢業，主修土木系
● 上海東方「明珠」廣播電視塔總設計師
● 曾任華東建築設計研究院總建築工程師
● 參加過香港交易廣場大廈的設計
● 著名結構設計顧問公司英國奧雅納工程顧問公司
● 英國土木工程學會、英國結構工程學會資深會員

江歡成

▲「一九九一年江歡成作為總設計師」向朱鎔基匯報

「明珠敘與日月爭輝」

天斧神工　明珠璀璨

▲上海東方明珠廣播電視塔

▲他說歡成選中多少國圖？

▲第二期工程該如何設計？

▲站在東方明珠塔最頂端，心潮澎湃

大膽創新顯風格

屬牛的性格

「別人強，能幹外國人的，能幹中國人也全能幹。自己並不比別人差，有些地方甚至比別人……」

与兄长江平成（左二）、江凯成（左一）、
江敏成（右二）在上海东方明珠塔下合影

第十五章 东方明珠的遗憾——
二期工程落低二三十米就好了

Some regrets: It would be better if the building height of stage II be 20m to 30m lower

最佳观景点——上海南京路外滩看不见东方明珠塔的全貌了

曾有记者问我："回过头看，您觉得东方明珠有无遗憾之处？"说来，真有不少！

东方明珠塔的正面正对南京路，是设计师考虑的最佳视线走廊，可是，现在被国际会议中心直径50米的大球建筑挡住了！在设计之初，这个地方本是航运中心大厦，它是百米高楼，放在这里，将大煞风景。为此，我和几位同志按龚学平的意见，写报告提出迁址建议。上海市与交通部协商，交通部顾全大局、发扬风格，虽然"三通一平"、防洪堤等都做好了，还是向北挪了百把米（即上图中左侧的玻璃幕墙建筑）。没想到，它被东方明珠塔二期工程，即今天的国际会议中心所取代！两个大球夹一个

我（前排右一）和钱文亮（前排右二）、朱文宝（后排右一）、袁炳奎（后排右二）、阮国威（后排左二）、叶志康（前排左一），同参与上海东方明珠塔二期工程投资、设计的日本朋友合影

"集装箱"（较早的设计是两个"集装箱"夹一个大球），由日本综合株式会社投资和设计。我是上海市人大代表，写了个提案表示反对。专家讨论时，10多位专家中的绝大多数都支持我。可传达下来的信息是"怕影响投资环境"，不予接受。后来不知何故，日本人不来投资了，改为我们自己干。我写信给时任上海市副市长龚学平，试图改变他的主意，但未获回音。现在看来，如果浦东外滩没有这个建筑，环境要好很多。真有"成也萧何，败也萧何"之感，似太急功近利了！东方明珠塔二期工程的设计没叫华东院做，或因为我反对之故，而由浙江省建筑设计院完成。

为此事，建筑泰斗陈植[①]画了个草图，托邵晶交给我，强调近水建筑设计"宜散不宜聚，宜小不宜大，宜低不宜高"的规划

---

① 陈植（1902～2002），生于杭州，我国著名建筑师，1923年由清华大学毕业，留学美国宾夕法尼亚大学。1931～1952年，赵深、陈植、童寯成立华盖建筑师事务所。陈植曾任之江大学建筑系主任，华东建筑设计院、上海民用建筑设计院总建筑师，中国建筑师学会副理事长，全国人大代表。

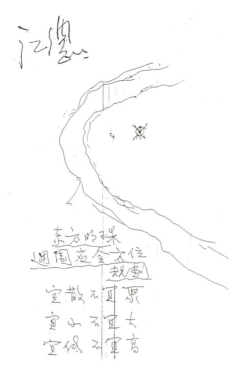

东方明珠
周围应全方位
规划
宜散不宜聚
宜小不宜大
宜低不宜高

陈植老先生亲笔

原则。他以为这是我干的，或以为我能起些作用。我辜负了他的嘱托，十分抱歉！那时陈植已95岁，仍在操心上海的建设！令人佩服。

另一个遗憾，同样是环境问题。想当年，东方明珠塔的中心是浦东公园的儿童乐园。为此，我们设计的东方明珠塔塔座是斜坡绿地，向四周延伸。塔就像坐落在公园的山丘上那样，和浦东公园融为一体。遗憾的是，现在浦东公园几乎不复存在，它已被APEC新闻中心等建筑挤满了！

东方明珠塔身的5个小球没有用起来。原设计是空中旅馆，每球4个房间。因广电部担心出事故，装修后不久就关闭了！我想，总该用起来才好，可改作其他用途，并加强管理。

曾考虑在东方明珠塔斜撑背上设计观光缆车，它将使塔更有生气、更为精彩，并有助于解决竖向交通的难题。没这样做，主要是限于时间和资金上的问题。

再一个遗憾是，东方明珠塔综合成果竟然没有申报国家科技进步奖。东方明珠塔完全是中国人自己设计、建造的，是我国改革开放和科技进步的重要标志之一。1991年6月24日，在施工方案评选会上，建设部总工程师许溶烈十分高兴地说，东方明珠塔可申报科技进步奖特等奖。之所以没有申报，主要原因是由于消防验收拖了很长时间。虽然设计了6个避难平台，然而是否就行

上海东方明珠塔立在山丘上

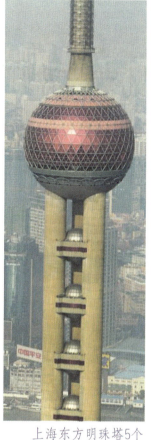

原建设部总工程师许溶烈（左三）视察上海东方明珠塔施工现场，听取我（左二）汇报

上海东方明珠塔5个直径12.6米的小球尚未开发

了，大家都说不准。由于塔太高，为阻止烟气进入消防梯的正压送风，几经修改才满足了要求。工程验收一拖几年，到验收时，人散了，气冷了，申报之事也就不了了之啦。因此，东方明珠塔到目前为止只得了詹天佑大奖、上海市优秀勘察设计一等奖、建筑创作奖等单项奖。

　　幸好，它的地位和贡献，早就被公众认可！而不是靠证书、奖状。

　　20世纪80年代，我正值42岁至52岁，是既有些经验又精力旺盛的时期。我十分庆幸，赶上了拨乱反正、改革开放的大好时

1999年，上海东方明珠塔工程获中国土木工程詹天佑大奖

机。做好了这件事，在地球上留了点痕迹，并被世人认可，我十分欣慰，感受到了工程师们所追求的荣誉和快乐！

东方明珠塔建成后，东方明珠公司仍不断地来找我。我说，该去找华东院才是，因为东方明珠塔是华东院设计的，责任所在！但他们非要找我不可，说这是你的宝贝孩子，不能不管。其实，我也确实十分关注她的健康成长。

1994年10月，东方明珠塔基本建成。1995年5月1日，我和另外4位主要贡献者为她的落成剪彩。说来有趣，2012年11月，一位空军将军和我坐在同一架飞机上，谈起东方明珠塔，他还记得那天剪彩的事。那时，他就在台下，幕墙是他所在单位做的！

第十六章　全透明观光环廊——
云空漫步，明珠花开

360 degree completely transparent corridor: Feeling above the cloud;Blossom of the Pearl

2008年年初，潘文杰、丁立园和阮国威找我，说受美国大峡谷玻璃平台的启发，也要在东方明珠塔的上球体搞玻璃廊。我不敢接受，唯恐损害大众认可了的东方明珠形象，但拗不过他们。我想了个折中的办法：接受设计的条件是——观光廊可开可合。他们接受了，我也开始设计了。我的创意是"云空漫步，明珠花开"，得到了上海建工集团吴欣之总工程师、同济大学卞永明教授的大力支持，在常熟机械厂做了许多试验研究，终于将关闭时因直径变小而打架的难题解决了。更重要的问题是，增加环廊要增加负荷。幸好，原设计因考虑到变形问题，吊柱及其下部结构间是脱离的。现在，变形已经稳定，把它们连起来，起整体作用，可以提高承载力。并且，我发现259米标高楼层，最早的设计是微波层，后改为小火车观光、酒吧间等。经多次改动，楼板

登二五九

体验云空漫步

游外滩

欣赏明珠花开

我对上海东方明珠塔的设计创意

吓人的楼板面层

原设计者和著名建筑师们体验上海东方明珠塔的全透明环廊

一个玻璃花瓣上站了50位建设者，前排右五是我

对每一个玻璃花瓣作超负荷试验后，再加上两位设计师也没问题

24朵花瓣翻起来，就完全保持了上海东方明珠塔的原貌

面层厚度竟然有25厘米左右，这等于对结构作了荷载试验。这次把面层减落以复原，等于卸了载，再加上采用一些结构措施，如楼板面上加筋、撑杆加杆件以减小斜柱的长细比等，使结构安全问题得以解决。这样，一个360度全透明的观光廊终于成功了。2009年5月1日建成开放后，我战战兢兢地请来许多专家视察，包括当时的主要设计者凌本立、张秀林、项祖荃，以及建筑权威罗小未教授、郑时令院士等人，我汇报了创作原委，并表示，如果他们不同意，则将它合起来以保持原样。可喜的是，他们体验之后表示，它对原造型确有些改变，但改变不算大，尚可接受；并且，其观光效果确实很好。这样，我心里的一块大石头总算落了地！事实证明，全透明观光廊获得了广大游客的欢迎，在和金茂大厦、环球大厦的旅游观光竞争中，保持长盛不衰。而且，它提

前一年赶在世博之前建成，为上海增添了光彩！可是，东方明珠公司在玻璃平台开放之后，就再也不把它合起来了！说是管理有困难，人流不断……我真想让它开合起来，这将又是一大亮点，将给人们更多高科技的惊喜！那时，人们真的可以站在浦西外滩欣赏明珠花开了！

　　观光廊的主要设计者，还有陈慧婷、王晓哲、程之春、杜刚等人。

罗小未教授（左四）、魏敦山院士（左三）及上海东方明珠塔设计组负责人项祖荃院长（右五）、设计总负责人江欢成（右三）、副设计总负责人凌本立（右四）、副设计总负责人张秀林（左二）等人考察全透明环廊后，和电视塔领导徐辉（左五）、倪建新（右二）、潘文杰（左一）、阮国威（右一）合影

第十七章　修缮立面，焕发青春
Elevation restoration and rejuvenation

东方明珠塔的混凝土塔身，原设计意图是做高质量的清水混凝土塔，不加粉刷和涂装，自然、质朴、粗壮、有力。在大堂部分，要求可看见模板的木纹，粗中有细。在大堂屋顶平台以上，要求可看见一个个圆形的塞头凹痕，它们是浇捣混凝土时，内外模板的对拉螺丝孔的堵头。它们像有力的躯干上的小毛孔，又告诉人们，混凝土塔身是如何施工的。

龚学平一直想让东方明珠塔的塔身刷有色涂料，并推说陈至立希望如此，说德国可免费赠送，但我坚持不改，担心会削弱东方明珠塔的自然感和力度感，并且可能脏得更为明显。一次，时任中共上海市委副书记陈至立到工地视察。我说："陈书记，听说你要求刷有色涂料，我觉得不太好！"她说："我没说过呀！"东方明珠塔建设处的钱文亮主任说："江总敲边敲得好！"原来，老钱也是不赞同的。

然而，随着时间的流逝，东方明珠塔的岁月痕迹凸显，塔身变旧了。东方明珠公司的领导多次找我谈塔身涂料问题。我常以岁月沧桑感自慰，并以布达拉宫和清华园二校门的流痕之美为例，试图说服他们用清洗的办法解决问题。10多年后，在球体和筒体相交处，流下了涕痕，尤其在斜撑上脏得不堪入目，既因雨水和灰尘的侵蚀，清洗球体的化学溶液更是雪上加霜，使之无法清除。帅哥邋遢了，美女黄脸了，我的坚持也动摇了！为此，

当时，上海东方明珠塔的斜筒　现场作涂料试验
脏得不堪入目

2012年5月，我们开始在斜撑根部进行不同厂家多种涂料的试验研究。涂刷后冲洗酸碱水，经一定时间的考验，似乎有的涂料可供选择。但我仍不敢下此决心，怕"化妆"后太粉嫩，又怕涂料经不起长时间的考验。

　　2012年4月2日，我为三峡工程升船机承重结构的事参观了三峡大坝。大坝上2万平方米的涂料经过了几年的考验效果良好，使我深受鼓舞。向东方明珠公司报告后，丁立园、阮国威组织各方前往考察取经，即在东方明珠塔斜撑底部请3家厂家再作涂装

对拉螺丝塞头和塔身露筋　安装螺丝的尼龙杯破损

试验，研究不同的基层砂磨方法、涂料的质量，考验半年以上。

　　东方明珠公司还报告了塔身螺丝孔塞头几次坠落砸

碎玻璃的情况和塔身少量露筋的情况。它们是涉及生命安全的大事，更使我们十分着急，便把塔身涂装和塞头（包括露筋）处理两件事加在一起，作为东方明珠塔外立面修缮工程，并把塞头安全处理放在首位。在原有的涂装要求前面，加上

被清除的塞头数以千计

"安全"二字，成为修缮12字方针，即"安全、无色、透明、亚光、憎水、耐久"。"安全"除了高空作业要求外，特指塞头处理。"耐久"则要求涂装的有效期为15年。对施工中用于吊挂弧形平台、固定脚手架（仅在5个小球处）的不锈钢螺钉，要求尽可能少，但保留在塔身上，供日后维护用。

　　2013年3月20日，经一年的酝酿和准备后，在总包单位上海机施公司总部，开了个专家会。5月份，东方明珠塔的修缮工程正式开始。上海机施公司的工作做得很细致，多次用PPT形象地汇报施工装置和措施，进行平台操作和"蜘蛛人"斜筒施工的培训。陈恒江、陈明海、谷凯等人表现得很出色，对约3万个塞头逐个检查、清理、修补，能凿掉的塞头全部凿除，数目约7000个。凿出的尼龙杯内，遇有螺丝头的，缠绕直径1毫米不锈钢丝，氩弧焊；没有的则内凿槽口，然后挤塞聚合物砂

大智大勇的"蜘蛛人"

吊篮操作

留下不锈钢螺钉，供日后维护用

浆。完工后，陈恒江拍胸脯保证塞头不再掉落，并说："再掉，算我有罪！"

对于混凝土露筋的处理，在清刷基层除锈之后，刷防锈漆，覆于聚合物砂浆（大于5毫米厚）。

涂装工程的招、投标文件及技术措施，由江欢成公司制定，主要由杜刚和曹鹄完成，要求保用15年以上。投标者包括旭硝子、SKK和上海科焱3家，均称保用20年。由业主综合考虑其性价比等之后，确定由旭硝子提供材料、涂刷方案和技术服务。

涂装技术标准，要求在混凝土表面经充分高压水洗后，不低于3层做法。

底层：硅烷大于或等于0.18公斤/平方米；

中间层：丙烯硅树脂大于或等于0.11公斤/平方米；

面层：氟碳树脂大于或等于0.16公斤/平方米，含氟量大于或等于16%。

实际使用情况是：底1度为0.24公斤/平方米，渗入3μm，中1度为0.2公斤/平方米，面2度为0.24公斤/平方米，氟具光泽，为达到亚光要求，加了消光剂，也加了防污抗水罩面剂0.1公斤/平方米，均为滚涂。各厂家均不肯报成分，或属保密。

本体混凝土有不小的色差，清洗后，当年修补过的地方显现出来了，大、小球体下方的流涕痕迹砂不掉，估计是

涂装后保持了清水混凝土的质朴，而且俊秀、耐久了

洗球体的药水渗进去了。经多次尝试和研讨，担心欲盖弥彰，决定不进行着色处理，留一点历史缺憾。

东方明珠塔的修缮、涂装工作历时7个月，完成后，对塞头坠落的担心放下了，塔身干净了，只是略有反光，估计会随时间推移而减弱。团队同人们自我感觉良好：东方明珠塔虽少了些许男子汉的粗壮，却多了点美女的清秀，仿佛邋遢的面孔洗过后，上了点淡妆，真有焕发青春之感。然而，最有发言权的应是公众！

第十八章　开发屋顶，开放广场
Develop lobby roof and open tower plaza

东方明珠塔于1995年建成开播，投资8.3亿元，经营6年即宣称回收了投资。2010年，年收入3.2亿元；2012年，年收入5亿元。虽然金茂大厦、环球大厦等也有观光制高点，然而，东方明珠塔得天时、地利、人和，始终是内外知名的最热门的景点，游客年约400万人（设计为200万人）。

让公众自由进入东方明珠塔前市民广场

为使东方明珠塔臻于完美，原设计的商场变成了上海城市历史发展陈列馆，明珠多了文化内涵。原设计的塔座的儿童游乐

东方明珠塔大堂的屋顶开发

场变成了商场茶座，生意兴隆。2009年，在259米高处，又加了一个360度可开合的玻璃环廊，大受游客欢迎。还有什么招数作深度开发？龚学平每年春节慰问时，都问到大厅屋顶平台以及5

151

东方明珠塔设计组，荣获1992年度上海市先进集体光荣称号，集体照上记录了大部分设计人员，名单（自左至右）分别是：前排——袤宗德、赵明之、江予新、汪大绥、凌本立、江欢成、张秀林、胡蓉、许禄申、吴文芳、王恒光；中排——何荣、花柄灿、方健、傅晓平、金福惠、汪立敏、狄玲玲、陈伟煜、谷松；后排——林海雄、王学良、闵佳、赵磊、张驰、郭畅。

个小球的充分利用问题。屋顶平台确是很好的观景点，可环视浦西外滩和陆家嘴建筑群，亲切宜人；仰视明珠和巨大躯干，更使人为之一振。东方明珠公司意识到该场所的价值，拟改造原设计的喷水池（因渗漏，早已停用），加屋盖成为茶座餐厅。我们生怕它突兀而有损整体形象，提心吊胆地做了个方案，把体量尽量缩小、压低，争取使之和主塔自然和谐地浑然一体。目前，尚在设计过程中。建好之后，是挨骂还是被认可，难以预料。配合这一举措，东方明珠塔前的广场要向公众开放，原设计早就把售票处和寄存处置于广场内了。我期望开放的市民广场和屋顶观光餐饮结合在一起后，东方明珠塔又有一番新的气象。

第 三 编

**Studies and Practices of
Innovation and Optimization**

优化设计的
探索和实践

第十九章 大胆打出优化设计的旗号
Blazing a new trail of structural optimization

　　我大胆打出优化设计的旗号，是在2005年10月30日召开的全国勘察设计工作表彰大会及新时期设计指导思想研讨会上。我发言的题目是"可持续发展与结构优化"，被安排为会议的第一个发言。与会者是建设部领导、院士、大师、专家、院长，我发言后得到热烈掌声，表明我走的这条路是对的，从而受到巨大的鼓励。此后，我几十次应邀到处宣讲。题目根据对象和要求的不同，分别有"设计创新与优化——从东方明珠设计谈起""东方明珠的故事""优化设计的探索和实践""创新思维与实践""汶川大地震所见所学所想""结构工程师的责任""6·27上海莲花河畔景苑倒楼机理思考""太阳能热气流发电及综合利用""做得好些再好些""更好的设计，使城市更美，让生活更好""合理的结构造就建筑的美""优化、创新、责任""群体高层建筑天空城市的构想"等。每次报告中的工程案例都差不多，只是随着时间推移和形势发展有些增减，或从不同角度去体会，说法不同而已！写到这里，我真怀疑现今院士申报材料中的几百篇论文是怎样演绎的。选举新院士时，我从不把论文数量和得奖排名看得太过认真。光从那些金色的数字上，我仿佛闻到一股焦躁味。左右我把圈圈画在哪一格的，是他实际做成了什么及其人品，判断他是否足以成为行业的领军人物和表率。

　　我常把优化和创新一起讲。其实，它们的含义有所区别而又相互交叉。**优化是把设计做得好些再好些，创新则强调新意新思想，优化中要有创新，创新必须可行。两者共同的东西就是追求技术进步。**

实际上，我搞优化创新的时间和我的工龄一样长。从进华东院开始，我就不太安分地搞小改小革；当总工程师做的第一件事，就是对仙霞型高层住宅剪力墙的改进；而东方明珠塔则是地道的创新，雅加达塔又是东方明珠塔的优化；等等。最近翻看笔记，发现记录了林同炎①先生讲的一句话："我创新多了并不觉得是创新，但不创新，我就觉得难受。"对此，我十分欣赏并很有同感。设计是创造性的劳动。每个工程都不同，几无重复，所以，我觉得自己无时不在学习、不在动脑筋，颇为艰苦，但很有乐趣。

为求简便和真实，这一编综合了我关于优化创新的宣讲，删除了一些重复和琐碎之处。首先，摘录其中几篇的前言、结语，表明我的指导思想；然后，挑选若干工程实例分节汇报，作为支撑；以图为主，以文为辅。

由于许多工程优化取得了成功，越来越多的开发商找上门来委托我们作第三方咨询。有的开发商甚至说，只要说委托了江欢成做优化，设计方就会做得认真，就已起到事半功倍的效果。

合理的结构成就建筑的美

可以预料，这个很带感情色彩的题目，将受到批评："太片面！"果真如此，倒也达到了我的目的——开展学术争鸣，探讨建筑与结构的关系。我是结构工程师，常为结构所受不公待遇鸣不平：结构或被作为符号贴在墙上，或被扭曲，把不合理看

① 林同炎（1912～2003），华裔美国工程专家，被誉为"预应力先生"，美国工程院院士、中国科学院外籍院士。

成是美。

从东方明珠塔的设计和建造，到印度尼西亚雅加达塔设计方案的中标，再到广州观光塔的方案竞赛，3个城市、3座标志性建筑，我有幸经历并主要负责了这些富有挑战、充满激情的建筑设计历程，得到一些启示。其中最为重要的可能就是——建筑与结构、建筑与文化的协调和统一是建筑美的基石。本节较多地强调的是，合理的结构造就建筑的美。

广州塔的方案竞赛，引发了我对当前建筑思潮的思考，并提出如下建议：

1.坚决贯彻我国的建筑方针。我国的建筑方针以前是"实用、经济，在可能的条件下注意美观"，后来又有"安全、实用、经济、美观"。时至今日，我们有条件可以考虑美观了，但它必然是第四位的，而不能本末倒置，更不能以怪为美，以不合理为美。目前，建筑界有句行话——视觉冲击。其常用的手法，就是用不合理的结构，取得视觉冲击，追求短暂的、病态的美。其结果，必然是拼材料，耗费几倍于合理范围的用量；并且，建筑功能差、效率低、隐患多。**这种以浪费资源为代价、以视觉冲击为建筑美的发展方向，不符合我国国情，也不符合我国实施的可持续发展战略。**

2.弘扬以爱国主义为核心的民族精神。新中国成立10周年大庆时，北京的十大建筑——人民大会堂、历史博物馆、军事博物馆、农展馆、北京火车站、工人体育场、民族文化宫、民族饭店、钓鱼台国宾馆和华侨饭店，每一个都是精品、是瑰宝，经得起历史的考验，受到人民的称赞。就我本人的经历而言，东方明珠塔作为上海的主要标志，是由中国人自己设计、自己施工和经营的巨型高耸建筑，是中国人的骄傲，得到了国内外同行的肯定；印度尼西亚雅加达塔"亚洲巨人"的设计理念、合理的结构体系，均得到了国际建筑界的认可，并在国际竞赛中胜出。这些充分说明，中国人并不笨，中国人有能力设计出优秀的建筑。随着我国经济的高速发展和对外开放，一种暴发户心理，以及随之而来的盲目崇洋、妄自菲薄，使得中外建筑师在一种不平等的状态下竞争。许多工程指明要外国人做，找两家中国公司做陪衬，甚至中国人做的方案，竟然要用外国公司的名字以抬高身份等。这一思潮的形成，有开发商和决策者的错误导向，也有一些专家学者的推波助澜，造成了一些重要建筑沦为外国建筑师的试验品，并有愈演愈烈之势。党和政府一贯强调，要"弘扬以爱国主义为核心的民族精神和以改革创新为核心的时代精神"。中国建筑师与国外建筑师相比，在某些方面存在差距，但对中华民族文化深刻的认识，勇于学习、敢于创新的精神，可以帮助我们设计出建筑精品。

3.提倡对目前建筑思潮的学术评论。我国十分缺乏评论，原因是多方面的：一是因为它属于意识范畴，你说这样不好，我认为这样好，创新和怪异混淆不清。在这个会上受批判的东西，在那个会上却被授予金奖。二是行业中似乎有不成文的规矩：河水不犯井水。你可以说自己好，但千万不能说别人不好。否则，你将面临巨大的压力，乃至以失败告终。这一点，可能是更重要、更本质的所在。好心的朋友劝我少说为妙，甚至不要再搞什么优化设计，因为它总是带刺的东西。这使我非常困惑，既不想得罪人，又觉得那样发展不对。于是，我把握几条：第一，宁可多些自卖自夸，少讲别人；第二，只论事，不讲具体人和具体公司。

4.最后，我恳切地对评标专家和评标办法提点建议：(1) 评标专家应有高度的责任心。对某些极不合理的方案的评出，人们常常归咎于领导和业主，可人家一句话就把你顶回去："都是专家院士评出来的呀！"我有时候也当专家。许多教训使我觉得，专家的责任非常重大。一定要牢记，这是替政府把关、对人民负责，不要跟风，不要怕人家说你不前卫，不接受暗示，不揣摩领导心思，特别是要对得起专家、院士的称号。(2) 对大型项目，要吸收较多的专家，按专业分组评审，然后综合，以避免在专业上闹笑话。东方明珠塔的评标工作，就分了建筑、结构、施工、经济和工艺5个小组。(3) 对重要项目的评标，要有后评估，必要时公布专家的意见。后评估的争鸣，有利于提高专家的责任心、提高学术水平。

优化空间来自何方

10多年前，一个老大哥设计院的老总告诉我一个故事：国外某开发商委托他们设计高层住宅，提出两个控制指标——混凝土35厘米/平方米、钢50公斤/平方米（±0.00以上），如能达标，将给予数以百万元计的奖励。这使我受到很大震动——这个开发商十分精明。他在调查统计基础上提出的技术经济指标，比当时类似建筑的实际用量低不少，但通过努力，有可能达到。材料节约所带来的效益远比设计费和奖励费高得多，何乐而不为！

我本人在1985年当上华东院的总工程师。当总工后，我做的第一件事，就是搞结构优化设计。把由华东院设计、当时在上海广为流行和大量套用的仙霞型高层住宅，大刀阔斧地删掉了许多剪力墙。按当时的造价，每幢（24层）节约100万元。查对一下，果然，优化后的指标为混凝土34.3厘米/平方米、钢39.73公斤/平方米，均满足上述"奖励"的指标要求（当时，对抗震的要求不像现在严格）。该优化设计成为当时华东院的通用图，在多个工程中被套用。

我因做了东方明珠塔获得不少荣誉，自此之后，却少有建树。有一点稍值一提的，就是在结构优化方面，做了些探索和实践，逐渐有了点影响。许多业主找上门叫我做优化。好朋友劝我不要搞，因为得罪人，特别是得罪同行、得罪老朋友。但上海现代建筑设计集团的领导鼓励我，说结构优化对技术进步有好处。我也觉得，浪费总不是好事。

上海江欢成建筑设计有限公司（包括它的前身），受业主委托做了多个工程的优化设计。我们发现，几乎所有被委托的项目，都有较大的优化空间。在实物工程量上，可节约5%～10%，甚至更多，而在建筑空间和平面使用方面带来的效益更大。我感到纳闷儿，我们并未掌握比别人高深的理论知识，在结构计算上和同行一样，使用相同或相似的软件，分析结果大致都对得起来。那么，**优化空间来自何方？** 思索良久，总结出一条，那就是：**建筑事业在技术上和素质上对工程师提出了很高的要求**。

综观我们的优化内容，发现设计中往往存在这样一些问题：

1.设计周期短，设计队伍相对年轻，经验不足，缺少实际锻炼。改革开放后，我国的基本建设规模前所未有、世界罕见。项目一经确定，要求图纸立等可取，思考和完善的时间不够。年轻的设计者从书本上获得了梁高、板厚、跨度、配筋率、轴压比等重要概念，但不会在实践中灵活地、恰当地、娴熟地应用。另外是过分强调各专业的单独优化，而不是总体的效率和效益。由此出发，在优化过程中，我们采用了很多办法来减小构件截面、减薄板厚。例如，采用密肋、宽扁主梁或高梁开洞等措施，以合理地增大楼层净高，受到了业主和建筑师们的欢迎。

2.缺乏清晰的结构概念，或者说在基本概念上有些偏颇。例如，以为结构的刚度越大越好、梁的跨度越小越经济。因而，出现墙偏多、偏长、偏厚（特别是抗震作用较小的核心筒内隔墙普遍偏厚），柱子偏大、数量偏多，楼板偏厚等情况。殊不知，这些常给抗震带来不利影响。

我们搞优化，从不以牺牲安全度来求得经济效益，而往往采用减轻重量、和顺刚度、增大延性等措施使结构更趋合理，从而提高安全度。

3.对高效、先进技术的认识和融会贯通地运用的能力，有待加强。 随着建筑事业的发展，许多高新技术，诸如高性能混凝土、劲性混凝土、钢管混凝土柱、叠合柱、伸臂结构、巨型框架结构、桁架筒结构、预应力结构、阻尼装置等层出不穷。但设计者往往固守自己熟悉的钢筋混凝土框架——剪力墙结构而不求其优，这也是我们搞优化设计的巨大空间。在我们的设计中，常常采用伸臂和钢管混凝土柱，结构既高效，又不失其延性；钢管混凝土叠合柱也在我们的好几个工程中被应用。

4."终生责任"的威慑作用，使结构工程师越做越胆小。 **"按我国设计规范设计，安全度偏低"的讲法同样是多用材料的一大理由。** 这些也是优化空间大的原因之一。因而，"优化设计"等于业主多请了个"把关的""多看了个医生"，可以使设计尽量做到少出差错、精益求精。我们的优化工作，以原设计为基础，尽量尊重原设计者的意见，从不在构件的配筋上苛求，而更多地着力于结构体系的合理化和高新技术的应用，并留有适当的余地。

5.设计者以满足规范要求作为设计的主要目标，而不是以搞出好的作品来追求。我国过分强调"规范"的作用，把"规范"当成法律，它正成为技术进步的障碍。 诸如实例中谈到的规范对内柱的设置、转换层位置等过细的描述，乃至那些"房屋的适用最大高度""高宽比的限制"等。这些内容以及许多"宜"和"不宜"，我建议应该作为设计指南，而不应进入规范。

6.工程是由工程师设计的，因而，工程设计应该是规范加上工程师的判断和创造的产物。 优化设计在一定程度上意味着对常规的突破、对规范的新认识，规范也因此得以进步和完善。

在委托做优化时，业主普遍关心**优化设计如何实现**的问题。设计图纸都要盖章，都需经审查，它存在责任问题。如果设计者不接受，不是白费事了吗？

从我们碰到的情况来看，大致有几种办法来处理：

1.由业主聘请专家对优化设计报告进行讨论，并申请再次进行审批和施工图评审，通过后，要求原设计单位照此修改。

2.设计单位不接受，则解除设计合同，业主给予一定补偿。

3.设计单位心服口服，经若干次交换意见，基本接受并作修改。

4.业主仅要求提供一个报告，由业主自己负责，和原设计师讨论，以处理好合同关系、工期要求、综合效益等问题，使之尽可能多地得以实施。

5.业主指定江欢成公司作咨询后，公司尽早介入，对设计方案一次次地提出修改意见，逐步深化，**分阶段提出咨询报告**。

优化设计费也是个必须讨论的问题。取费原则一般综合考虑**优化者的影响、投入、贡献和所负责任**等因素，按市场化的原则，签订正式合同。合同内容包括双方责任、进度要求、优化费计算和付款方式等。优化费的计算有几种方式：

1.基本费用+效益分成（实物效益和空间效益）。

2.综合费用，即所谓"一口价"。综合考虑基本费用和可能产生的效益。

3.按设计费标准，重新委托设计（解除原有设计合同）。

我国的优化设计工作方兴未艾、大有可为。它符合可持续发展和科教兴国两大战略，是我国建设方针的体现，是科学发展观在建筑行业的落实。

对于优化设计工作，民企、私企十分感兴趣，而国企相对不够重视。建议政府给予支持，并逐步总结经验，使之规范化、程序化、法律化，使各方面的权益有所保障，使优化设计得以健康发展。

工程设计是一件复杂的、综合的工作，上海江欢成建筑设计有限公司所做的设计，也肯定会有不完善之处。欢迎同行对我们的设计进行优化，求得共同进步。

可持续发展与结构优化设计

这是一个近乎政论性的题目。我不是政治家，既没有能力把这个厚重的问题讲清楚，却又引火烧身，仅以我很肤浅的40多年工作的体会向各位汇报一下。可能很多看法是片面的，请大家批评指正。

落实科学发展观，匹夫有责

1. 科技工作者承担着更多的社会责任

回顾我国"文化大革命"结束以来的历史，粉碎"四人帮"，纠正"两个凡是"，平反昭雪冤假错案。党的第二代中央领导集体，提出发展是硬道理、科学技术是第一生产力。党的第三代中央领导集体进一步提出科教兴国和可持续发展这两大战略，"科学发展是硬道理"，使发展观进一步完善。国家发展，匹夫有责。我们作为科技工作者，是科技成果的直接应用者，对发展的科学化有举足轻重的作用，承担着更多的社会责任。

2. 把可持续发展落实到优化设计上

2004年11月，世界工程师大会在上海召开，大会的主题是"工程师塑造可持续发展的未来"（Engineers Shape the Sustainable Future）。几千年来，人类在认识世界、改造世界的过程中创造了灿烂的文明，其间，浸透着工程师的智慧和血汗。工程师塑造了当今的城市，使之从扁平化发展到立体化。但在这次大会上，我们也听到了许多关于工程师功与过的评说，在表扬的同时，也听到了许多批评。例如，滥用科学技术，给自然和人类社会带来负面影响；传统的、只顾眼前的生产方式和生活方式，不可逆转地破坏生存环境，危及子孙后代；滥用材料，造成能源危机、气候变暖。土建行业把耕土都变成了砖，就是把粮食变成了房子，这就不符合可持续发展的原则。

美国工程院代表打了个生动的比喻。他说，世界上最可怕的危机是"渐进式危机（Creeping Crisis）"，它慢性生成，却积重难返。在美国流传一个虚拟的"煮蛙"说，讲的是如果把青蛙放在沸水中，它会跳出来；但如果放在冷水中，慢慢加温，它将永远跳不出来。人类正以"煮蛙"的方式，破坏着环境支持人类生存的能力。怎么办？他提出控制人口，生活方式既要有质量，又要适度，使资源的消耗和产出达到平衡。这可能是一种理想化的乌托邦，但作为工程师，确实要发掘我们的创造力，利用我们的聪明才智，在正在塑造和将要塑造未来的过程中显示身手。作为设计工程师，我们所能做到的，就是用掌握的科技知识去优化设计，以延缓"危机"的发生。

3. 结构工程师，应该做到也可以做到有所作为

(1) 应该有所作为

资料表明，建筑活动对人类、自然资源和环境的影响最大，约占用人类所使用自然资源的40%、能源的40%，产生的垃圾也占40%。因此，建筑领域对人类实现可持续发展，有着极其重要的作用。很明显，钢铁大部分用于基本建设，水泥几乎全部用于基本建设。而城市长高、长大，以及房屋、道路、桥梁、堤岸、水坝……哪一样不出自土木工程师之手？这些设计是否合理、材料是否浪费，有必要作些回顾和检讨。如果走可持续发展之路成为每个人（包括我本人）的自觉行动，就有可能建设一个节约型社会，构筑人与自然的和谐。

(2) 可以有所为

① 龙头是主导，而龙身、龙尾也足以影响龙头。在建筑行业中，建筑师无疑是龙头，但结构工程师也并非无能为力，不必妄自菲薄，满足于当老二。君不见，建筑师常常把暴露结构作为"高技派"的象征，蹩脚的建筑师甚至在不必用拉索的地方也加上拉索，没有桁架的地方画个桁架。这说明，结构本身是很美

的，是一种内在的美、力量的美。我们不妨用自己的结构知识去影响建筑师，建议他们采用某种结构体系，更适合于该建筑物。结构工程师要从方案设计阶段就开始参与，变被动为主动。和我合作过的建筑师都知道，我常常比他们想得更早、更多，他们感到和我合作很轻松、很容易。

② 无论龙头、龙身、龙尾，都是重要的有机组成部分，都可以在各自的领域做出创造性的劳动，并且从中获得巨大的乐趣。

③ 我认为，那些离开了规范就动不了、离开了计算机就不会设计的，还不能算是工程师，只是技术员而已。设计是创造性的劳动，而不是抄书描图。

④ 我们小公司的宗旨是一句很平实的话："比前人做得好些再好些。"我们要学习前人，但不止于前人。前人已经做过的东西，我们要在该基础上做得好些再好些。这就必须有所创新，否则，社会就不会进步。创新，可以是大的结构体系，例如东方明珠塔对单筒体电视塔的突破；也可以是小的构件和节点，例如深圳保利剧场的屋架节点。

到目前为止，江欢成公司接受委托做了20多个优化设计，有几点体会：

1.优化设计需要政策的支持和保障。必须制定必要的章法，规定程序、资质、责任、审批、基本审查费用和优化效益（使用空间效益、经济效益和社会效益）分成比例等。

2.优化设计不是以牺牲安全度来求得经济效益。

3.优化设计意味着对常规的突破，乃至对规范的新认识和完善。

4.优化设计要树立一个整体的观念。以追求整个系统的协调、整个系统的效率和效益为目的，一定不要只看单个专业。我有一句话：如果每一个工种都想本专业最优，最后的结果肯定是不优。

5.优化设计在强调定性概念的同时，也要有定量分析。

6.优化设计对工程师提出了很高的要求：在技术上要有非常清晰的概念，在素质上要敢于承担责任、精益求精。

7.国家的工程管理体制、机制要转换，否则，优化做不得。 目前的情况是，对于某些领导者，优化设计对他们没有好处，反而要多承担一份责任。他们关心的不是少用钱、多办事、办好事，而是多花钱，完成用款计划。

第二十章 优化设计工程实例
Optimization design engineering instance

重庆朝天门滨江广场大厦

该工程包括3座53层塔楼，204.8米高，其中有45层高层住宅、5层商业裙房、3层地下室。裙房以上架空6米，在第9层高位转换，转换层为2.5米厚板，上部剪力墙很多，下部柱子直径1.8米，转换层结构上下刚度比为2.6：1。进行初步设计审查时，我拍了个脑袋，说可以省1万立方米混凝土。业主听了很高兴，当晚就委托我们做优化。我花了一个月时间，完成了一本优化报告，省下了2.2万立方米混凝土，合2000多万元。

优化意见和措施：

重庆朝天门滨江广场大厦在建设中

1.高位转换的位置是否可以突破，这一点是各有关单位最担心的问题，因为规范规定转换层高度"7度时不宜超过5层"。 规范中"不宜"二字用得很好，意为希望如此，但允许突破。我理解，"希望如此"是因为转换层一般都很重，假如放在高位，地震反应大。但在山城重庆，寸土寸金，常常不得不把住宅放在高位。而住宅常用剪力墙结构，重量和刚度往往偏大。以该工程为例，原设计住宅部分，重量高达2吨/平方米，转换层结构上下刚度比高达2.6，这些都是结构抗震的大忌。基于这样的理解，我提出突破规范的前提条件是转换层尽量做轻，上下刚度比一定要接近，振型要和顺。

2.把2.5米的厚板转换，改为3米高、2米宽的梁转换。 对产生较大扭转的梁，则在底部加一根小梁，以避免因抗扭而做成箱式转换。转换层和上部结构的平面形状一样，做成蝴蝶形，而不是原设计的方形，并因此拔掉一根柱子，从而大大减轻了重量。

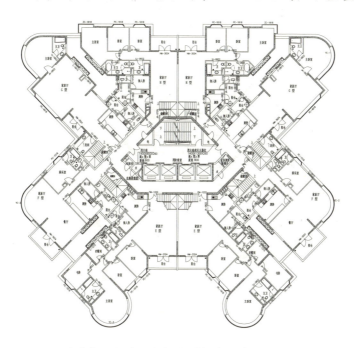

重庆朝天门滨江广场大厦标准层建筑平面图

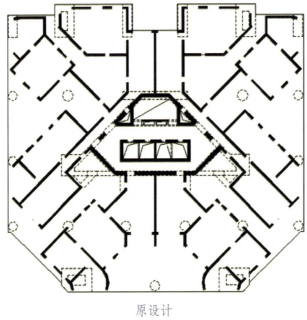

原设计

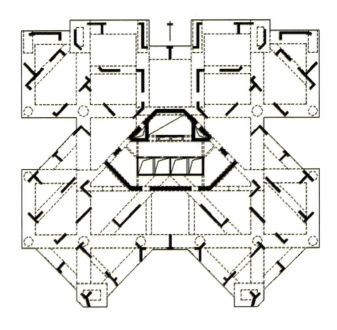

优化设计

转换层及其上、下剪力墙和柱的结构平面图

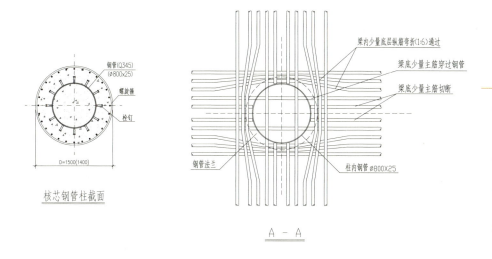

钢管(Q345)
(Φ800×25)

螺旋箍

栓钉

D=1500(1400)

核芯钢管柱截面

梁内少量底层纵筋弯折(1:6)通过

梁底少量主筋穿过钢管

梁底少量主筋切断

钢管法兰

柱内钢管 Φ800×25

A - A

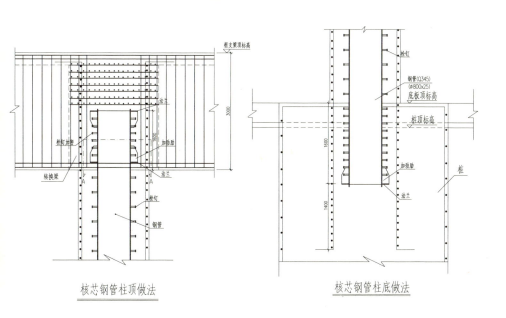

雍支梁顶标高

法兰

3000

栓钉加劲

加劲肋

转换梁

法兰

A

A

栓钉

钢管

核芯钢管柱顶做法

栓钉

钢管(Q345)
(Φ800×25)

底板顶标高

桩顶标高

1600

加劲肋

1400

法兰

桩

核芯钢管柱底做法

核芯钢管混凝土组合柱

3.上部剪力墙尽可能减薄、减少、减短。剪力墙基本放在宽梁上。剪力墙墙肢的长度一般控制在8倍墙厚左右，并小于8米，以避免因短肢墙而不得不提高抗震要求，包括加大抗震等级、提高轴压比要求、增大剪力设计值、提高配筋率等，对小墙肢则作为翼缘处理。剪力墙的平均轴压比，控制在0.5左右，使之具有较好的延性。

4.核心筒内墙原设计为300毫米、250毫米、200毫米不等，全部改为200毫米厚，因为该内墙受荷面积小，抗震贡献较小，主要承受自重。

5.下部混凝土柱子改为钢管混凝土叠合柱，直径从1.8米改为1.5米、1.4米内置钢管直径为800毫米×25毫米。这样，既增大了延性，简化了节点构造，又使每根柱省下了1平方米使用面积。

经调整后，按规范计算，转换层上下刚度比为1.4∶1，上下刚度变化均匀，变形没有明显突变。我们从层刚度的含义出发，对上下层刚度比做了进一步探索、计算，刚度比为1.1∶1，结构竖向刚度变化和顺、合理。

通过采取这些措施，既满足了规范的要求，又增大了延性，使之具有更好的抗震性能。我们体会到：**优化设计绝不是用降低安全度来获得经济效益**。使结构合理化后，既减少了材料用量，又提高了安全度，房间分隔和改造更灵活了，电梯厅也加宽了。

这个项目在2005年被中国建筑学会评为**优秀建筑结构设计一等奖**。

上海陆海空大厦

该工程有两个塔楼，分别为29层（129.8米高）和21层（96.6米高），当中一个6层的裙房，檐口高度为34.0米，地下两层，总建筑面积9.39万平方米，原有的设计从标准层的平面图可见：

第一，电梯厅两端的门口各有一根大柱子。

第二，电梯厅的门很小。

对此，业主很不满意，向原设计单位多次提出要求，但原设计单位均以"规范要求"为由未作修改。设计师的根据是《上海市高层建筑筒体结构设计规程》3.2.4条的规定："筒体和外筒或外框架的中距大于10米时，宜采用预应力楼盖或增设内柱。"业主要我们帮他解决这两大难题，进行优化设计。

上海陆海空大厦

1. 优化内容

(1) 对柱子的优化

一幢大楼共有22根柱子，业主要求拔掉2根，我们拔掉了8根。里圈的6根柱子全部拔除，外圈也拔掉2根。业主要求电梯间口子开大，我们几乎把凸出部分都去掉了。柱子从原来的1.5米×1.5米改为1.2米×1.2米，内置直径600毫米×20毫米钢管，成为叠合柱。

(2) 减薄核心筒内墙

电梯厅里面的墙原来是500毫米厚，现在变成250毫米厚，把电梯间的净宽加大了500毫米。

(3) 楼板结构改为密肋结构

拔掉柱子，楼板跨度加大了，一般说来，楼板混凝土会多用些，但我们的优化设计，使混凝土折算厚度反而减少了。主要是因为原来的楼板结构不太合理，设计本身也比较保守。现在设计的是单向密肋的楼板，12米跨度，250毫米宽、500毫米高得梁间距为1600毫米，设计板厚由120毫米改为100毫米。这样一来，楼板折算厚度减少了2厘米，房间净高还加大了5厘米。

(4) 减少补桩数量

原来的设计要补桩333根，我们减掉了207根。事情是这样的：该工程是一座烂尾楼，原设计为三角形，已经打了桩，后来下马了。新上马的建筑平面改为矩形，因而，形成一边打了很多桩、另一边没有桩的局面。为了实现两边的平衡，两边桩的密度最好相当，因而补打了很多桩。从定性上说是对的，因为怕房子倾侧，但是我们做了一个分析，沉降差最多才两三厘米，便建议把已经打好的多余的桩作砍头处理，省去了仅为平衡所需的207根桩。

(5) 取消主楼和裙房之间的沉降缝

东、西主楼和裙房在高度及荷载方面相差很大。原设计在裙房7.5米柱距内加插一排内柱，并设置沉降缝，以避免不均匀沉降对结构的不利影响。从地下室到6层裙房，每层楼面增加的内柱共计12根，截面为500毫米×500毫米。这种做法是符合规范的，但这样一来，带来较多问题：①使用上受到一定限制，空间效果较差。②设缝处的构造较复杂。③更重要的是，主楼与裙房被沉降缝完全断开，裙房成为纯框架结构的独立单元。经核算，在多遇地震作用下，裙房的层间位移约1/430，不符合《建筑抗震设计规范》（GB50011-2001）的要求，周期长达2.01秒。

优化设计取消了主楼和裙房之间的沉降缝。沉降缝的取消，建立在对沉降量值的调查和分析的基础上。该工程采用较密的桩基，桩尖落在上海较好的持力层⑦1.⑦2上，其下的主要压缩层（黏土层）缺失。经分析、计算，主楼的沉降量约为55毫米，裙

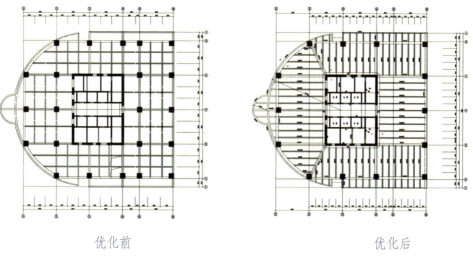

优化前　　　　　　　　　　优化后

标准层结构平面对比

房的沉降量约为33毫米。在35米范围内，沉降差仅约22毫米。该沉降量和附近信息枢纽大楼的实测资料吻合较好。通过对桩、底板和地下室墙、柱共同作用进行计算，确定底板内力、配筋和变形均在合理范围内。与此同时，我们采用后浇带措施，以减小前期沉降差对结构的影响。

2. 优化成果

因结构节省而增加的使用面积共1300平方米，还省下了混凝土8400立方米。

按钢筋混凝土1000元/立方米、使用面积2万元/平方米、桩2万元/根计算，**可获得经济效益3800多万元。**做好了这个项目之后，业主对我们非常信任，另一个工程便直接委托我们。该工程叫碧玉蓝天大厦，在上海陆家嘴，是220米高的办公大楼。

3. 结语

通过该工程的设计，我们有以下体会：

(1) 结构的优化设计大有可为。本优化设计不仅在经济效益上优势明显，并且极大地改善了空间效果、增加了使用面积。

(2) 建筑工程的优化设计，不应只从本专业出发，而应从整体综合上考虑。加密柱子、减小梁的跨度、设置沉降缝，从结构专业上来讲，通常可以获得本专业较好的经济效益，但如果一味强调本专业，往往因小失大。

(3) 在进行定性的概念设计的同时，不应忽略定量的分析。本优化设计中，将多余的桩砍掉，将主楼与裙房间的沉降缝取消，即是建立在定性与定量分析相结合的基础上。

(4) 结构设计优化绝不是以降低结构的安全度，来换取经济效益。该工程优化后的设计方案不但没有降低结构的可靠度水平，还增大了结构的延性。

上海湖北大厦

上海湖北大厦原设计为23层的综合办公楼，建筑高度为104.90米，屋顶构架高度为133.55米。总建筑面积60195平方米；其中，地下3层约17691平方米、深度12.50米。裙楼为1至4层。该建筑为一类超高层建筑，建筑设计使用年限为50年。抗震设防烈度为7度。

原建筑设计存在的主要问题是：原设计标准层平面为50.4米×30.6米，核心筒为12米×18.5米，居中设置。业主觉得，房间进深仅

上海湖北大厦

9.3米，太小。设计者便简单地把芯筒往一边移，导致东南侧进深仅为6.6米，扣除通道及结构尺寸后，净尺寸仅为4米左右，使用效率极低，并且，筒体偏心，不利于抗震。为此，业主找了几家设计公司征求优化设计方案，要求在保持原有建筑造型风格和面积不变的情况下进行优化。

江欢成公司的优化方案是：压扁但加长芯筒；因压扁而损失的刚度，通过加长端墙补足；适当调整主楼和裙房的面积，以保证客房的标准。该优化方案使业主拍案叫绝，因而把全部设计转给了我们。建成后，业主觉得房型很好，于是进一步挖掘潜力，把原来只是三星级水平的招待所改造成为五星级酒店，大大提升了它的价值。

1. 具体调整措施：

(1) 核心筒：标准层原核心筒偏心放置，尺寸为12米×18.5米，面积为222平方米，占楼层面积的13.1%。修改后，核心筒居中放置，尺寸为9.2米×23.1米，面积为212.5平方米，减少9.5平方米，占楼层面积的11.8%，平面系数提高10%。

(2) 标准层：轴线尺寸由50.4米×30.6米改为50.4米×32.8米，南北宽度增加2.2米，建筑面积由原来的1691.3平方米改为1806平方米，增加114.7平方米，南北进深均达到12米，平面布置的灵活性增加，适合于办公及套房各种布置形式。在标准层面积仅增加6.7%的情况下，第6～15层每层的办公套房从22套增至26套（有2个套房），增加27%，平面使用效率大大提高。

(3) 建筑层数减少一层，半数楼层的高度从3.6米加大到3.9米，并在某些部位适当挖空，以保持建筑立面形式、高度和总面积不变。

(4) 裙房：北区裙房的两个楼梯分别移至南、北两端，从而打开主入口对面的空间，可布置水景和绿化，在视觉上最畅通，室内和室外空间得到了有效的延续，形成了开放的空间。

(5) 调整后的柱网平面对车位及车道布置更有利。地下二层增加14个车位，地下三层增加16个车位，有效地提高了地下室的利用率。

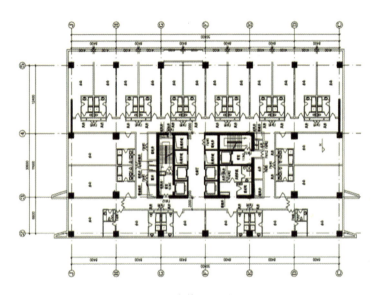

原设计第6～15层平面图

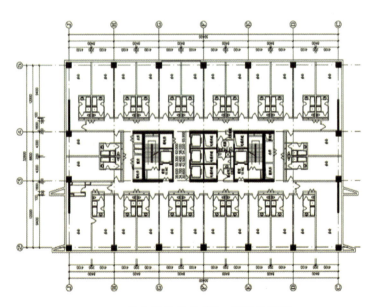

优化设计后的第6～15层平面图

2. 结构体系

主楼结构体系采用钢筋混凝土框架——剪力墙结构，框架柱采用钢筋混凝土柱，柱截面的尺寸为1200毫米×1200毫米，向上逐步减小为1000毫米×1000毫米、800毫米×800毫米、700毫米×700毫米。核心筒外墙截面尺寸为600毫米×600毫米，向上逐步减小为500毫米×500毫米、400×400毫米、300×300毫米；内墙截面尺寸为300毫米×200毫米。周边4道剪力墙的截面尺寸为400毫米×400毫米，向上减小为350毫米×350毫米。楼盖结构为现浇钢筋混凝土梁板结构体系，部分大跨度框架梁采用后张法现浇钢筋混凝土预应力梁。

主要的抗侧力体系，由钢筋混凝土核心筒、钢筋混凝土框架及两端的4道剪力墙组成。

深圳会展中心

该工程由外国设计师主设计，有2个126米跨、1个60米跨，柱距30米。投标方案是刚架檩条结构，中标后发现做不出来，改为张弦梁结构。这时，跨中的结构高度占了该建筑高度的一半，总用钢4.6万吨，

江欢成公司提交的深圳会展中心
优化报告文本

合319公斤/平方米，远大于一般大跨度屋面结构100公斤/平方米左右的用钢指标。

受业主委托，我们负责设计审查和优化设计。花了几个月时间，写了7本优化报告，分别就主体结构、檩条结构、荷载温

度应力等问题，详细阐述江欢成公司的看法。推荐了多种结构方案，其中特别推荐内拱外刚架（形式），并适当减小柱距的方案，同时努力减小屋面荷载，放松温度应力和增加支撑措施等。这样一来，既保持了外国建筑师的原创意图和主要形式，又可节约一半的用钢量，约2.3万吨，按9000元/吨计算，可省下2亿元，使用空间也增大了。但业主没给足够的支持，甚至没组织我们和外国建筑师研讨，叫我们优化只是一道程序而已。后来了解到，当时业主最关心的是年用款计划如何完成，而不是能省下多少钱，因为节约对政府的任何个人都没有带来实质上的好处，节省下来的钞票装不进自己的口袋。合作方是我国某设计院，他们做了不少工作，除结构的形式不敢碰之外，都按我们的方意见作了改进，甚至超过了我们的要求（如钢梁壁厚做得很薄等）。这样做，省下了上万吨钢，每平方米的用钢量降至188公斤。

然而很是遗憾，直到现在，我们一分钱优化费都没有拿到。我们几次向业主催款无果，业主只是回了封信给予表扬："由于江欢成事务所的努力激发了设计院自行优化的积极性。"几位领导都在口头上表示要给予我们奖励，但要求某设计院签字认可，而某设计院则表示和我们没有合同关系。实际上，该设计院通过熟人向我们表达了他们的难处：如果他们签字的话，就要被扣设计费。这是我们这些书呆子所没有料到的事。

1. 主体结构

（1）提出了内拱外刚架、加设悬挂点、外部加撑等几个方案。特别推荐内拱外刚架方案，外刚架可保持投标时的建筑造型，内拱受力性能好、节约钢材，并且可增大室内空间。

（2）如设计者坚持采用张弦梁，则建议将所设计的3根直径160毫米钢棒，改为1根200毫米的钢索，以节约钢材和改善室内空间的遮挡问题。

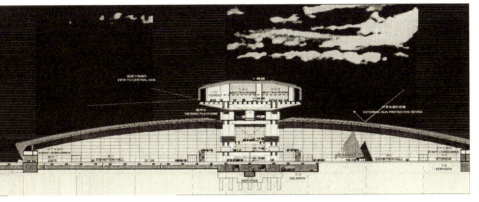

深圳会展中心中标方案剖面图

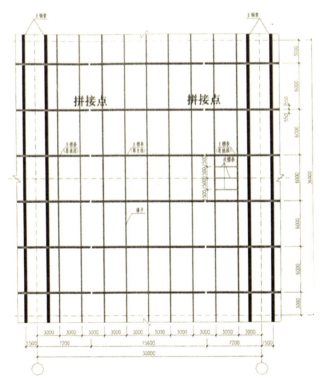

简支檩改为连续檩方案

建议的内拱外刚架效果图

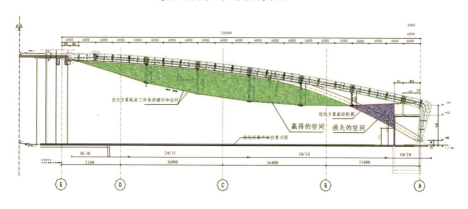

内拱外刚架方案与原设计的张弦结构所占室内空间比较

2. 檩条结构

原设计的轴线间距为30米，双柱，檩条是27米的大钢梁，用钢量很大，约占全部用钢量的50%。为此，我们建议：

(1) 改简支檩为连续檩，这样，檩条可以减少约25%的用钢量。

(2) 适当减小檩条跨度。例如，将柱距30米改为20米，则檩条的弯矩，可以减小一半以上。

3. 减轻屋面负荷，释放温度应力，在某些刚架下有隔墙的地方，加设支柱，以减小该榀刚架的跨度

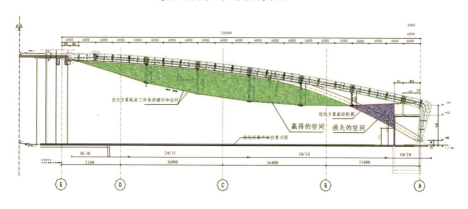

深圳保利文化中心

1. 概述

深圳保利文化中心剧院钢屋盖的建筑造型，为一个类似半椭圆球的不规则曲面，在东部入口处被一个竖向平面切割形成，它覆盖内部的剧院、博物馆等混凝土结构。钢屋盖东、西长约115米，南、北

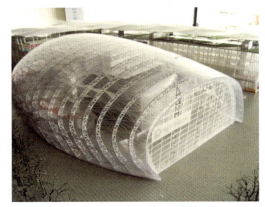

深圳保利文化中心模型

宽约80米，最大标高35米。钢屋盖结构分为东区钢屋盖、西区钢屋盖两部分，原设计中间设变形缝。

东区主要覆盖前厅入口和剧院观众厅。东区主体结构由东区钢屋盖和入口处玻璃幕墙两部分组成。

东区钢屋盖结构：

(1) 平面尺寸约为55米×80米，南、北向80米，有5榀空间倒三角形桁架拱，截面高度约2.8米。

(2) 东、西向约55米，有4榀立体联系桁架，截面高度约2.8米。

(3) 东区钢屋盖主檩条为约9.3米跨的工字钢梁，间距3.5～4米不等。主檩条截面为T型钢和圆管的组合截面。

东区玻璃幕墙以5根鱼腹式柱作为抗风结构。它和东区钢屋盖结构的关系，通过滑动铰支座，将水平力传给屋盖，而在竖向没有约束和传力关系。

2. 设计优化意见

江欢成公司和设计者多次讨论，就主体结构体系、幕墙结构

及杆件应力比三方面提出意见：

(1) 改变主体结构体系

①东区钢屋盖，将原设计的拱结构由两边支承改为四边支承体系。理由是：

    a. 两边支承不如四边支承经济和安全。

    b. 长向支承不如短向支承经济。

    c. 开口壳体不如闭口壳体安全、经济。

②东区钢屋盖在其西侧舞台上方增加支座，将东侧玻璃幕墙的抗风结构也作为支座，它和边拱下弦相连。这样，边拱有多个支座，可以做得很省。

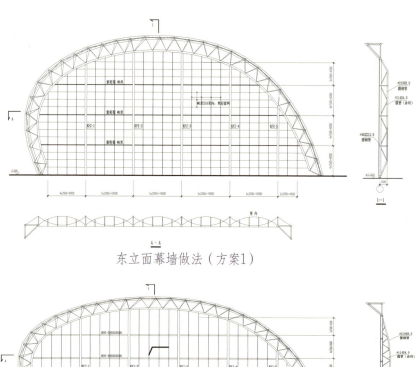

东立面幕墙做法（方案1）

东立面幕墙做法（方案2）

③ 桁架拱高2.8米建议改成1.9米左右。

④ 东、西区钢屋盖之间不留变形缝，解决防水和碰撞问题。

(2) 幕墙结构作为支座及其做法建议

江欢成公司提出两种做法，供设计者参考。

方案1：桁架索网结构；

方案2：桁架玻璃肋结构。

(3) 提高杆件应力比

原设计中，大多数主管（弦杆）的应力比小于0.3，大多数支管（腹杆）的应力比小于0.2。其原因，除了设计保守之外，是因为杆件设计受节点局部应力控制。主管直径偏大，支管直径偏小，因而，主管局部应力很大。

3. 提高应力比的两种做法建议

(1) 采用小直径和较大壁厚的主管，并采用较大直径的支管，以减小相贯节点的局部应力

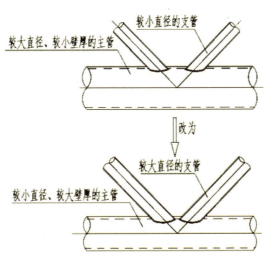

为提高节点承载力，建议采用主、支管杆件截面示意图

(2) 相贯管节点用钢板加强或节点区管壁加厚

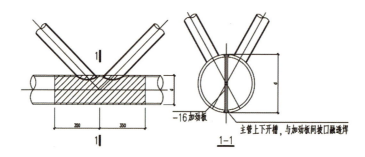

主管内加穿心钢板以加强节点

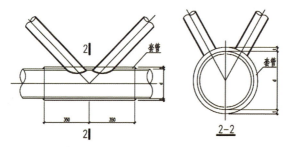

主管加套管以加强节点

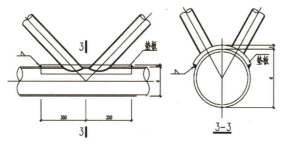

主管内加垫板以加强节点

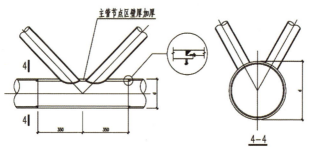

主管节点区壁厚加大以加强节点

上海万达商业广场

上海江欢成建筑设计有限公司受业主委托，对上海万达商业广场地下部分结构施工图进行审查和优化。2005年7月12日，收到业主提供的资料时，桩基施工已经完成，逆作法施工的环形板支架正在施工中。

上海万达商业广场表现图

江欢成公司对±0.000米以下结构作了仔细分析、计算，将底板厚度从1500毫米改为1200毫米，800毫米改为600毫米，无梁板厚度从300毫米改为250毫米，节约了造价，加快了施工进度。更重要的是，我们发现和及时纠正了3个重大的安全问题：

第一，裙房部分大部分桩承台的抗弯能力不足。

承台底部的钢筋**仅够计算要求的一半**，建议该处承台加厚或加大配筋。究其原因，系原设计漏算了底板传给承台的作用力。

第二，步行街抗拔桩承载力不足。

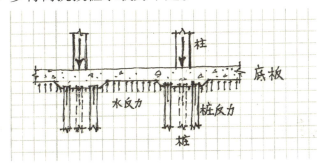

底板承台配筋不足

计算浮力仍远大于单桩竖向抗拔承载力设计值，建议在板中央弯矩较大处加打抗拔桩。

第三，±0.000米环板留有许多后浇带，因而，不能形成环形板梁以作为地下连续墙的水平约束构件。连续墙承受巨大的水平力，已产生巨大的变形，十分危险。在我们及时提出这个问题后，工地立即往墙根回填土，并将环板后浇带捣没，总算没酿成大祸。

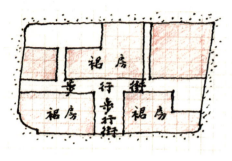

步行街抗拔桩能力不够

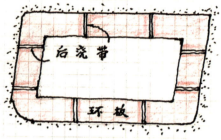

后浇带未浇，使环板失去支撑作用

河南省广播电视塔（中原福塔）

江欢成公司作为第三方咨询，按业主要求，对同济大学建筑设计院的设计进行结构安全性校核，使当时这项河南最高的重大工程，花小代价买了个放心。

塔高388米；其中，桅杆125米（播放36套广播、电视节目），塔座39.65米。

建筑面积：地上33804平方米，地下11338平方米，台阶平台及坡道下9138平方米。

塔架结构：钢管空间刚架，平面为腊梅花开状的变异正五边形，塔柱为10根桉叶糖形截面，直边宽1.8～1.0米，标高28米以下为10根直径为3.6米的钢筋混凝土竖直管柱，标高198米盘旋上升柱相交，上为5根竖直钢管柱。

基本风压为0.5千牛/平方米，抗震设防烈度8度。Ⅱ类场地土。

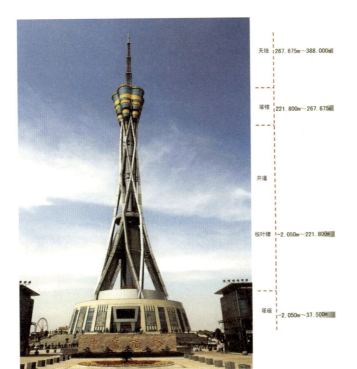

天线 267.675m～388.000m

塔楼 221.800m～267.675m

井道

桉叶糖 -2.050m～221.800m

塔座 -2.050m～37.500m

河南省广播电视塔

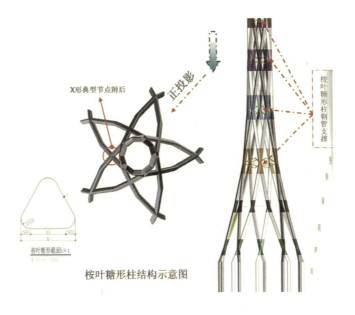

X形典型节点附后

正投影

桉叶糖形柱钢管支撑

桉叶糖形截面b×t

桉叶糖形柱结构示意图

1. 江欢成公司所做工作

(1) 各工况下的结构分析（振型分解反应谱法）。

(2) 多遇地震弹性时程分析（ANSYS程序）。

(3) 罕遇地震弹塑性时程分析（ABAQUS程序）。

2. 结构咨询意见（摘要）

(1) 一般评价——结构合理，材料和设计参数选择合理。

(2) 抗风设计——变形满足规范和预定目标H/100的要求，构件应力小于钢材强度设计值295MPa。

(3) 抗震设计——多遇地震情况下，满足规范的强度和变形（H/300）要求，顶点和节点位移普遍小于风载位移。罕遇地震情况下，外框柱未达到塑性应变，但仍有大量构件（内筒和支撑）进入塑性，成功耗能，结构能承受重力，实现"大震不倒"的设防目标。顶点位移角小于1/50，满足规范要求。

罕遇地震情况下，角柱拉力大，最大为1.5万千牛。

桅杆在罕遇地震情况下，进入塑性，塑性应变在个别地震波下超过了1%，超过FEMA356的限值。

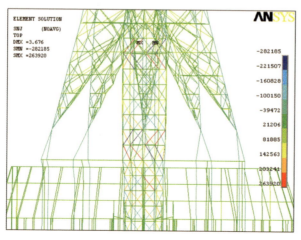

应力比较大杆件示意

3. 设计建议

(1) 切实保证基础的抗拔能力。

(2) 桅杆变截面处宜适当加强。

(3) 内筒底部部分构件应力比较大，应予重视。

(4) 构件连接承载力，需予重视。

上海中信城

上海中信城为甲级智能化办公大楼，地上47层，出屋面机房两层，主屋面标高为200米，主屋面以上设计螺旋式上升的玻璃幕墙，幕墙顶标高约230米。地上建筑面积约86746平方米。

原设计结构的主要特征如下：钢筋混凝土核心筒，周边厚1000~700毫米（曾因变形不能满足要求，而考虑1000毫米到顶），中间为800毫米到顶。外框架柱22

上海中信城

根柱，截面底层为1500毫米×1500毫米劲性配筋（估计含钢率为4%。后来改为1200毫米×1200毫米劲性柱，含钢率为7%），顶层为900毫米×900毫米。外框架周边环梁为600毫米×600毫米劲性混凝土梁。楼板为I字钢主次梁钢结构，压型板上捣混凝土，总厚度156毫米。

按原设计分析，结构设计将由地震控制。

江欢成公司接受业主委托，**对原设计方案进行了多次结构方案比选，随时提出咨询意见，除方形劲性柱被改为钢管混凝土柱外，其余的基本被采纳。**

其一，主要意见

① 经分析、计算，原设计漏算了顶部装饰性幕墙约一半的风荷载，不能满足我国设计规范对变形的要求，建议对结构体系作适当更改

② 在上海，200多米高的大楼一般由风控制，否则，要检讨一下是否自重太大，力求尽可能减轻结构重量

其二，主要技术措施

① 减薄剪力墙

② 采用钢管混凝土以减小柱子的截面，拔掉某些可能增大偏心的柱子

③ 改周边劲性混凝土环梁为钢环梁

④ 在设备层东西方向，加设伸臂，以带动4根外柱参与抗弯，控制侧向变形

第一，调整主楼外围框架柱断面。

调整要点：1500毫米×1500毫米的劲性混凝土框架柱，改为
1200毫米×25毫米~900毫米×22毫米钢管混凝土
柱（如图所示）。

主要好处：① 大大减轻大楼重量；
② 增大使用面积。

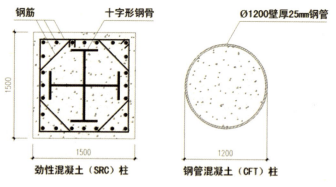

框架柱断面调整示意图

第二，取消主楼北侧⑺、⑽、⒀轴上共3根劲性混凝土柱。

主要好处：① 减轻大楼重量；

　　　　　② 减小结构偏心；

　　　　　③ 增大使用面积。

第三，调整核心筒剪力墙的厚度。

调整要点：① Q-1、Q-2变断面位置调整；

　　　　　② Q-3由800毫米厚减薄为400~300毫米。

主要好处：① 尽量减小承受竖向荷载和水平作用都较小的

　　　　　　墙体厚度，减轻大楼重量；

　　　　　② 增大使用面积。

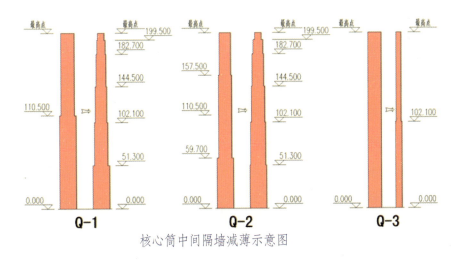

核心筒中间隔墙减薄示意图

第四，外围600毫米×1000毫米的劲性混凝土框架梁，改为
H 300×800×24×20毫米钢梁。

调整要点：减轻外围环梁重量。

主要好处：① 大大减轻大楼重量；

　　　　　② 使施工简单，加快进度。

第五，调整楼层平面布置和梁截面。

调整要点：① 与核心筒相连的H 300×950×25×14毫米框架

　　　　　　梁断面，改为H 350×800×24×14毫米；

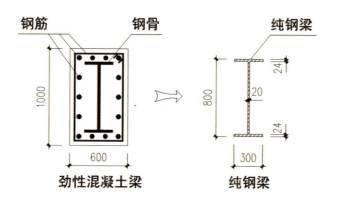

外围框架梁断面调整示意图

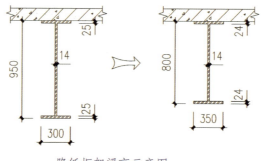

降低框架梁高示意图

　　② 调整次梁平面布置，变主、次梁结构为简单的
　　　 密肋梁结构。

主要好处：① 增大楼层净高150毫米；

　　　　　　② 争取风管不穿梁，降低风管造价；

　　　　　　③ 简化施工工艺。

第六，在避难层设置东西方向的伸臂桁架。

调整要点：结合建筑避难层，在第16层、第28层、第38层和
　　　　　 主屋面的C轴和E轴上，设置两道东西方向的伸臂
　　　　　 桁架，共16榀。

主要好处：① 增大结构的抗弯能力，减小结构在水平荷载
　　　　　　　 下的变形，使之满足规范对变形的要求；

　　　　　　② 使核心筒外墙有可能自下而上不断减薄。

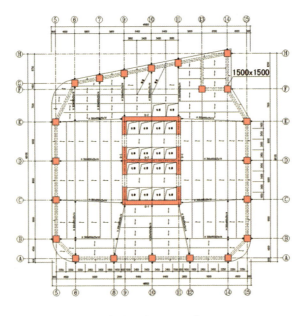

原设计结构标准层平面布置图

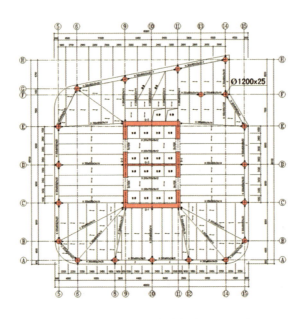

江欢成公司优化后的结构标准层平面布置图

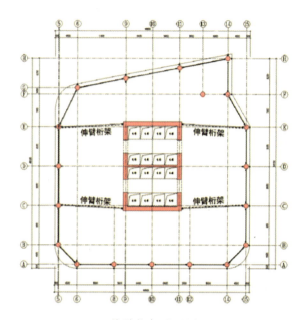

伸臂桁架平面图

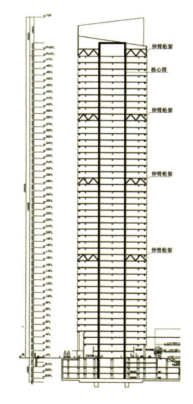

东西向伸臂桁架设置立面示意图

其三，综合经济效益分析

1.工程量计算

(1) 统一楼板形式，减薄楼板厚度。增加净空高度36毫米，减轻重载区楼板自重（未统计在内）。

(2) 1500毫米×1500毫米的劲性混凝土框架柱改为直径1200毫米×25毫米~直径900毫米×22毫米钢管混凝土柱。节约混凝土用量约4825.7立方米，节省钢材约386.2吨（按1500毫米×1500毫米劲性混凝土柱断面、型钢含钢率为4%计算，未包括劲性混凝土柱内的钢筋用量），增加使用面积约1149平方米，增加防火涂料涂装面积13282平方米。

(3) 取消主楼北侧(7)、(10)、(13)轴上的3根劲性混凝土柱。节约混凝土用量约1292.7立方米，节省钢材约422.8吨，增加使用面积约317平方米。

(4) 调整核心筒剪力墙的厚度。节约混凝土用量约1312.6立方米，增加使用面积约309.5平方米。

(5) 平面外围600毫米×1000毫米的劲性混凝土框架梁改为H 300×800×24×20毫米钢梁，节约混凝土用量约4785.0立方米。

(6) 与核心筒相连的H 300×950×25×14毫米，框架梁断面改为H 350×800×24×14毫米；节省钢材约16.1吨，增加净空高度150毫米。

(7) 综合以上调整，结构重量减轻约31365吨，可减少约74根直径800毫米钢筋混凝土钻孔灌注桩。

2. 综合经济效益

类　　别	实物节约效益				面积增加效益
	节约混凝土量（立方米）	节省钢材（吨）	减少桩数(根)	增加防火涂料涂装面积（平方米）	增加使用面积（平方米）
∑①~⑦	12216	825	74	13282	1775
综合效益（万元）	1221.6	825	185	−86.4	2662.5
小计（万元）	2145.2				2662.5
汇总（万元）	4807.7				

综合经济效益按综合单价计算：

混凝土：1000元/立方米；

结构钢材：1万元/吨；

使用面积：1.5万元/平方米；

直径800毫米钢筋混凝土钻孔灌注桩：2.5万元/根；

防火涂料（耐火时限3小时）：65元/平方米。

综上可见，和原设计公司所提供的方案相比，保守地估计，可获得综合效益约4800万元，其中实物节约效益约2140万元，使用面积效益约2660万元。

按目前的办公楼租售行情，在黄金地段，办公楼每平方米的售价在2.5万元以上，因而，实际的效益可能在6500万元左右。

不仅节约了大量资源、增大了使用空间，还改善了结构的受力性能。

上海国际金融中心

建筑面积57.2万平方米。南塔楼地上56层，250米高，地下3层。北塔楼地上60层，260米高，地下3层。

钢混凝土核心筒，转换层以下为巨型框架，以上为型钢混凝土密柱框架。连接巨型框架与核心筒的，是两层高的伸臂桁架。

在施工总承包招、投标时，业主新鸿基集团提出可对工程进行优化，以提高竞争力。为此，上海建工集团委托江欢成公司做优化设计。

上海国际金融中心

江欢成公司的优化意见包括：改型钢混凝土柱为钢管混凝土柱，减小柱断面含钢率；主次梁结构改为密肋结构，减小梁高；钢梁改为钢——混凝土组合梁；压型板优化等。

优化成果：可节约钢材5400吨、钢筋2500吨、混凝土6000立方米、栓钉9万副、压型板400吨，增加使用面积190平方米，但需增加防火涂装钢材3500吨，综合效益大于7000万元。

在江欢成公司优化报告的支持下，上海建工集团赢得了该项目的总承包权。

郑州文化产业大厦

1. 概述

河南文化产业大厦位于河南省郑州市郑东新区东风东路与商鼎路的交叉口，东临普惠路，南临榆林南路。

该项目占地23亩，总建筑面积为15万平方米，由2栋百米高度的塔楼组成，包括5A级办公写字楼、星级酒店、文化剧院和高端配套商业设施，是一个集办公、酒店、商务洽谈、文化表演、休闲餐饮等为一体的商务综合体，建设单位是汇艺置业有限公司。

郑州文化产业大厦表现图

该项目1号楼的建筑面积为4.2万平方米，标准层的建筑面积为2000平方米。主楼地上楼层数为25层，地下3层，建筑总高度为98.75米。主楼地面第1至3层为商业区，层高分别为5.0米、4.6米、4.6米，第4至5层为餐饮、办公区，层高分别为4.6米和3.8米，第6至25层为办公区，层高均为3.8米。裙房地上楼层数为5层，局部6层。

主楼的结构体系为钢筋混凝土框架核心筒结构。裙房的结构体系为钢筋混凝土框架结构。主楼与裙房之间设置抗震缝分开。

该工程建筑结构的安全等级为二级，结构设计使用年限为50年。

该工程地基基础设计等级为甲级。1号楼主楼的基础类型采用CFG桩复合地基上的钢筋混凝土平板式筏形基础，裙房及地下车库采用天然地基上的钢筋混凝土平板式筏形基础。由于抗浮的需要，裙房及地下车库设置抗拔桩，抗拔桩采用钢筋混凝土钻孔灌注桩。

该工程的抗震设防烈度为7度，设计基本地震加速度为0.15克，设计地震分组为第二组，建筑物抗震设防类别为标准设防类，建筑场地类别为Ⅲ类，特征周期为0.55秒。

主塔楼、裙房及地下一层的框架和剪力墙的抗震等级均采用二级，并按一级（8度、0.2克）采取抗震构造措施。

1. 优化设计成果

通过对该工程1号楼进行优化设计，取得了以下显著的优化成果：

(1) **在很大程度上改善了各楼层的室内空间效果**

由于取消了原设计采用的10根室内框架柱，加大了标准层办公区域的净宽度，室内办公空间更开敞、通透，办公空间的布置更灵活，可不受结构柱位置的限制，有利于办公空间的室内设计。

由于减小了楼面梁的截面高度，办公空间的净高度加大了150毫米，提高了建筑的品质。

(2) **增加了整幢楼的有效使用面积**

由于取消了1号楼原设计的10根内柱，标准层办公区域的总使用面积增加了244平方米。

(3) **节约了混凝土**

由于取消了内柱，减小了楼面梁的截面尺寸，整幢楼可节约混凝土量约1000立方米。混凝土立方量减少，使造价可以有所降低。

2. 结构优化

原设计第7标准层结构平面：

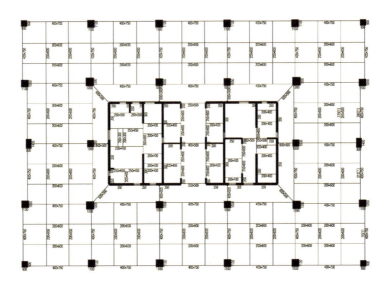

江欢成公司优化后的第7标准层结构平面：

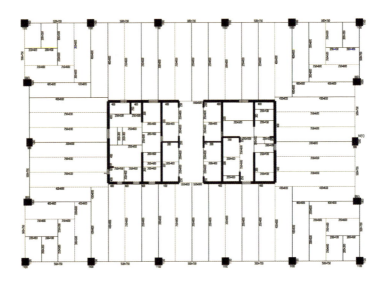

(1) 结构布置及构件截面比较

		原设计	JAE 优化设计后
框架柱布置形式		设置内柱（10 根）	取消所有内柱
核心筒外墙厚度（毫米）	地上	400~250	400~250
	地下	400	500
楼面梁布置形式		双向井格梁楼面	单向肋板梁楼面
梁截面尺寸（毫米）	外周框架梁	400×750	500×750
	楼面框架梁	400×750 600×500	300×600 400×600
	楼面次梁	200×600	300×600 250×600

(2) 楼层梁底净高比较

	楼层层高	结构梁高	楼板面层	梁底净高
原设计	3.8 米	0.75 米	0.05 米	3.00 米
江欢成公司做结构优化后	3.8 米	0.60 米	0.05 米	3.15 米
结构优化后的空间效益	净高增加 0.15 米，建筑品质提升			

(3) 标准层有效使用面积与平面使用效果比较

		标准层有效使用面积	平面使用效果
原设计	保留 10 根内柱	1561.07 平方米	平面布置受内柱限制较大
江欢成公司做结构优化后	取消全部内柱	1570.85 平方米	平面布置灵活，不受内柱限制

上表中，标准层有效使用面积＝标准层建筑面积－核心筒区域面积－框架柱截面积

(4) 混凝土立方量比较

优化后标准层减少混凝土用量（立方米/层）	剪力墙、框架柱	9.78×（3.8-0.1）=36.186
	楼面梁	151.93-146.84=5.09

(5) 施工方便程度比较

井格梁楼面结构体系	稍复杂	施工支模复杂些，模板较费
单向梁楼面结构体系	简洁	施工支模较简便，模板节省

(6) 出租效益比较

优化结构、取消内柱后，各标准层内部均可形成无柱大空间，更适合写字楼出租的需求。假定取消内柱后日租金可提高1元/平方米/天，入住率暂按70%计，标准层建筑面积为1919平方米，共25层，估算出的整座办公楼的租金增加总额如下表示。

预估租金增加总额（元）

1天	1年	10年	50年
3.36万	1225.76万	12257.61万	6.13亿

研祥国际金融中心

该项目位于江苏省昆山市花桥商务区中轴线位置，北临纬三路，南靠光明路，东、西两侧为规划道路。区域内规划有轨道交通11号线轻轨经过，并在场地南侧设有站点，通过人行过街天桥与该项目连接；场地北侧为沪宁高速公路G42段收费站，区位和交通条件良好。

该项目定位为供应链金融区域总部，功能为商务金融办公及配套商业，场地用地面积9584平方米，地上建筑面积约

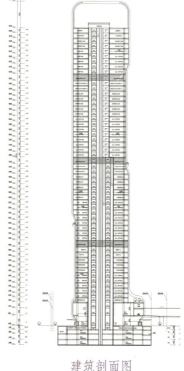

建筑效果 建筑剖面图

122700平方米，地上建筑共有56层（从地面算起，含避难层和设备层），结构主屋面结构高度为245米，建筑高度为267米。该工程的裙房为3层配套商业及餐饮，其中第二层通过人行过街天桥与轻轨站连接；主体塔楼为办公功能。该工程地下室共4层，为机动车和非机动车停车库。

根据方案设计单位ARQ提供的方案报批图纸，江欢成公司相关人员对该项目的结构方案进行了初步分析和比选，以下为结构顾问报告。

1. 柱网、层高、核心筒

(1) 柱网方案

本项目立面有较多楼层的收进凸出，现有方案框架柱上下对齐，由此造成部分楼层大悬挑及办公空间内有柱子，柱子离筒体太近，不利于走道布置。

我司对外围框架柱的布置建议如下：

① 框架柱沿塔楼周边随形布置，以形成内部无柱办公空间，提高建筑使用效率及品质。

② 适当增加外围框架柱数量，外围框架柱数量较少、框架柱中心间距较大（15米左右），造成外围框架承担结构倾覆弯矩及楼层剪力比例较小。结构经济性及外围框架柱两道防线的作用稍差。

③ 外围框架柱增加至16根后，框架柱与核心筒墙体基本对齐，结构布置更为整齐合理；外围框架柱间距11米左右，结构造价更为经济合理，且同样能满足良好的室内办公空间要求。

④ 考虑到部分业主及建筑师希望建筑角部无框架柱布置，从而此处室内办公空间能形成270度无遮挡的视野；同时，考虑到建筑南、北向为建筑的主入口方向，为保证入口位于建筑中央，此处框架柱最好为奇数跨布置。基于以上考虑，我司对建筑角部框架柱位置进行了调整，提供几种建筑平面布置方案供业主及相关单位选择，建议采用方案"JAE3"。此方案结构受力性能及经济性虽不如"JAE2"，但提供了一个无框架柱遮挡的相对较好的办公空间。

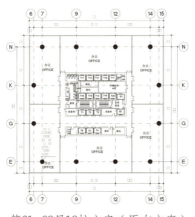 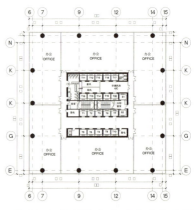

第21~28层12柱方案（原有方案）　第21~28层14柱方案（建议方案3）

(2) 层高

本工程各层房高设计基本合理，但地下一层柴油机房部分，局部降低，以满足设备要求，这样减小了地下二层机械停车数量。为此，建议局部提高该处地下室顶板标高，而不是降低地下二层楼板。

(3) 核心筒布置

根据我司结构整体建模初步试算，由于本工程核心筒南、北向墙体相对较少且较短、南、北向刚度相对较弱。我司建议适当调正房间布置，封堵某些洞口，以提高结构南、北向墙体刚度。

(4) 核心筒位置

根据现有建筑方案，本工程建筑立面南、北方向收进凸出，从底到顶4个典型楼层核心筒边缘至北部建筑边线的距离分别为10.2米、12.5米、12.5米、12.5米，核心筒边缘至南部建筑边线的距离分别为12.5米、12.5米、13.0米、15.3米。我司建议现有建筑方案核心筒整体南移0.6米，使得南、北向外围框架柱至核心筒距离较为均匀，避免过大及过小的结构梁跨度及建筑进深，减小结构刚度的偏心。

2. 整体结构方案的初步分析

我司对本项目进行了多种方案结构整体模型初步试算，以下为典型楼层结构布置、加强层布置、斜柱布置及各方案整体计算指标。

由计算可知，其他条件相同的情况下，随形柱方案结构整体刚度与直柱方案相差不大；增设腰桁架及伸臂桁架对增强结构刚度作用较大；仅设置一层腰桁架时，设置于第47层较设置于第31层对增强结构刚度作用更大；不设伸臂桁架结构，整体指标基本能满足要求；底部不设柱间支撑时，框架部分承担剪力比难以满足全国超限抗震审查部分专家的要求，需进一步研究。基于以上结构初步计算的结果，我司建议本工程采用**框架柱沿建筑周边**

布置的随形柱＋腰桁架＋钢筋混凝土核心筒方案或适当增加外围框架柱数量至16根或14根，最后采用了14柱的方案。

3. 框架柱截面选型

本工程结构屋面高度为245米，建筑高度267米。根据结构模型初步计算结果并结合类似工程经验，拟采用钢——混凝土混合

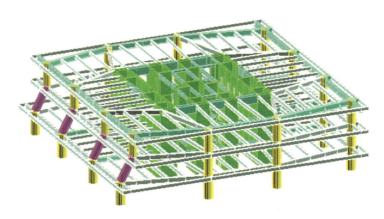

斜柱及典型楼层结构布置示意图

结构，外围框架柱截面形式可采用圆钢管混凝土柱、矩形钢管混凝土柱及型钢混凝土柱。根据目前的研究成果，普遍认为圆钢管对管内混凝土的约束作用更强，混凝土处于三向受力状态，其受力性能及经济性较矩形钢管混凝土柱要好。因此，本工程框架柱选型仅比较圆钢管混凝土柱及型钢混凝土柱。

圆钢管混凝土柱及型钢混凝土柱优缺点比较表

柱截面	优点	缺点
型钢混凝土柱	1. 不需要附加防火层; 2. 混凝土的收缩不会导致型钢与混凝土之间的分离; 3. 工程应用较广,具有较好的可靠性; 4. 与框架钢梁或楼板的连接简单可靠。	1. 型钢位于截面内侧,刚度与承载力不易发挥; 2. 与楼面梁、桁架等的连接节点比较复杂,梁柱节点区域的钢筋难以贯通,施工相对困难; 3. 需满足规范轴压比限值要求; 4. 浇注混凝土时需要模板; 5. 施工进度较慢。
柱截面	优点	缺点
圆钢管混凝土柱	1. 钢管位于截面外侧,可充分发挥钢材的强度与刚度,受力性能较好; 2. 混凝土受到钢管的三向约束,极大地提高了构件强度与延性; 3. 钢管本身具有较好的刚度与承载力,可作为混凝土浇注时的模板,便于施工,缩短工期; 4. 规范对其轴压比没有限值,可以最大限度地发挥其承载能力。	1. 为保证浇注混凝土的质量,对施工技术的要求相对较高; 2. 圆钢管需采用防火涂料。

基于公司类似工程经验,相同截面积及含钢率条件下,整体内力变形结果基本相同,圆钢管混凝土柱抗压承载力较型钢混凝土柱高30%~40%,而前者材料单价(不含人工费,

207

第三编

优化设计的探索和实践

考虑防火涂料费用）仅较后者高5%~10%。

综合考虑人工成本及施工进度差异带来的财务成本，我司**建议本工程框架柱采用圆钢管混凝土柱**，并被接受。

河南郑州东站

我于2009年3月29日参加铁道部鉴定中心关于郑州东站10.25平台结构方案的研讨会。两家设计院提出两个截然不同的方案，一是铁路高架桥做法，一是房屋框架做法。前者的独立柱太大，后者的下部公交枢纽层的空间偏小。我倾向于在后者基础上优化，业主接受并委托江欢成公司做优化设计。

江欢成公司于2009年4月2日第一次收到设计院提供的结构方案资料。

2009年4月8日，江欢成公司首次提出初步意见。

2009年5月21日，江欢成公司第二次收到设计院提供的深化初步设计图纸，已接受了江欢成公司若干意见，在此基础上向设计院再次提出优化意见。将两家设计院的方案和江欢成公司的方案做了对比，对中选设计院的方案做了剖析。

1. 对设计院2009年5月21日方案的剖析

从此次深化图设计可以看到设计院尽了很大努力，做了很多工作，混凝土工程量从第一次的折算板厚1.283米降为0.882米，减少了31%，节约混凝土约20771.8立方米，共计节约3115万元左右（综合单价按1500元/立方米计算）。

(1) 本次结构的特点

① 取消原先的双层楼板结构布置；

② 结构体系为规则的双向轴线框架结构；

③ 双向框架主梁，沿柱子轴线布置，纵横拉通，均为双梁，梁高2米。3.5米高月台大梁搁置在竖向于轨道的框架梁上。

月台梁板结构搁置在3.5米高月台大梁上。轨道板搁置在顺轨轴线2米高的双梁和月台大梁上。

(2) 优点

① 双向框架拉通，整体性好；

② 设计方法成熟；

③ 柱子处于小偏压状态，截面可以做得较小（约为2.3米×2.3米）。

(3) 存在的不足

① 结构布置比较繁复，施工复杂程度较高；

② 没有充分利用3.5米多高的月台大梁；

③ 月台下部公交枢纽的空间较小；

④ 预应力混凝土结构造价偏高。

2. 对设计院2009年5月21日方案的改进建议

(1) 改进方案的特点

① 维持双方轴线框架的结构体系。

② 维持顺轨道轴线框架的结构不变。

③ 竖向轨道轴线的框架直线梁改为折线梁，并将中部内力较小部分梁的截面宽度和高度减小。近端部底板取消，改为变截面矩形截面。

④ 对预应力混凝土结构必要性的探讨：

a 预应力钢筋强度大，钢筋用量比普通钢筋节省，同时，对结构裂缝控制有很好的效果。

b 普通钢筋混凝土结构如控制其钢筋应力小于180牛/平方毫米，可做到裂缝宽度小于0.2毫米，工序较少，施工方便，缩短工期。

c 综合造价有待比较。

(2) 改进方案的优点

① 框架作用简单明了；

② 月台下的空间最大化;

③ 混凝土工程量相对减少,折算板厚为0.807米,共计节约混凝土3885立方米。

3. 江欢成公司建议的方案

充分利用月台大梁顺轨道方向框架梁为槽形断面组合梁,垂直轨道方向为折线架梁结构。

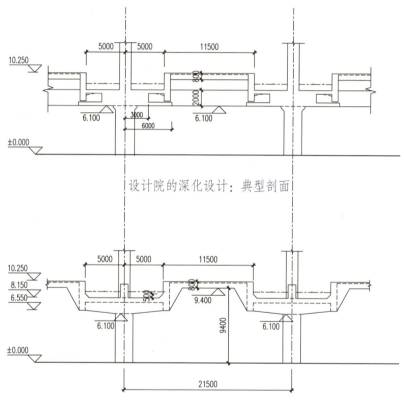

设计院的深化设计:典型剖面

江欢成公司的优化意见:典型剖面

优化设计和原设计的对比

(1) 方案特点

① 月台大梁(0.8米×3.5米)和轨道平台板(0.5米厚),组成槽形结构,以悬臂大梁(3米×2米)作为封头并和柱子(2.3米×2.3米)一起形成纵向框架;

② 悬臂大梁和月台大梁的横截面以及月台横梁1.5米×0.8米或3米×0.5米组成折线梁横向框架；

③ 所有梁、板均为简单的矩形梁或平板，轨道板厚0.5米，中间加劲横隔0.5米×1.5米，月台板厚0.15米，次梁0.3米×0.8米；

④ 材料为C50普通钢筋混凝土，施工方便，造价相对较低。

(2) 追求目标

① 尽可能简单地设计构件，以方便施工、缩短工期；

② 在保证结构合理、安全的前提下，适当减少实物工程量、降低造价；

③ 尽可能大地增加公交枢纽层的使用空间；

④ 减小温度应力。

某大型交通枢纽关键节点

近年来，大型交通枢纽的建设规模很大，动辄超过10万平方米/层。某火车站月台层原设计的梁柱节点，因数量多、荷载大，竟耗钢6800吨。对于该设计，业主十分认真地请了某著名设计院做第三方，对节点进行了仔细分析和复核，画出了许多漂亮的效果图和应力应变云图。

我应邀作为专家参与研讨。该节点由1500毫米×1500毫米上柱、2000毫米×2000毫米下柱、转换墩和紧贴下柱的井式钢牛腿组成，但我越看越不明白其中奥秘，就在图纸上提出了几个问题：第一，为啥不把上柱直接通下去，避免上柱、下柱的转换？第二，为啥不将井式钢牛腿紧贴上柱，而直接搁置在下柱肩胛，避免节点承剪？对这个非常直观而且非常浅显的概念问题，为啥会做得如此复杂，并且，两家设计公司竟然都看不出来？我百思不得其解，可能是水平问题，但又使我想起某教授和我讲过的一

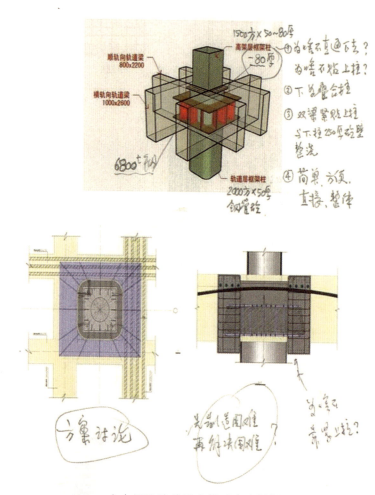

我在原设计蓝图上提了多个疑问

句话："制造困难，再解决困难，表现水平！"如若果真如此，它就和某些建筑师"用不合理的结构制造视觉冲击"一样，成为结构工程师的不良倾向！

对此节点，我们提出了这样的建议：把上柱直通下去，将下柱做成钢管混凝土叠合柱，井式梁直接搁在250毫米厚的混凝土壁上与柱子整浇。这样一来，省却了全部节点用钢6800吨，按1万元/吨计，约合6800万元；并且，施工方便，整体性更好。

这个项目，据说因某种原因需重新设计，因而，我的建议未付诸实施，但我仍然把它列入本章里。它或许还能对后人的设计有所裨益——**结构工程师的能力是把复杂的问题简单化，切忌把简单的问题复杂化！**

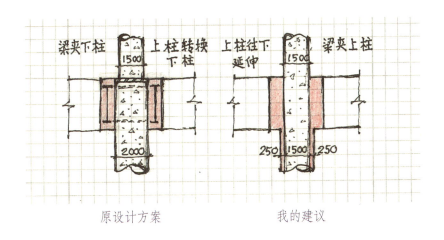

梁夹下柱　上柱转换　上柱往下　梁夹上柱
　　　　　下柱　　延伸
1500　　　　　　　1500
2000　　　　　　250 1500 250

原设计方案　　　　　　我的建议

西安绿地中心

该工程建筑面积11万平方米，地下3层，地上57层，总高280米，底层平面44.2米×44.2米切角，抗震设防烈度8度。

业主委托江欢成公司做第三方咨询。我们跟随设计进度，提出设计建议，包括风洞试验方案、岩土勘察方案、场地地震安全性评估、结构计算模型、桩基与基坑支护、结构体系、结构构件（柱、梁、墙、楼承板）

西安绿地中心表现图

等，以及结构超限及审查中应注意的问题等一系列重要的结构问题。通过多种方案的计算，分析比较不同结构的敏感性，提出了顾问意见。江欢成公司的主要建议，包括：采用伸臂结构，取消腰桁架；切角处采用随形斜柱；钢板厚度小于40毫米；用圆钢管混凝土柱代替矩形钢管混凝土柱；增大设备层高度；弱化结构刚度，减小地震反应；减小内部钢梁高度，增大室内空间；控制框架部分的剪力比大于5%；采用直径800毫米，桩长≈50米，桩底桩侧后注浆等。以上意见均被接受，为业主带来巨大效益。

厦门国际交流中心

1. 项目概况

该工程建筑面积22.5万平方米（地上17万平方米，地下5.5万平方米），建筑高度356.8米（大屋面高度为329.5米），地上72层，地下4层，其中裙楼5层。

厦门国际交流中心表现图

2. 结构的主要难点：

（1）结构高柔，高宽比>346/46.8=7.4

（2）风荷载大，基本风压0.8千牛/平方米（50年一遇）

（3）抗震要求高，超高层剪重比，框架剪力分配要求难以满足。

（4）结构上下偏心，在169米标高以上，有4个中庭，高度分别为：30.4米、49.4米、49.4米、22.8米。

（5）地基孤石多，按照钻探报告，约65%的钻孔发现孤石。

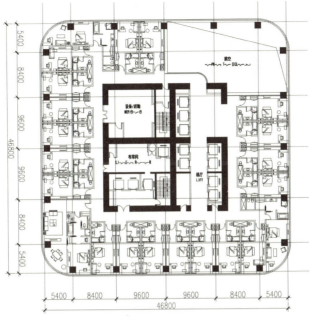

上部平面图

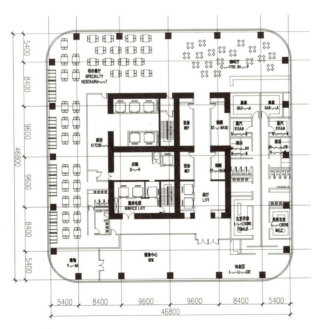

下部平面图

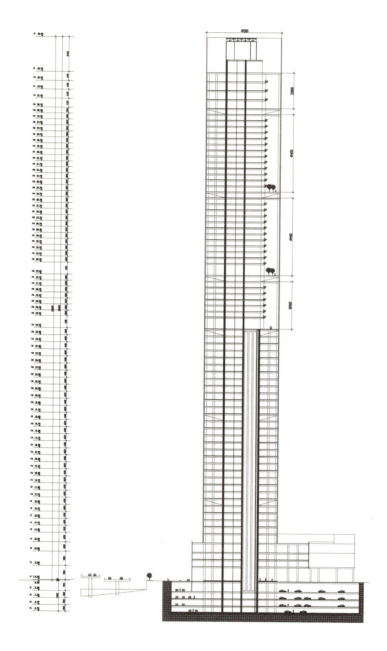

建筑剖面图

在完成本书时，该项目尚在研究中，我们拟采用以下结构措施，解决上述难题。

(1) 采用双钢板筒体剪力墙（江欢成公司的专利），提高结构的延性，保证筒体结构在大震下，绝大部分处于弹性状态，仅角部出现塑性。

(2) 采用钢管混凝土柱，提高柱子的承载能力，保证在大震下不屈服。

(3) 调整剪力墙的位置和厚度，尽量减小楼层结构的偏心和上下结构的偏心。

(4) 办公层部分，设置大斜撑，在尽量少影响使用条件的情况下，提高方案结构的抗震能力、提高外框结构的剪力分配比例。

(5) 6个避难层及屋架，均设伸臂和环带桁架，以提高结构的抗侧和抗扭能力，减小结构剪力和弯矩的突变。

(6) 在桩顶设置桩和基底土的承载力调节装置（江欢成公司的专利），充分利用基底土的承载力，减少桩径、桩数，节约造价。

(7) 研究利用顶部游泳池和屋顶消防水箱作为TMD阻尼质量块的可能性，以提高使用的舒适度。

上海国际航空服务中心

1. 项目概况

该项目位于上海中心城区南部，基地面积约23227平方米，地上52层、地下3层，建筑高度231米（结构大屋面高度223米），地上建筑面积121000平方米，办公用房层高4.30米，第38~48层培训中心层高3.70米。

2. 建筑方案对结构的挑战

该项目建筑方案突出竖向构件幕墙沿建筑全高贯通、室内框

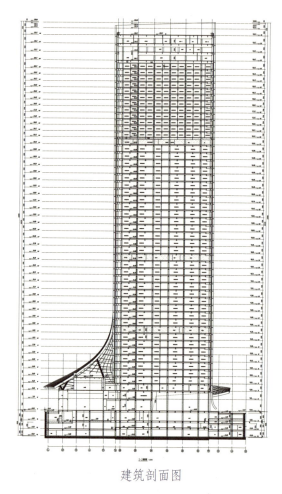

建筑剖面图

架柱边与幕墙面基本齐平，办公空间无柱对结构设计提出了挑战。

方案设计阶段，设计者提出了外框架采用柱梁非平面交叉结构体系的解决方案，比较完美地实现了建筑立面及内部效果。此结构体系在日本有过实施案例（日本东京MA-1项目，结构高度107米、外围矩形钢管混凝土柱截面500毫米×800毫米、柱距3.6米），但在我国尚无应用且研究较少，假如在该工程中采用，需做专项研究，包括充分的理论分析及试验研究，而且，必须通过专家的专项审查。

柱梁平面非交叉结构体系的典型结构平面布置及受力示意可见下图。它与普通交叉框架结构体系相比，其梁柱节点域偏移出框架柱外，需依靠悬挑梁段足够的抗扭刚度来保证结构整体的抗侧刚度，存在框架柱稳定、整体刚度减弱、梁柱节点域抗震耗能性能等诸多挑战。

2012年8月31日，业主委托上海市城市建设和交通委员会科学技术委员会，对该项目采用的柱梁非平面交叉结构体系进行了技术咨询。专家提出如下意见：

（1）外周钢框架采用柱梁非平面交叉节点的做法，造成外周

外柱
露出楼面
看不出梁

内部空间效果

建筑立面

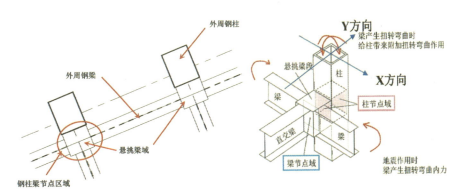

外周钢柱
外周钢梁
悬挑梁域
钢柱梁节点区域

Y方向
梁产生扭转弯曲时
给柱带来附加扭转弯曲作用
悬挑梁段
柱
X方向
梁
柱节点域
直交梁
梁
梁节点域
地震作用时
梁产生扭转弯曲内力

柱梁非平面交叉结构体系受力示意图

钢框架不能形成有效的抗侧结构，缺少了抗震的第二道防线，与我国现行抗震规范存在差异。

(2) 现结构方案不对称，且梁跨度大，对使用不利，可在内外筒间设置中间柱，形成中间抗侧力系统，大大改善本方案的性能。

(3) 此类结构方案已在日本设计、建造，并做了一定研究，但与本工程存在差异，还不能直接运用到本工程中。

(4) 该方案的建筑效果完全可以依靠装饰、装修手段实现，似乎并没有必要通过结构手段实现。通过结构手段实现该建筑效

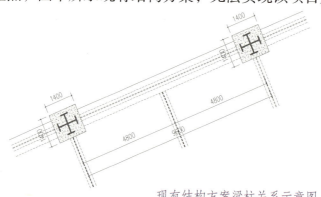

果，对超高层结构是不利的。

(5) 对于计算模型、程序选用、节点性能、受力性能、结构性能等多方面，还应做更深入的研究。

3. 现有结构方案

根据2012年8月31日的专家咨询意见，现有施工图结构方案为目前超高层建筑常用的型钢混凝土柱—钢梁—钢筋混凝土核心筒混合结构体系，外围框架柱柱距9.6米，底层框架柱截面为1.4米×1.4米。

显然，图中所示现有结构方案，无法实现该项目建筑方案的

现有结构方案梁柱关系示意图

立面及内部空间效果。2014年2月，业主委托江欢成司对项目结构方案进行研究，提出实现原有建筑方案的结构解决办法。

4. 江欢成公司的初步意见

(1) 柱梁非平面交叉结构，较大地削弱了整体刚度

为研究柱梁非平面交叉结构体系与普遍使用的柱梁平面交叉结构体系的受力区别及受力影响因素，我们通过不同算例对其进行了研究。算例为5×5跨、5层钢筋混凝土框架结构，柱距9.0米×9.0米，外围框架梁截面为500毫米×900毫米，内部框架梁截面为400毫米×800毫米。

通过算例可知，柱梁非平面交叉结构体系与常规的普通框架结构整体受力存在较大差异，整体刚度有较为明显的减小。影响

其受力的主要因素为：悬挑段长度及悬挑段截面刚度。悬挑段长度越大、悬挑段截面刚度越小，非平面交叉结构体系的整体刚度就越小。

（2）我们的建议

根据建筑方案及内部使用效果要求，我司认为本项目采用"密柱框筒（筒中筒）结构体系"是一个较好的选择，理由如下：

① 密柱框筒（筒中筒）结构是适用于超高层建筑的一种经典的、成熟的结构体系，它是一种比框架——核心筒体系更强、更有效的抗侧力体系。其合理性在于：a. 抗侧力构件放在结构的最外围，抗倾覆能力强。b. 结构受力和变形较为和顺，没有突变。

② 采用密柱框筒（筒中筒）结构将密柱外偏，和建筑立面2.4米间距的竖线条完美结合，室内无柱，**大大提升了建筑品质及租售的灵活性**。

③ 与现有框筒结构体系相比，本项目可增加使用面积1900平**方米左右**（每层22根框架柱，底层截面1.4米×1.4米，1.4米×1.4米×0.85米×22米×52米=1906平方米。计算中，0.85为考虑上部柱截面减小的折减系数，52为楼层数），经济效益可观。

④ 外偏的密柱在实现建筑立面效果的同时，可作为幕墙竖向支撑龙骨，**减小了幕墙的造价**。以幕墙竖向龙骨截面H 250×150×6×8（29.9公斤/米）估算，共节省龙骨：22×4×29.9×230/1000=605吨，**即可节省幕墙造价700万元左右**。

⑤ 根据我司初步计算结果，采用筒中筒结构体系时，外围框架柱（柱距2.4米）为500毫米×800毫米矩形钢管混凝土柱。在和现有结构方案整体刚度相当的情况下，**框架柱总截面积可较现有框架——核心筒结构体系减小约18%**，减轻了结构自重，降低了基础造价。

⑥ 密柱外框与核心筒之间采用密肋梁楼面布置，可有效增

大建筑净高（150毫米以上）。

（3）采用密柱框筒（筒中筒）结构的要求

① 外围框架梁尽量靠近框架柱，避免牛腿产生的扭转变形。

我司对本项目外框架采用不同结构形式进行了分析研究，以下为对比计算结果：

编号	结构体系说明	T1	T2	T3	EX	EY	WXH	WY
1	框筒、柱距9.6米、底层柱1400×1400、Y向设置一道伸臂桁架	6.4972	4.6034	3.9073	1/977	1/528	1/1016	1/489
2	筒中筒、柱距2.4米、悬挑段长度400毫米、钢管混凝土柱500×800	6.7581	4.3776	3.8617	1/1036	1/514	1/913	1/435
3	筒中筒、柱距2.4米、钢管混凝土柱500×800	6.3486	4.1550	3.4682	1/1158	1/576	1/1032	1/496

注：a. 表中T1~T3为结构前三阶周期，EX、EY、WXH、WY分别为X向地震、Y向地震、X向风载横风向风振、Y向风荷载作用下结构最大层间位移限值。

b. 根据规范要求插值计算，本工程最大层间位移角限值为1/560，上述3种方案均不满足要求，尚需进行进一步分析研究。

根据上述对比计算分析可知，密柱框筒（筒中筒）方案结构整体刚度最好，在未设置加强层时，结构刚度仍优于设置了伸臂桁架的框架——核心筒方案；将外框梁搁置于悬臂牛腿上的柱梁非平面交叉结构体系由于悬臂段的扭转变形，整体刚度降低了20%左右，这也是原设计未能实现建筑方案的原因之一。

② 密柱框筒结构体系与框架——核心筒结构框架柱的总截面积宜基本相当。目前试算方案采用500毫米×800毫米截面，总截面积为现有框架——核心筒方案的82%，最大层间位移角值尚不满足规范要求，需进一步分析研究。

③ 建议外框架平面布置及梁柱节点采用以下做法：

江欢成公司建议的外框架梁柱节点做法

采用如图所示做法时，外围钢框架梁腹板与矩形钢管混凝土柱一侧翼缘共面，与柱梁非平面交叉结构体系相比，梁柱节点区域具有很强的刚度，与普通框架基本相当，**可按常规筒中筒结构进行整体分析，基本实现了建筑方案及室内效果。**

④ 本项目建筑平面两个方向的尺寸相差较大（长宽比1.65左右），平面Y向刚度较弱，可能需根据进一步详细分析计算，确定是否要增设刚性层，以满足Y向结构刚度要求，并使结构两个

方向的刚度接近。

⑤ 底层大堂入口处需通过结构转换，使密柱变为稀柱（稀柱截面需增大）。

⑥ 进一步深入的分析以及关键节点构件的研究是需要的，估计难度不大。

5. 方案比较

标准层平面方案比较，如下图所示：

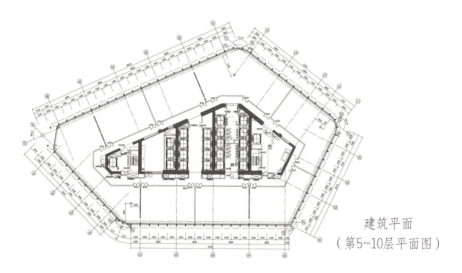

建筑平面
（第5~10层平面图）

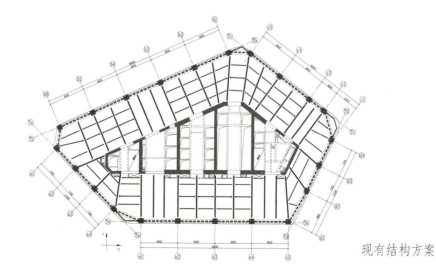

现有结构方案

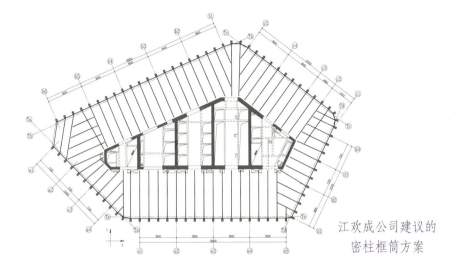

江欢成公司建议的
密柱框筒方案

一项夭折的优化设计工程

江欢成公司有许多成功优化的例子，但所做国企工程成功的不多，原因仍在于体制机制的缺陷。

深圳会展中心是一典型例子，前面已有介绍，下面再举一例：

××博览中心由某工程局总承包，该局努力追求绿色建造，请我去作过一次报告，希望和我们合作搞优化设计。他们好不容易找到了这个工程，和业主（国企投资者）谈妥，按扩初设计的概算总承包，节约分成，各方均可从优化设计中获得好处，积极性很高。我听过一次工程介绍，发觉确有不甚合理之处。例如大跨度的立体梭形桁架，它那竖向的梭形对结构有利，而平面的梭形就很不合理，使得次梁跨度长短不一。如果都按大跨度选择截面，必然浪费材料；按各自跨度选择截面，则次梁变化太多，施工也很不方便。可是后来忽然没有声音了，原来，业主的政策变了，改按工程决算付款。这样一来，节约多了，收入反而少了，优化的积极性受到很大挫伤。

　　优化创新的推进，关键在于体制机制的改革。借用李克强总理说的"红利"二字，要让业主、设计、施工和优化各方从优化创新中得到"红利"，提高各方的积极性。唱主角的是国企业主，应把优化成果作为业主的"红利"计入其政绩考核中，否则，国企工程的优化设计就缺少动力。

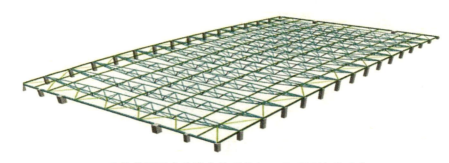

无柱展厅72米跨度的梭形桁架，平面呈梭形不妥

第|四|编

Thinking and Searching on
Design Innovation

设计创新的
思考和探索

第二十一章 关于创新的学习札记

Learning notes about innovation

2012年6月11日，在两院院士大会上，我聆听了胡锦涛、温家宝、刘延东的报告，有所感悟。我以"关于创新的学习札记"为题，先后在中国土木学会、高层和超高层论坛（天津）、长沙理工大学、北京工业大学、北京航空航天大学、中国工程院、哈尔滨工业大学作过交流，反映尚好。我所作报告的主要内容分为五部分：（1）学习——创新驱动；（2）寻思——驱动创新；（3）规范——一把双刃剑；（4）暗流——松绑、突破；（5）创新——萌动、探索。

只有创新才能驱动发展

胡锦涛、温家宝、刘延东在报告中，以蒸汽机、电动机、互联网等关键技术的发明引起全球生产方式、生活方式巨大变化的生动事例，论证了创新驱动发展的道理。北京中关村科技园区解决了科技和经济两张皮的问题后形成新的生产力，取得了喜人的成绩，也佐证了这一点。同时，强调创造力的发挥要有学术争鸣、批判思维，求真务实、潜心钻研，鼓励探索、宽容失败。我几十年来鼓吹和践行优化创新，对创新驱动发展很听得进，也引起我的很多思考。会上要求院士们建言献策，我积极响应号召提想法。我知道，创新和管理常是一对矛盾，为了安全、有序，需要严格管理，创新发明却要求宽松的环境。政府往往在不同时期不时地调整政策，时严时宽、时紧时松，如何掌握一个合适的"度"，将考验领导者的智慧。我作为一名设计人员和创新的吹鼓手，认为目前更需要松绑求突破，因而大胆地在此表达设计人员的诉求和呼吁。诸多见解和建议，必有偏颇和不合时宜之处，提出来供读者参考和鉴别，我能做到的仅此而已。

创新也需要驱动，体制机制不改革难以创新

改革开放后，中国绝大多数有影响的建筑物多由外国建筑师主创设计，为什么？难道是中国人笨？上海东方明珠塔在改革开放初期就完全由国人成功设计、建设，对此作了否定的回答。我斗胆认为是现有的体制机制不利于创新，不利于发展和进步。

行政管理——政府通过规范、资质和职称等进行社会生产管理。我的看法是：规范太细太死，限制了创新思维；资质分为甲、乙、丙三等，各有不同的人员要求及其承担的业务范围等规定，则不利于青年人的成长，并带来目前资质、职称作弊等诸多乱象。设计工作以个人的智慧和团队合作为特点，不像工厂的流水线生产，也不靠人海战术。设计资质要体现对优秀人才和团队的重视，而不只是计算注册和高工的人数。工程师的评定权最好交给学会，政府只管注册，搞大社会、小政府。评定高级工程师和教授级高级工程师等职称，只是企业行为，它接受市场竞争的考验，大浪淘沙，优胜劣汰。政府管得太多太宽，不利于科技人员积极性的发挥和企业的发展。

投标决策——官本位和崇洋媚外思想对投标影响巨大。城市标志性建筑乃至城市规划常因领导而异而变。在招、投标中，片面追求新、奇、特，用结构的不合理造成视觉冲击，用雕塑的手法做建筑物成为设计导向。国内的设计院往往只是陪标单位，或

不得已借用外国公司的名字投标，找个外国面孔出场。

成果评价——比大、比高、比规模、比复杂成为评价的主要因素。它不利于培育好的设计，和"适用、经济、在可能条件下注意美观"的建筑方针格格不入，也不符合绿色建造，以及可持续发展的国家战略。

各种审查关——房屋设计通常要经过两阶段的两大审查关：一是在高层和大跨度结构初步设计完成后，一般都要进行超限审查，由国家认可的抗震审查专家对大的原则问题进行审查。审查意见开头，总有一句话："按建设部第111号令……"，审查结论为"通过、修改、不通过"三种情况。不同的专家有不同看法，往往就是在抠规范的字眼儿。我认为，所谓"超限"就是突破了该规范的适用范围，如果再用规范来套，就不给出路了。建议把"超限"二字改为"超规"，发展是无"限"的，只是超过了规范的适用范围而已。超限审查，应以合理性、可实施性为主要考虑。二是施工图完成后，要求对每一个项目逐个进行施工图审查，检查设计是否满足规范条文和超限审查意见。审查施工图时，往往把"严格程度"升级，把"宜"升级为"应"，把"应"升级为"黑体字"。对"宜"字有两种不同的理解和态度：一种认为，有条件的话均需如此，这是偏于谨慎、保守、推责、悲观的；另一种则认为，有条件的话可以突破，这是创新、进取、负责、乐观的。在我国目前情况下，我较倾向于鼓励后者。这两个审查，记得始于1999年綦江大桥垮塌事件之后。是年1月4日，该桥在30余名群众和22名武警战士列队跑步到桥跨2/3处时突然垮塌，40人遇难。垮塌主因，据报道是钢绞索锁锚设计错误以及焊接缺陷等问题。两次外部审查，虽然使设计有可能不出大的纰漏，然而在规范的基础上，对设计创新又多了一道束缚。设计人不是努力去做一个好作品，而是以极大的注意力去满足规范和专家的意图。更重要的是责任不清、职责不明，设计出了问题，设计者、专家、审图者相互扯皮，推卸责任。回想此前几十年，并无这两个审查，由所在单位进行设计、校对、审核乃至审定，按工程大小和难易分级管理，设计院的质检部门再进行抽查。这样，设计责任反倒清楚、明确。我不是主张走回头路。随着大规模的建设发展，加强安全监管是很必要的，但过多的审查束缚了创新思维和积极性。为此，我建议把"超限审查"改为"专家咨询"，体现对设计者的帮助。把"全面施工图审查"改为"备案抽查"，并希望审查施工图时不要把严格程度升级，对非强制性的条款，由设计人判断并作决定。建议强调设计者责任制，推进设计保险。建议简政放权，减少行政许可，体现政府的服务职能。

由于上述束缚，加上建设工程量大、忙于赶进度等原因，造成了目前有影响的重大建筑项目多由外国原创设计的局面。上海东方明珠塔是自主创新的典型例子，它之所以获得成功，或与当时各种束缚相对少些有关。

规范是一把双刃剑

我的观点是：规范要有，但要不断改进。

和各种审查的作用一样，规范既保证了结构安全，又在一定程度上束缚了创造力。我充分肯定现有规范所起的重大作用。经过汶川大地震的考验，震区凡按规范设计、建造的房子，在超设计烈度的地震作用下，基本上都满足了抗震设计三原则的要求，即小震不坏、中震可修、大震不倒，这是十分可喜的。在汶川地震一星期后，我就大胆地在成都电视台向市民报告，表示对高层建筑的安全有信心，建议当时住在汽车里和帐篷里的市民回到正规设计、建造的房子里生活。我也不赞成感情用事地过量建造彩板房，在一次上海召开的专家会上，建议上海市建委把我的意见带给俞正声书记，他为援建彩板房之事正要赶赴中央开会。事后，国家抗震办主任告诉我，中央接受了这个意见，已减少了彩板房建造数量。

然而，我认为目前规范过细、过死，许多条款甚至误导设计，代人受过。经江欢成公司优化设计的上海陆海空大厦、郑州文化产业大厦就是典型例子，我们把邻近筒体的柱子都拔掉了，大大有利于使用，还降低了造价（前面已有论述，不再重复）。上海倒楼事件的主要原因是埋深太浅，设计和施工时均应考虑相邻地下车库开挖较深，而又在大楼完工后施工的情况，但它满足了规范要求，从而得以免责（后面有稍多的论述）。

为此，我多次发表意见，认为搞研究的和搞设计的有不同想法。前者希望自己的研究成果都放进规范，把笼子编织得滴水不漏，因而，规范越编越厚；后者则希望给设计人员稍松些绑，放开手脚去创新。为此，我曾于2015年1月致信建设部质量安全司，并于2014年7月致信高层建筑超限审查专家委员会，希望不要试图用设计规范和超限审查技术要点代替设计者的思维，建议目前的规范要做些减法，取消若干争议较大的条款，减少"宜"字条款，避免把规范变成设计指南。我支持有足够实践经验的省、区、市编制地方规程，先行先试，为全国规范的修改积累经验。

写到这里，我想起法律上有"疑罪从无"的原则，对设计规范是否可以"宜字从无"，把大量的"宜"字条款放在设计指南中以减小其负面效应。

我的观点是："设计=设计者的判断+规范指导"。设计者是设计的主体，而规范是第二位的。设计规范是不是法，这一直是学术界讨论的问题。我认为，规范是前人经验的总结、科研成果的整理。规范只是一个技术性文件，它应因时因地因事而调整和完善。但实际情况是，它由政府制定，因而具有权威性，必须按规范设计，而只要设计没违反规范，出了问题就可免责。从而形成对规范的高度依赖，不思进取和创造。我一直在想超限审查意见中的一个"令"字，作为技术性文件，能否不用如此严厉的字眼儿，而改用"通告"之类的词汇，或许可以更好地体现"服务性政府"的宗旨，并有利于为创新减压，促进学术争鸣。

另外，规范的条文太多太细、太硬太死，却又把这一权威性的规范降格为设计指南或手册，使设计这一创造性劳动变得平庸、乏味。

松绑、突破的要求正在成为一股暗流

争论焦点之一是剪重比。

类别	6度	7度	8度	9度
扭转效应明显或基本周期小于3.5秒的结构	0.008	0.016(0.024)	0.032(0.048)	0.064
基本周期大于5.0秒的结构	0.006	0.012(0.018)	0.024(0.036)	0.048

规范要求的楼层最小地震剪力系数值如上表所列。容柏生院士的分析很有说服力，他说：广州的地质条件比上海好，地震反应谱的平台段较短，同样的建筑物，在广州计算的地震剪力值就小于上海。这样一来，同样的建筑物、同样的设计烈度在上海满足了最小剪力值的要求，在广州却通不过，而必须采取增加剪力墙等措施来增强刚度以增大计算剪力值，这是不合理的。我赞同他的说法，规范没有反映场地条件，需要补充完善。

争论焦点之二是框架部分的剪力值。

这是目前争论最大的焦点问题。抗震设计规范和高层建筑规范规定，框架—抗震墙结构和框架—核心筒结构，对框架部分的计算地震剪力标准值，有不应小于结构底部总地震剪力的20%、15%、10%等各种说法和要求，读来十分拗口和令人费解。它过分强调了框架在抗震设计中的双重保险作用。

建筑行业中，就它的科学性、逻辑性和可操作性提出诸多质疑：高层建筑特别是超高层建筑，实质上是竖直悬臂结构，主要受力特点是抗压抗弯抗倾。然而，按现行规范，设计往往受制于剪力的大小（剪重比）及构件间的剪力分配。为满足此要求而不得不加大柱子截面，并使底部大空间的使用要求难以实现，它还招引较大的地震作用，形成恶性循环。

现实情况是框架部分计算剪力值，仅约为楼层剪力的5%左右。我认为，所谓"双重保险"，应通过连梁及其他消能措施来减小地震作用，而不是加强刚度去抵抗增大的地震作用。

争论焦点之三是层间位移角限值。

计算位移时未反映隔墙及楼板面层等形成的刚度放大因素，因而，计算值往往大于实测值。并且，计算位移未区分刚体转角引起的无害位移和内力引起的有害位移。建议适当放松限值。

争论焦点之四是抗风设计。

对于沿海地区如厦门等地的高层建筑，风力通常起控制作用，建议对风控结构适当放松抗震要求。

争论焦点之五是基础埋深。

吸取上海倒楼事件的教训，建议适当加大基础埋深要求以减小倒塌和侧倾的危险，并有利于地下空间的开发利用。基桩的存在，使底板和地基的摩擦抗侧作用减小，因而，不能成为减小埋深的理由。

目前，广州、上海等有较多高层建筑实践的地方都在搞地方规范，但所有地方规范均被要求"符合国家有关规范、标准的规定"。这是一个紧箍咒，地方规范想突破又不敢突破，已成为一股暗流。

广东省的标准——"高层建筑混凝土结构技术规程"（DBJ15-92-2013）为了摆脱国家规范的束缚，不得不采取绕道走的办法，把常用的带加强层结构单列为"巨型框架—核心筒结构"，以便不受框架部分承担剪力值的百分比要求的约束。但对筒体和柱提出用较高的承剪能力的要求，即要求筒体足以承担全部的地震剪力，框架柱所承担的地震剪力标准值应为各层中最大值的1.8倍或本层的3倍，取大者。

在无奈的情况下，我被推选为该规程审查专家组组长。我对它表示支持，是出于如下考虑：（1）广东有大量的工程实践经验；（2）国标中的这些章节存在诸多质疑，难以操作；（3）广东的规范这一章，概念明确，易于实施；（4）先行先试，为国家规范修订积累经验；（5）它把对框架的计算剪力的要求，改为对框架的承剪能力的要求。

我认为，结构设计的核心就是三个词："强度""刚度"和"舒适度"。规范的编制要回归设计的本原。只要满足这三个词，就鼓励设计者使用十八般武艺，各显神通！

传统产业创新行动的萌动和探索

毛主席说得好："人民群众有无限的创造力。"我感觉到，土建虽属传统产业，但设计人员仍不乏创新冲动。

我的同学王尔其关于结构自隔震的论文草稿，很有创新精神，我是第一次看到这种论文。他的创新出发点是：多层建筑刚度较大，其第一振型周期T1往往小于设计特征周期，结构和场地有较大的共振响应，因而，要努力使T1处于反应谱的低平段。最有效的办法就是柔化底层，让底层起一定的橡胶隔震垫作用，也有点像木结构的柱础和斗拱的作用。

结构措施是：高延性、高强度的底层柱子设计。合理选择底层柱的高径比和轴压比。在保证结构具有足够的整体稳定性的前提下，让底层柱相对较柔。高延性、高强度的柱子的材料和结构，可以是钢管混凝土柱、铅芯柱、组合柱等，也可采用其他消能措施，如柱脚和基础杯口间加垫等。它突破了规范的某些规定，包括层刚度比要求、下刚上柔的原则等，但它满足了小震不坏、中震可修、大震不倒和风载下舒适度的要求。

王尔其目前正在争取工程做试验研究，我期望能早日实现，并成功接受地震的考验。

我早有与此类似的想法。对于多层建筑，用砂垫层代替橡胶隔震垫，用侧向回填软黏土代替阻尼器，该想法的出发点是：砂垫层有较高的竖向承载力，但水平方向可以滑移；而黏土则有一定的黏弹性，可吸收地震能量。假如这个想法成立，或可在降低隔震装置造价的同时，又减小地震危害。事实上，江欢成公司在创新方面一直进行探索，本书第二编《东方明珠的故事》已有所记载。

在创新驱动发展伟大战略的鼓励下，我分别给高层建筑超限审查专家委员会和建设部质量安全司写过三封信。它们真实地反映了我对规范和审查的看法，供政策制定者和规范编制者参考。三封信全文列后，算是我和本专业的师生及同行讨论时的书面发言。

第二十二章 江欢成及其公司在创新方面的案例

The Innovation projects by Jiang Huancheng and companies

江欢成公司人数不多，但创新意识强、能量大、创新密度高，已被批准为高新技术企业。

下列多项创新探索，虽然许多并未实现，但仍不失其参考价值，有不少已在本书前后论及。这里只记述其关键技术及索引图，以和读者分享。

上海东方明珠广播电视塔

1. 主体结构——带斜撑的巨型空间框架。

2. 塔身——3个巨柱是直径9000毫米×700毫米的预应力砼筒体，C60砼，预应力筋长度293米整体张拉，成孔钢管兼作钢筋用。

3. 斜筒——3个直径7000毫米×400毫米的砼筒体，

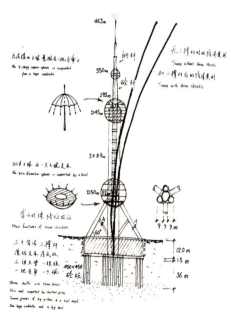

东方明珠塔结构概念图

100米长，93米高，与地面呈60度交角，预制拼装钢桁架筒挂模浇捣砼。

4. 框架大梁——直径6000毫米×1800毫米，它和垂直筒体组成框架。由于筒壁较薄，梁端设计成Y形与之斜交。6米高梁一分为二，成为3000毫米×1800毫米两根叠合梁，外圈箍筋将它们捆成一体。在大震下，可能有塑性错动，增大延性约10%。

5. 下球——50米直径，6层，由下部预应力砼锥壳支承斜柱。

6. 上球——45米直径，9层，由上部12榀钢桁架吊挂斜柱，支承楼面。

7. 桅杆——110米长，在地面分9节拼装，沿20束钢索爬升，10天成功就位。

印度尼西亚雅加达塔

主体结构——巨型空间框架，是东方明珠塔结构的优化，取消了东方明珠塔较难施工的斜筒和圆球。代之以3个13.2米直径的直筒，但拉开距离，用29根环梁和楼板捆绑，即圆盘代替了圆球。

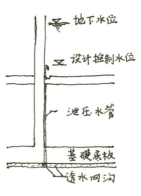

部分排水泄压装置——基底铺设泄水管网，它和垂直泄压管相连。该泄压管在设计高度上排水，以保证地下水压力不

印度尼西亚雅加达塔表现图　部分排水泄压装置示意图

超过其上裙房及地下室结构的重量，从而既取消了抗拔桩，又利用了地下水对主塔的浮力。

上海怡丰大厦顶层改为大会议室——新型预应力法成功拔柱

屋面上方加设大梁，和屋面脱离100毫米。

大梁通过螺杆吊挂原屋面梁板。

拧动螺丝，对屋面结构施加向上的预应力，直至所要切除的中柱应力为0。

切割中柱，平静地将荷载转移过渡到屋面大梁。

怡丰大厦顶层的中柱拔除

怡丰大厦屋面上方加设大梁，用螺杆悬挂，施加预应力

上海音乐厅整体提升、迁移

上海音乐厅是优秀历史建筑，它为了给上海延安路高架让路，南移66.46米，抬升3.38米。江欢成公司是技术顾问。主要的技术支持，一是对上海音乐厅采用三向支撑以保证移位时的整体性。二是用两根夹墙梁加穿墙牛腿抬升。

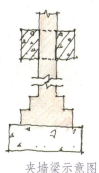

夹墙梁示意图

江欢成公司为上海音乐厅移位顶升做技术支持

上海思南公馆优秀建筑的保护和新生

改造后的上海思南公馆

思南路的48幢别墅，是上海市中心区难得的别墅群，闹中取静，格调高雅。采用的措施是：角部等关键部位，对低强度的砖墙砌体用双钢板夹持并注浆加固，大面积墙体则用钢丝网喷浆加固，室内压入钢管桩加上筏基以取代原有的条形基础，木楼板均改为混凝土楼板，阁楼的木架用钢架包木板进行置换。

海南三亚凤凰岛工程、广西北海北部湾一号工程及福建厦门海峡明珠大厦的随形设计

采用随形的斜柱，充分考虑曲率变号处的水平分力，它由楼板的附加钢筋及型钢平衡。

广西北海北部湾一号的异型洞，采用随形拱壳结构，用以代替常用的梁柱框子加上装饰构件的做法，增加了许多使用面积。

海南三亚凤凰岛工程

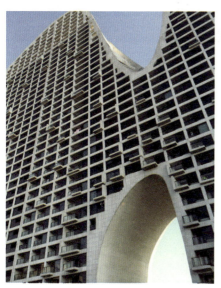

广西北海北部湾一号工程

福建厦门海峡明珠大厦表现图

241

上海证大喜马拉雅工程异型混凝土空心柱及砼壳体屋顶

　　30厘米厚的随形砼墙，在满足建筑造型要求的同时，空心柱内部空间又得到充分利用。砼壳体屋顶满足了下部大空间的要求，又解决屋面上人和绿化问题。

上海证大喜马拉雅工程

某会所的免震结构

　　滑板+黏滞式阻尼器+橡胶隔震垫的组合隔震，在软土地基上，按9度设防烈度设计，在同济大学的支持帮助下获得成功。

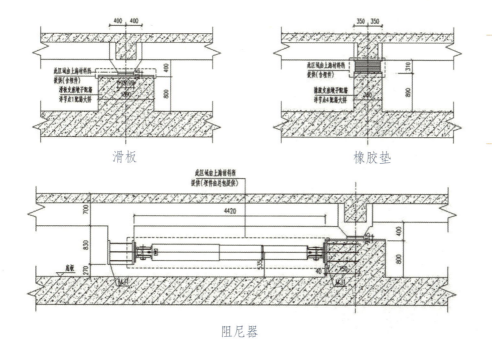

滑板

橡胶垫

阻尼器

盐城塔的双钢板混凝土剪力墙

外包双钢板混凝土剪力墙，在国际上首次应用于上部结构获得成功。它的承载力大、延性好，同时，可作为砼的模板，施工方便。为保证砼的质量，现场进行了1：1的模型试验，以确定可靠的施工程序和质量检查方法。

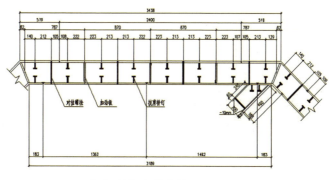

双钢板混凝土剪力墙平面图

福建厦门世侨大厦

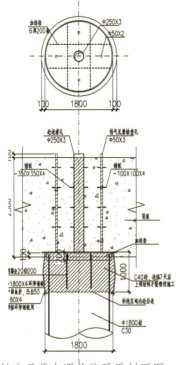

桩土承载力调节装置平剖面图

福建厦门世侨大厦的巨型网格筒体结构

它是在高度方向拉高了的六边形网格，置于建筑外围形成外框筒结构，兼有良好的抗压、抗侧优点。它使建筑的立面要求和结构完美地融为一体，在业界产生颇大的影响，获得厦门市民的称赞。福建厦门世侨大厦拉高的六边形网格和上海已建成的某大厦的正六边形网格结构相比，不仅造型更为挺拔有力，结构受力也更为合理。竖向荷载的传力路线较短，斜柱的水平分力较小。

桩土承载力调节装置专利

空腔后填式桩土承载力调节装置的设计原理，是在基础底板和桩顶之间，留出一定空间。先让底板下的土体受力，按设计要求充分发挥地基土的承载能力之后，再填实预留的空间，此后增加的荷载的绝大部分将转由桩承担。该装置原为福建厦门成功花园设计，它使原设计的直径2.6米桩减小为直径1.8米，大大节约了工程造价。

天桥结构无缝连接设计

棱形网格结构设计，使天桥结构具有优良的性能，顺向弹性以适应所连接大楼的变形，减少对大楼的约束。竖向具有足够的强度、刚度，以支承其上的楼板和墙体等荷载。该支承结构和上部楼板间，用摩阻力极小的隔离材料分隔。

该方案原为上海某金融大厦投标方案而设计，因未中标而作罢。

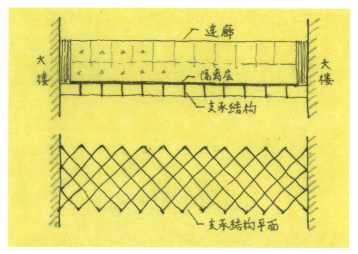

上图为剖面图，下图为平面图

某交通枢纽折梁框架

大型铁路车站的框架结构，充分利用轨道槽形梁板和月台梁

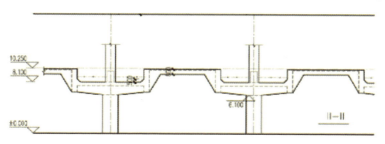

折梁框架示意图

形成的折线型梁作为框架梁。它和拉直的大梁相比有诸多优点：一是大大增大了下层公交枢纽的空间。二是大大释放了几百米宽的大楼板的温度应力。本创意作为优化设计意见提出，只因它太新、太先进，设计单位难为人先而作罢。

无锡河湖治理研究基地试验中心

150米×150米的无柱屋面如果实现，不仅可以为太湖增添一景，还将在世界建筑史上产生重大影响。采用随形斜放的桁架拱，拱肩加拉索以平衡拱脚推力，垂直拱架方向设置9道次桁架及交叉拉索作支撑，结构具有良好的受力性能，设计用钢量约100公斤/平方米，是合理而高效的结构。

无锡河湖治理研究基地试验中心结构图

无锡某生态园

该项目由江欢成公司承担结构设计。它是一座由11个盒子结构叠合而成的建筑物，室内无柱，造型新颖，结构合理，建成后必将令人瞩目。可惜，其建设用地的性质一直悬而未决。

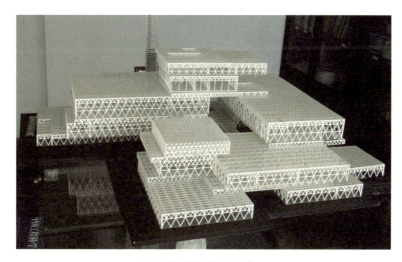

盒子结构模型的照片

第 五 编

Lessons from Engineering Accidents

从工程事故中吸取教训

第二十三章　对建筑设计八字方针的结构演绎

My structural interpretation on eight principles of architectural design

　　我在多个场合与同行交流时，常提起我很高兴成为结构工程师，因为他肩挑重担，在贯彻我国建筑方针过程中大有作为。从1957年上大学起，我就知道，我国的建筑方针是"实用、经济、在可能条件下注意美观"，简称为"实用、经济、美观"六字方针。随着时代的进步，可持续发展成为我国的重大战略，建筑业的绿色建造被提到很高的位置。在大规模的建设过程中，也出现过许多重大的结构安全事故，如綦江大桥垮塌、上海莲花河畔景苑倒楼等，在国内、国外引起巨大的震动。这几年，我还参与处理了5起结构安全事故，深感结构安全的重要性。基于上述情况，我大胆地对我国的建筑方针做出自己的结构演绎，那就是：坚固、好用、绿色、健美。

　　坚固——这是结构责任之首。建筑物的第一要求，就是在设计的负荷及预见自然力作用下坚不可摧。我把坚固放在前面，除了它的重要性之外，还包含了六字方针中的"实用"二字，不坚固就谈不上实用！事实上，曾有人建议把六字方针发展为八字方针，也就是加"安全"二字在前面，对结构来说就是"坚固"。

　　好用——六字方针中的前两字是"实用"，也有许多文章写成"适用"，这两种写法都有。其实，它们意义相近。我在这里把它写成"好用"，有两层含义：一为实用、适用，二为优化设计。我搞优化设计时经常强调，优化就是合理化。合理化除了结构本身合理之外，更要全面考虑建筑物使用的合理和各工种间的协调。我甚至说，如果所有工种都要最优，加在一起肯定不优。打个比方，框架结构较省的柱网一般是8米左右柱距，但如果搞结构的人坚持8米一根柱子置于大堂等处的话，这空间就不好用了！在设计东方明珠塔时，我曾参观过某塔，大堂布了很密的柱子，使我大为挠头，那大概是某结构设计者对优化的一种误解。东方明珠塔的大堂是60米直径的圆中间有3个大筒。同样理由，我经常在做优化设计时，把邻近筒体的柱子拔掉，做宽扁梁。这样，建筑布置就十分灵活，净空也高些。我主张地下室多用无梁楼板或井格楼板，乍看来砼量大了些，但挖土的深度小了，基坑围护结构浅了，机电及交通运营等都省了。设计优化一定要综合考虑、权衡利弊。结构设计要为"好用"的建筑物做出贡献。

绿色——绿色建筑被定义为"在全寿命期内，最大限度地节约资源（节能、节水、节地、节材）、保护环境、减少污染，为人们提供健康、适用和高效的使用空间，与自然和谐共生的建筑"，目前常被简单归纳为"四节一环保"。其实，绿色几乎涵盖了"实用、经济、美观"六字方针的所有字眼儿。我之所以把绿色特别拎出来，除了它简明地体现了可持续发展的基本国策之外，还因为它很好地体现了结构所能作的贡献，特别在经济方面。土木建筑耗能、耗材和产生的垃圾均约为总量的40%，其中大部分出自结构工程师之手。虽说使用期间的能耗很是可观，但减少初始投入，特别是钢材、水泥，更有立竿见影的成效。江欢成公司搞优化设计，虽把合理化作为追求和手段，但结果往往带来5%~10%的材料节约。除了少用材料之外，还要好用材料，尽可能使用可持续的、可重复利用的材料，如钢材、木材等。

健美——我的建筑设计理念是："优秀的建筑要有合理的

结构，合理的建筑造就建筑的美。"这个观点，在2005年5月中国工程院的工程科技论坛——"我国大型建筑工程设计的发展方向"上的报告中首次提出。此后，同业文章中逐渐有了类似的提法。合理的结构是健美的，不仅我这样认识，许多建筑师喜欢暴露结构，也说明这一点。我常拿人做比喻，只要人的骨架（身材）长好了，他（她）看起来就是舒服的，甚至是漂亮的、英俊的，建筑物亦然。我曾经多次在报告中提出，这一二十年，中国建筑界有两种不良倾向：一是以不合理的结构来造成视觉冲击；二是把建筑物当作雕塑来做，为较单一的视觉功能付出巨大代价。在结构界的不良倾向则是努力使这种不合理成为可能，并把简单的问题复杂化以示其能，这些都应该作为教训来接受才是。建筑的首要任务是它的功能性——"适用"，但现在往往把"美观"提到首位。结构师的本领应该体现在使结构合理化，并把复杂的问题简单化上面。

建筑方针如何落实在设计中？"坚固、好用、绿色、健美"就是我这个结构工程师的理解。

第二十四章　参与处理的几个工程事故

Engineering processing in accident of several projects

近几年，我参与处理过5起工程事故，包括上海莲花河畔景苑倒楼、南京某住宅楼侧倾、江西上饶某建筑侧倾、宁波徐戎三村住宅倒塌和奉化某住宅倒塌，每个事故都有深刻的教训。较多的是，设计者对地基的认识不足，施工措施不当，使用者擅自拆改房屋结构，政府疏于管理。我作为事故调查专家组成员，常觉得有和稀泥、各打五十大板，息事宁人、不了了之之感。本书将上述事故的主要情况如实记载，加上一些我的分析，以使大家接受教训，努力减少乃至避免类似事故的发生。

上海莲花河畔景苑倒楼事故

2009年6月27日5时30分左右，上海莲花河畔景苑7号楼一幢13层、38.2米高、约7000平方米的大楼瞬间整体倾倒，一人死亡。约10时，我冒着大雨来到现场，被任命为倒楼事故调查专

我在倒塌现场

CCTV新闻　直播

江欢成
专家组组长　中国工程院院士
无知导致无畏

新闻调查

我在新闻发布会上

家组组长。在2009年7月3日11时15分举行的新闻发布会上，我宣读了专家的意见："**房屋倾倒的主要原因是紧贴7号楼北侧，在短期内堆土过高，最高处达10米左右；与此同时，紧邻大楼**

南侧的地下车库基坑开挖，深度4.6米，大楼两侧的压力差，使土体产生水平位移，过大的水平力超过了桩基的抗侧能力，导致房屋倾倒。"在回答问题时，我讲过"无知导致无畏"是思想原因，讲过"为弄清倾倒机理，尚需深入研究，可培养一批硕士、博士"等语。之后，互联网上有很多非议，认为我偏袒政府、偏袒设计者，拿了"红包"，要找我算账，把我的院士称号扳倒……我的亲戚从加拿大三次打来国际长途，告诫我不要外出。

我并不在意，因为结论是14位专家讨论出来的，我是基本认可的，其中不含任何私心杂念；但我坦白承认，在事故发生后短短的7天时间内，不可能把倾倒的机理搞得很清楚。为此，我打了报告给上海市政府，要求进一步开展现场检测、进行现场试验、立项深入研究等许多工作，获沈晓明副市长批示同意，还叫我当莲花

作报告之后，有人转给我这封信，信的末尾谈到对我的非议和理解

倒楼后续研究工作组组长，但没有实质上的领导和支持。我的所有要求，都通过上海建交委科技委上传，而下达的答复则是"不行"。没有组织机构，没有立项，没有专款，终于不了了之。这一事故未能向公众、向世界科技界作一个清晰的交代，实在可惜。政府要处理的事情很多，当时最关键的是"维稳"，为此，在还未作进一步现场检测、尚不知道倒楼的移位的情况下，就把它一推完事，变废墟为花园、绿地。

对此，我只能说4个字：理解，可惜！有些很重要的资料，应该获得却无法获得。

例如，倒楼前一天，堤岸也因堆载等原因，被推出三四米，长度达80米。我要求提供堤岸图纸和堆载情况，未被接受。

例如，我要求检测基桩被推出多少距离，是被剪断还是弯折，未被接受。

例如，我建议挖出隔邻6号楼的部分桩，检测其是否变形裂缝，未被接受。

例如，我要求在现场或相似的场所打4根桩，做个非常直观的简单试验：加压后，北堆土、南挖坑，看它如何变形，未被接受。

……

倾倒的7号楼在淀浦河南侧

倾倒后，上部结构十分完整，它和下部结构的脆弱形成鲜明对比

离倒楼不远的河堤在倒楼前一天被推出数米，长度达80米，但拿不到相关资料

倒楼北侧两次推土，最高达10.4米

堆土滑坡，发生在倒楼事件前面还是后面？

倒楼南侧挖坑4.6米作为地下车库，挖出的土堆在倒楼北侧

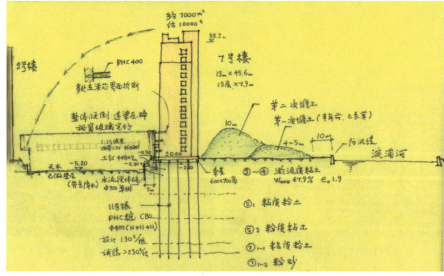

2009年6月27日倾倒事故现场剖面示意图

讨论中，有位专家说了四句很精辟的话：

倒楼原因是简单的，

倒楼机理是复杂的，

事故教训是深刻的，

管理问题是严重的。

对倒楼机理，专家们有多种说法：

1. 失稳说、运动说

在10米高堆土作用下，土体结构破坏，强度丧失，土体下沉。外挤条形基础南移，大楼偏心，桩弯曲，加速外移，某些桩弯剪破坏，加速运动、倾斜。

2. 基桩剪断说、强度说

北侧堆土的侧向作用力和南侧反向的被动土压力（包括基坑搅拌桩阻挡），构成一对剪力，把桩剪断，断口在桩的填芯终结处，因为该处最为薄弱。

3. 滑弧隆起说、基桩拉断说

土堆滑弧把大楼北侧抬起，北侧桩先拉断，绕南侧桩倒下。

4. 综合破坏说、先剪后弯说

肯定有综合作用，但先后次序及其权重不详。

莲花河畔景苑倒楼，在工程界引起巨大的震撼和反思：

1. 临界状态就是"一根稻草"之差。6号楼和7号楼，就只有基坑状态的些小差异，然而，一个在临界点之前，另一个在临界点之后。

2. 工程事故有天灾、人祸。这次倒楼，全在人祸，无知者无畏！

3. 设计思想重上部、轻下部，上部结构应嵌固在基础上，而这座大楼却是基础嵌在上部结构上！设计过分依赖于规范。

4. 设计规范对基础设计特别是埋深等的要求有待强调。

为吸取教训，我抢救性地保留了若干资料，写了篇《6·27

倒楼机理思考》，还作过几次报告，希望对后人、对同行有点启示作用。为节约篇幅，不在此详述。

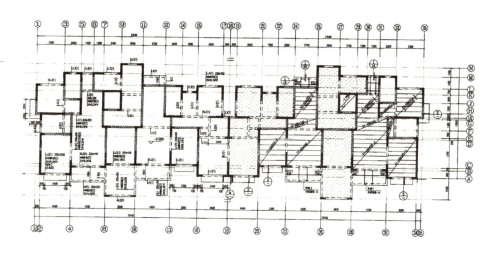

结构平面图

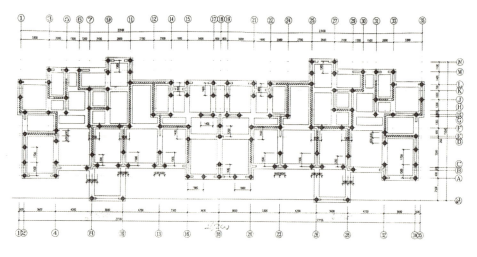

桩基平面图

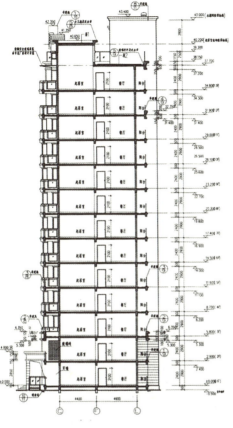

建筑剖面图

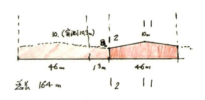

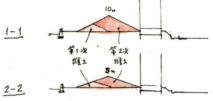

1-1 剖面 平均堆高 5m ⌉ 平均 4.5m 计
2-2 ″   ″   4.0 ⌋

差土方量 = 4.5m × 40m × 164m = 29520 m³ ≈ 3万m³土

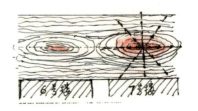

土层超负荷发生流变侧推？

南京某住宅楼倾斜事故

南京某住宅楼建在北高南低的坡地上，建筑师利用地形，南边做车库，库顶复土做室外平地，北边墙根处填土6米。建成后，80户居民于2008年入住，发现建筑物顶部北倾，最大为290毫米，为此，采用北侧卸土、加静压锚杆桩、南侧桩底冲水淘砂，并切断大楼和车库的连接梁板（因怀疑车库上浮）等办法纠偏近一年，收效甚微。我参加了第8次专家会议，作为专家组组长，要求立即停止冲水淘砂，并支持东南大学专家的抬升意见，截断地下室，然后扶正接驳。用约一个半月时间，完成了纠偏。

大楼向北倾斜290毫米，南侧为车库

大楼北侧室外地坪和底层地面高差6米，填土把大楼压偏

大楼北侧压桩加固

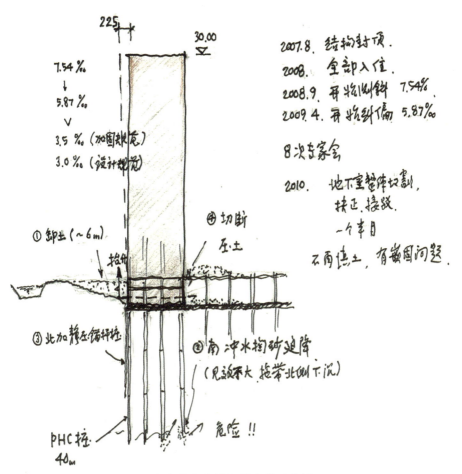

225. 十

30.00 ▽

7.54‰
↓
5.87‰
∨
3.5‰（加固规范）
3.0‰（设计规范）

① 卸土（~6m）

④ 切断
压土

抬升

③ 北加静压锚杆桩

② 南 冲水掏砂 迫降
（见效不大 拖带北侧下沉）

PHC桩
40m

危险！！

2007.8. 结构封顶.
2008. 全部入住.
2008.9. 开始测斜 7.54‰
2009.4. 开始斜偏 5.87‰

8次专家会

2010. 地下室整体切割，
扶正、接驳.
一个半月

石磊填土，有黄图问题.

南京某住宅楼倾斜事故示意图

大楼南侧桩底冲砂，十分危险

上饶某住宅楼倾斜事故

上饶某6层住宅南侧大面积填土，造成顶部倾斜100毫米、室内地坪高差60毫米。处理办法是对南侧沉降大的基桩进行加固，灌注水泥浆，每根桩灌了2吨水泥，室内地坪则做局部找平处理，经观察，沉降差未继续发展。我建议，必要时可将南侧填土挖除，用地下室代替，既减轻负荷，又可利用地下空间。

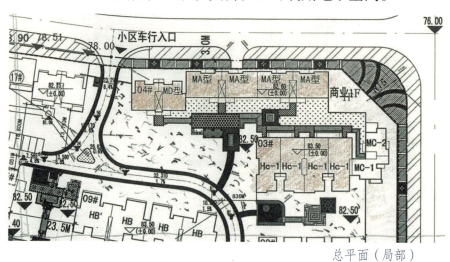

总平面（局部）

建筑剖面图

由于填土、堆土的问题，已造成上述上海、南京、上饶等地诸多事故。它给我们一个深刻的教训：千万不要以为地球是可以随意摆布的。

宁波徐戎三村倒楼事故

宁波徐戎三村2号楼、一幢16.6米高的6层住宅，于2012年12月16日中午11点半左右，整体垮塌。

当天8时左右，底层101室的住户发现打在碗里的鸡蛋上有灰，倒掉再打蛋进锅，又发现有灰掉在锅里，赶紧前往居委会报告。居委会报告上级并当机立断，及时贴出布告，组织撤离。仅一人因下夜班后沉睡不醒而死亡。

我应邀于2013年1月2日在上部建筑被清理（因挖掘被埋的人和物品）之后，前往考察。我观看了宁波电视台拍摄的倒楼录像，只见楼梯口的墙体鼓出，墙上挂的空调室外机掉地，干部、专家和记者们冒险上上下下，帮助住户撤离。3小时后，大楼轰然倒塌，楼板像是6层大饼叠在一起。宁波市政府和市建委的抢救、调研工作做得十分及时和认真，组织许多专家，分组进行测绘、计算、分析、研究和质询工作，并采取措施，封闭了4幢沿街房子。

该建筑于1989年建成，已使用23年。当时没有构造柱等要求，但圈梁做得很好，砌体质量虽不很理想，但当时既无大风，更无地震，不致因此而倒塌。为此，专家们料想，最直接的原因可能是结构受到人为的损伤，尤其是沿街住宅破墙开店，伤害了承重墙。

最早引起专家注意的，是2号楼底层西北角的三居室（103室）。它的南墙上的窗户被改成了卷帘门，洞口被扩大到2.4米并落地，为了加固，洞边的墙被改成了素混凝土。另外，楼梯口的转角墙上凿了排气洞，对墙体也有所损伤。从录像看，楼房坍塌前，楼梯口转角墙外鼓的过程十分明显，在该处外挂的空调机掉地之后，楼房垮塌。

但经复算，这两处受伤的墙体尚有能力承受上部的垂直荷载，因而，倒塌的直接原因成了个谜。

航拍平面图，南边一幢楼倒塌

倒楼和北侧那幢是一样的

像三明治板，据说略呈南偏

2013年2月23日，农历正月十四，宁波的元宵节。专家们节日也不放假，再次叫我来到现场。现场一个重大发现，引起专家极大的注意：

1. 103室Ⓔ轴墙下（梁高600毫米）的基础梁跨中，发现一条裂缝，上宽（约10毫米）下窄，下延约550毫米，两侧贯通。

2. Ⓔ轴西端莫名其妙地有一根混凝土柱，柱中有一根小钢管，很明显是后来加上去的。柱脚处，地面下沉约40毫米。

3. 专家回忆，在清理现场时，曾发现Ⓔ轴墙位置的地面上有油漆地面的痕迹。它和墙体两侧地面的油漆相同，但当时并未拍下照片，未留下书面记录。

综合上述三点作逻辑推断，Ⓔ轴的墙体被北移了一定距离（猜想是为了扩大南间商铺的面积）。这样，它上面5层楼的荷载，不能通过Ⓔ轴墙传到地基，而通过圈梁的作用转移到了Ⓔ×①的素砼柱上，导致该处桩下沉，而基础梁下的桩向上顶，致使基础梁断裂。整幢建筑因此倾斜，进而倒塌。我个人认为，这种解释从技术上说是可能成立的，但必须有人证、物证，证明Ⓔ轴墙体确实已被北移。果真如此的话，应不难破解。移动一堵墙，绝非一个人所能完成，然而直至本书搁笔之日，尚未调查清楚。

2013年12月16日是宁波徐戎三村2号楼倒楼一周年，我应宁波市住建委的邀请，参加了"12·16事故"通气会，通气会在某宾馆约30平方米的会议室内举行，我被安排在专家席。叫我与会，只是作为一个见证人，没有要求发言。调查组报告了三点结论性意见：①房屋结构被拆改。②施工质量有问题。③政府管理不到位。随后，有3位记者提问，报告人作答。通气会历时20余分钟结束，大家都松了一口气。

我理解政府维持社会稳定的难度和官员们的辛苦。这一年，宁波市住建委某副主任就没睡过好觉，说梦话讲的都是相关责任人。但我认为，从技术角度、从法律角度、从教育警示角度

265

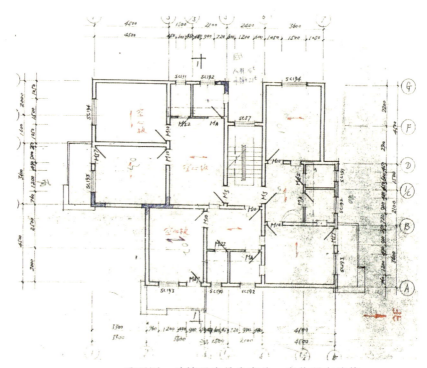

平面图，破墙开店是肯定的，尚待调查清楚

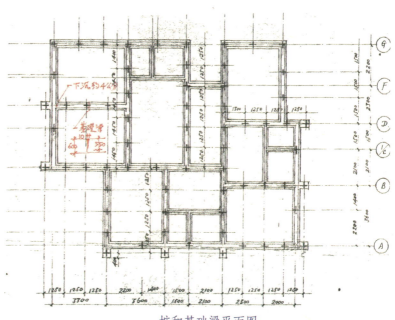

桩和基础梁平面图

等方面说来，各打五十大板的做法欠妥。因为没有找到塌楼的主因，拆改房屋结构、危害公共安全的违法行为，不仅没有受到惩处，反而获得好处、得到抚恤（据说，政府按单价远高于市场

这根基础梁从中间拆断，上宽下窄，右侧墙下沉约40毫米

的价格给予受害者以补偿）。这样，不仅没起到强烈的教育警示作用，反而鼓励了违法者。你去敲吧！政府会埋单！这就起了副作用！

　　我目前认为，倒楼的原因中，砌体强度有不足之处，对违规者管理不力等确有一定责任，但不是造成楼房倒塌的主因。从技术上来说，我认为主因只有一条，就是违法拆改房屋结构。诚然，砌筑质量很重要，尤其在地震、大风等水平作用的抗力上，在结构整体性等方面，但不至于引起该建筑物在无风无震情况下的整体倒塌。

　　楼房倒塌的致命伤之谜，至今尚未完全解开；事故的主要责任者，也尚未查明。要解开此谜，需要做大量的工作。据说，该小区的几十幢建筑均可能被拆除，重新设计、建设。为此，我建议是否可以在相邻的、相同的、待拆的建筑物上，按已知或怀疑的拆改情况，做个"可复制"的试验性科研，以确诊其倒塌主因。分析透了，才能起到科普、教育、警示作用，并从中培养硕士、博士，这样，所付的"学费"（鲜血、时间、人力、物力）

就值了！

我相信，拆改房屋结构的人不是故意违规违法。他并不完全知道，这样做会塌房子。我曾经听说"见红（砖）就可以凿"，"这房子是我的，我想要怎样就怎样"，实在无知得很，又是一个"无知无畏"而酿成严重后果的例证。我没研究过法律，但我想，"不是故意"不能规避法律责任！

不善待我们赖以生存的环境，不善待地球，必将受到惩罚。大挖、大填、大敲、大改都潜伏着巨大的危险！让我们珍惜这次教训！

我是一个结构工程师，我也从中反思：如果设计时多考虑一点使用的灵活性，以便用户有某些改造的可能，如果规范对砌体结构必须有砼构造柱的要求早些发布，这样，情况会好些（当然，要多花些钱）。总之，每个人都可以从中获得教益！

奉化倒楼的教训

2014年4月4日上午8时45分，浙江奉化居敬小区第29幢楼、一座5层住宅的小半部分轰然倒地。一死一重伤（截肢）。4月9日，发现一名街道基层干部自杀身亡，众人为之惋惜！

4月11日，我受聘为顾问，又当了一次"法医"，前往奉化对已倒楼房作初步诊断，要求对"死因"的剖析提出"导向意见"。该住宅楼11.150米×55.30米×17.500米（檐高），5层住宅实为6层。上5层层高2.9米，底层层高2.2米，作自行车库用，总建筑面积3700平方米。4个门洞1梯2户，共40户。倒塌一个半门洞，涉及15户。

此前，居民反映了门窗关不上、墙皮脱落等情况。奉化市住建局委托某专业机构进行安全检测评估，结论意见为C级。规范中，危房等级分为A、B、C、D四级，C级为局部危房，D级为整幢危房。随后，市住建局委托某专业公司作加固设计、施工。在设计已告完成，正在落实450万元的加固费，即将进场加固之际，近半座楼倒塌（该专业公司老总吓出一身冷汗，不幸之中的万幸，没有进去加固，否则，既死人，又讲不清楚责任）。

在到达现场前，我早从媒体公布的图片见到，倒塌的切口有如刀削，仅见顶部挂着一根楼梯梁和南侧的一根圈梁（钢筋拉

双阳台1.6m宽，悬挑900

构造柱240×240，4Φ12

一个半单元倒塌

柱侧门洞，设计太大胆了！
按承重柱设计？

底层架空层2.2m墙垛劈裂

几无钢筋拉结，包括圈梁、楼梯、空心板

借用相邻相同的第31幢楼说事

住宅楼向东南方向倾倒

楼梯间未见钢筋拉结

断）。我们到达现场时，已看不到了。未倒部分，上面几层已被推倒，我遗憾拆得太急了。据说是因为住户要上楼取财物，为安全计而为之。从现场未倒部分可见，楼梯间没有做好拉结，现浇梯段的钢筋没有进墙，楼梯梁只是搁在墙上而已。楼梯间虽有构造柱，但和墙的拉结筋只是单排直径6毫米、进墙100毫米，而不是设计的两排直径6毫米、进墙200毫米、带弯钩。楼板在楼梯间不连续，本来就是砖混结构的薄弱部位，加之拉结薄弱，使各单元之间简直就像靠上去一样！没有看到空心板和墙的拉结筋，也没有看到各层的圈梁。黏土砖墙的砌筑质量尚可，但砂浆中的水泥少，手搓成粉，施工有偷工减料之疑。诸多问题中，最大问题是拉结锚固问题。缺圈梁、缺拉结筋、砂浆标号低、无马牙槎等，致使房屋整体性差，因局部破坏而解体倒塌。

从图纸上看，设计也存在问题：构造柱太少，仅在住宅楼四角及楼梯间设置；并且，①轴×Ⓐ轴构造柱实质上是承重柱，而未作加强。⑦轴×Ⓐ轴底部的问题是，门洞开在墙垛边，没有构造柱，承受悬挑阳台的偏心荷载，垛宽仅370毫米；而2.2米标高以上，垛宽1025毫米，墙垛实系双向偏心构件。从检测报告提供的照片看，这两处是最大的两个危险点。

设计和施工的问题确实存在，然而，是不是造成这次楼房倒塌的直接原因，尚难下定论。一般说来，在没有自然灾害，如地震、强风、洪水等情况下，房屋倒塌多由房屋使用不当、人为损坏所致！

该住宅楼破坏承重墙体的情况相当严重，仅看得见的架空层外墙就有19处被拆改，多为窗改门，削弱了整体刚度，其中10处的洞口尺寸被加大，降低了墙体承载力。而其他楼层以及所有内墙是否被拆改，尚未完全查清。我建议将⑦轴作为清查重点。

科学论证常有"大胆假定，小心求证"之说，在看了现场、看了图纸和检测报告提供的两个危险点的照片之后，我大胆地做出这样的假定：

假定1：倒楼从⑦轴×Ⓐ轴开始。

假定2：⑦轴墙体可能被人为拆改了！

对于假定1，从倾倒方向看，住宅楼向东南方向倾倒，这种情况只有在①轴以东的南侧某个部位先行"跪下"才能出现。①轴构造柱虽早已被压坏，但尚比⑦轴强些，终究还是钢筋混凝土，并有山墙相连，它所承受的楼面荷载，仅是⑦轴的一半。从⑦轴墙垛的劈裂形式看，这是典型的砌体承压破坏形式。在垂直荷载下，砖砌体产生侧向变形。这里由于砂浆标号低，砂浆在传递荷载到下皮砖的同时，将首先产生侧向挤出变形，进而把砖拉裂，产生垂直裂缝。这时应当判断砖墙已经受到破坏，失去了承载能力。

对于假定2，我查看图纸，见⑦轴墙体颇长，

①轴x Ⓐ轴构造柱损毁

⑦轴x Ⓐ轴砖垛劈裂

⑦轴×Ⓐ轴墙垛虽因有悬挑阳台，受力较大，但悬挑长度仅有900毫米，不算很大。按某设计院的计算机分析，在砖Mu7.5、砂浆M0.4的条件下，⑦轴×Ⓐ轴砖垛的承载力仅为荷载的42%。我认为，该处确是其最薄弱的部位，但尚不敢由此做出因此而倒塌的判断，建议再作手算复核。因为我曾作粗略估算，240毫米厚的砖墙，即使在砌体强度较低，只有在100万帕的情况下，每延米仍可承受24吨荷载，目前的静、活荷载，尚未到此地步，并且因砖砌体是脆性结构，有相应较高的可靠指标要求，因而，砌体的实际强度通常会比计算值高许多，压坏它并不十分容易，否则，其他相同设计的相邻的住宅楼，也会出现类似问题，但尚未出现，甚至没有发现这两处裂缝。因而，第29幢楼的倒塌，似有其特殊原因。⑦轴墙两侧属同一家，该墙体会不会被人为开了大洞，从而，大量荷载被转移到了端部墙垛？

当然，上述两点大胆的假定，有待"尸体解剖"、小心求证，避免造成"冤案"！但据以往经验，这种求证往往十分难找。我们在4月28日察看清理后的现场，意欲发现墙体开洞迹象，但连住宅楼底层的地坪都找不到了，无从考证。由于物证被毁、人证难找、维稳求安等多种原因，而未能找出破坏的起始点，找到真实的破坏原因，从而吸取深刻的教训。看来，又只好采用各打五十大板的办法处理了！那就是：

设计存在问题，施工偷工减料，使用不当损伤结构，检测结论不到位，抢险不及时。

对居敬小区未倒住宅楼的结构加固，我曾建议增加外部框架，没被接受，便退一步提出建议：

1. 重点加固和第29幢住宅楼相似的危险部位。

2. 加强房屋的整体性。例如，采取钢板加固单元间的圈梁拉结或施加体外预应力等措施。

我从该工程中，总结出这样两条教训：

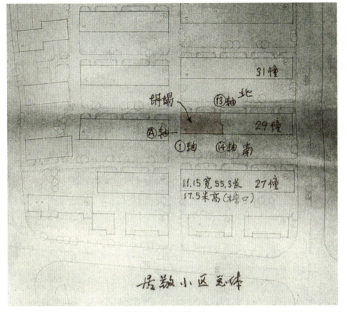

居敬小区总图

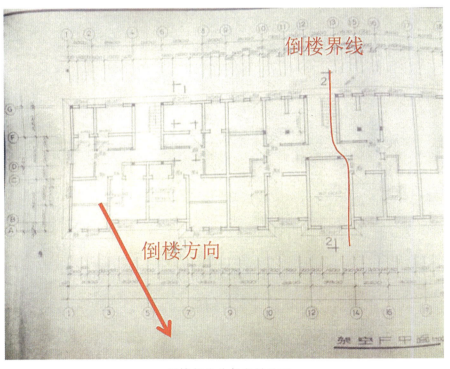

倒楼界线

倒楼方向

倒楼部分的架空层平面

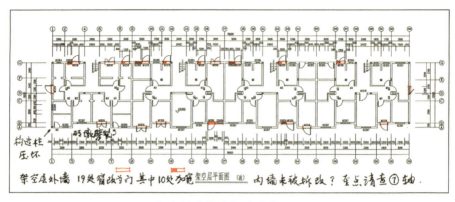

架空层外墙被拆改的情况

1. 设计、施工、使用、检测、管理各方重任在肩，每做一件事，都关系到人民的生命、财产安全！

2. 不当使用、破坏房屋结构，将危害公共安全，是违法行为！

第 | 六 | 编

My dream to be an architect;
The pursuit for architectural
design by a structural engineer

我的建筑师梦——一个结构工程师对建筑的追求

第二十五章 结构工程师喜获
建筑创作大奖

A Structural engineer received Architectural Creation Award

我做过几场建筑师梦。

第一场梦是在填高考志愿的时候。听说建筑师是艺术家加科学家，大大吸引了我。想报清华大学的建筑系，却又怕考不上，退一步便报了清华大学的土木建筑工程系，心想，它很接近建筑专业。第二、第三志愿是武汉大学物理系、大连工学院化工系。

Ove Arup先生设计的伦敦动物园小企鹅的弧形步道

但还是对建筑专业不死心，便又报了华南工学院建筑系，加试了美术，画了个花瓶。这场梦未能实现，于是，我支持江春报考建筑专业，总算如愿，他成了建筑师，我的愿望得以延续。

第二场梦是在伦敦。我敬仰Ove Arup先生，他不仅在结构设计上闻名于世，在建筑设计上也有很深的造诣。他主张建筑、结构乃至规划、环境融为一体，也就是他宣扬的Total Design的理念。他获得了英国皇家建筑学会的金奖，被称为Sir。他设计了伦敦动物园小企鹅的弧形步道，既有很好的建筑造型，又有很好的结构，很讨人喜欢。我希望自己也能成为工程师加建筑师。

第三场梦是在当了东方明珠塔和雅加达塔的设计总负责人之后，我受到老搭档项祖荃、肖世荣等造诣很深的建筑师的夸奖，说江欢成像建筑师。我不知道他们是在表扬我对建筑有所理解，还是批评我干预建筑师太多。我自以为有能力做更多更好的建筑，加上江欢成设计所是建筑、结构、机电综合所，便不自量力地做了不少建筑设计，当然，都是和建筑师合作进行，但其中的立意和构思乃至草图大多是我的。十分遗憾，绝大多数未能成功，只是又一场梦而已。思忖其原因，其一，我毕竟不是建筑师，而是较多地从结构的观点理解建筑，对建筑的精髓及其表现手法所知太少。其二，很重要的一点是我不懂市场、不会经营。

然而，建筑创作到底是我这50多年工作的一部分，所以，我还是把它列为一编作个记录。或许能引起某些共鸣，说不定某位建筑师受到启发，会帮我实现其中某些梦想呢！

我很高兴在50岁前后，也就是积累了不少工程经验和国际经验而又精力旺盛的时候，赶上了改革开放的大好时机。我和几十位建筑师、工程师一起努力，成功设计了造型完美、结构独特的东方明珠塔。她把中华文化和建筑、结构完美地结合在一起，建成后被公认为上海市的标志性建筑，为我国争了光，在国际上产生了巨大的影响。

2010年3月，在中国建筑学会组织的"新中国成立60周年建筑创作大奖"评奖中，我获得了大奖。金色奖牌上写着"江欢成先生，您设计的项目东方明珠上海广播电视塔工程经评委会评定获得中国建筑学会建筑创作大奖"。同时获奖的还有凌本立、张秀林。自我思忖，我对该创作的主要贡献除了项目设计总负责之外，还提出了采用三筒和斜撑巨型结构的主意，独特的结构在颇大程度上成就了建筑的美。

　　一位结构工程师获得建筑大奖为业界所罕见，这是给予我的殊荣。它稍圆了我的一点建筑师梦，也为我说过的几句话提供了论据，那就是："建筑结构是一家"，"优秀的建筑需要合理的结构，合理的结构造就了建筑的美"。

中国建筑学会建筑创作大奖
ASC Grand Architectural Creation Award

1949-2009

江欢成 先生/女士：

　　您设计的项目 东方明珠上海广播电视塔工程 经评委会评定获得中国建筑学会建筑创作大奖

我身为结构工程师，却获得了建筑创作大奖

第二十六章　我做过的建筑方案——致力于建筑、结构完美结合

Some architectural proposals I have done focusing on intergration of architecture and structure

除了东方明珠塔已在前面有较多记载之外，下面列举若干建筑方案构思，从中可以看到我这个结构工程师是怎样做建筑的。

梦幻钱湖

宁波鄞县东钱湖，面积据说是西湖的6倍，环境十分优美。某业主欲在湖边建休闲中心。做完东方明珠塔后，我试图让明珠也漂浮于水面，于是有了大小5个明珠的构想，水底用通廊联结。我更有一个大胆的构想：把通常朝天的球冠转向游客。这个

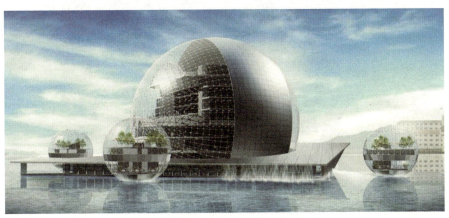

梦幻钱湖——美丽的球冠笑迎宾客

构想是受到迁移大树时根泥绳索的启发。一天，我看到一棵大树躺在板车上，树冠对着我。"嗬！真好看！"何不让它成为球体建筑的立面展示于众呢！球冠做正立面，对结构工程师来说增加了不少复杂性，我在自我挑战！

做好扩大初步设计之后，因业主破产而作罢。遗憾！

上海徐家汇人行天桥

徐家汇商业中心五叉路口的交通组织十分复杂，行人到此无不感到迷惘甚至害怕。我构思了一个双环结构，它可以让过桥者少走许多冤枉路。我的方案中，见缝插针地竖起7根柱子，21个吊点吊挂起百米圆环，6个坡道做斜撑分担竖向荷载，提供水平抗力，孔洞透绿，颇有生态意境。

上海徐家汇人行天桥——7柱、双环、悬索、坡道、透绿

北京烟囱美化

北京热电厂位于北京中央商务区的重要地段，240米高的烟囱，使人们一进入北京市区就感到污染。为此，业主想把它美化一下。KPF公司曾做过一个很有创意的方案，但难以实现，因为烟囱及其周围不能有任何附加物增加它的负担。我们设计了这个拉索结构，本身重量轻，却又增加了烟囱的抗侧能力，外挂半透明鳞片，晶莹剔透。该方案已经中选，却因种种原因未成事实。

拉索重量轻，可以增大稳定性，鳞片形成优美造型

上海展览中心整体抬升8米

上海展览中心原名上海中苏友好大厦，是一幢非常优秀的历史建筑，建于1954年。原设计未考虑抗震问题，混凝土强度等级低，必须进行加固。自从延安路高架建成之后，上海展览中心就被"窝"在下面，加上周边高层建筑的压抑，成了"井底之蛙"。为此，我建议趁结构抗震加固的机会，把整个上海展览中心的主楼举升8米，使现有地面大致和延安路高架取平，基座成为它的地面层。这样，既保持原有建筑的风貌不变，又解决"井底之蛙"的问题，还增加了4万平方米的使用空间，可谓一举多得。在技术上，我有东方明珠塔百米桅杆抬升的经验，把它分成7块抬升，然后连成整体。

我的这个设计方案，曾经引起巨大的轰动，上海几乎所有报纸都报道了，美国报纸也几次登载。该方案得到了上海市民的喜

上海展览中心外貌

上海展览中心整体抬升，下垫一层做基座

上海所有报纸都大幅报道

美国《世界日报》等报纸也几次报道

某天线基座在抬升中

爱和支持，对它的争论甚至成为上海"两会"焦点。该建议几近拍板定案，但因某领导一句"要在此开'两会'，来不及了"而破灭，十分遗憾！

我希望有朝一日，我的后来者能使之实现。

然而，江欢成公司的结构提升设计在某些工程中获得了成功，例如：某天线基座抬升4米；上海音乐厅抬升3.38米，移位66.46米。

上海火车站开发、整治

上海火车站及南北广场整合和其空间综合开发——江欢成和傅克诚教授合作完成的上海市政府参事提案：

上海火车站整治透视图

铁路交通提速，旅客出行选择火车成必然趋势。鉴于上海新客站交通繁忙，制约闸北经济发展，楼宇经济效益未充分发挥，建议整合车站、铁道和南北广场。

在车站及铁路11万平方米的场地上方20米标高处，架设大型钢结构托盘，下面的柱网（30米、45米、60米）×60米，托盘高12米，内置2~3层。托盘内和托盘上，开发40万~50万平方米的建筑和绿地。

上海火车站整治鸟瞰图

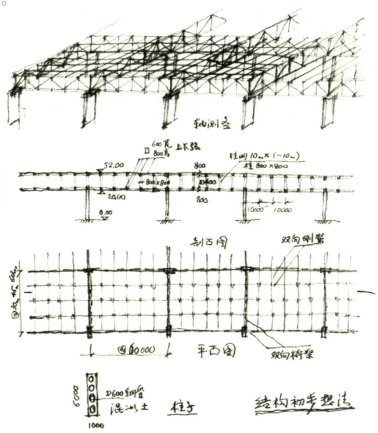

上海火车站结构概念设计

厦门财富中心

造型优美、清纯。底部通透，形成市民环廊，有厦门骑楼的基因。顶部"皇冠"上的"红色宝石"，系风力发电装置。

厦门财富中心表现图

大连世界金融中心表现图

大连世界金融中心

两幢矩形平面的40层办公大楼，结构是由4个角筒和5道环梁组成的巨型框架。角筒系密柱组成的框筒，仍可保持良好的视野。中柱因对整体刚度影响很小，可以很自由地布置。

无锡河湖治理研究基地

治理太湖需要一个实验室，把太湖缩小为1/500，放进150米×150米×17米的无柱空间进行风洞试验。我和建筑师们构思的方案，是用两对拱张拉两个大型索网，用它悬挂屋面，既合理又漂亮，建成后必将引起巨大反响，而成为无锡新的地标。这个方案几经波折，中选后又被推翻，可能是因为它太超前了。后来，我又构思了巨人等方案。

　　江春的叠层屋面方案成为实施方案。我和同事们拟采用倾斜的拉索绗架和自重抗风等先进技术，使之经济和快速地建造。

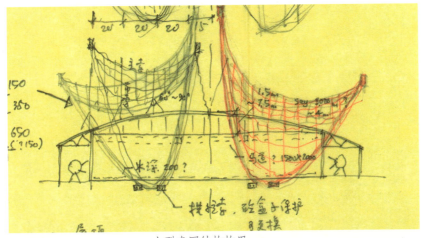

大型索网结构构思

对拱和索网悬挂屋面，结构合理，造型美观

巨人方案受力明确、施工方便

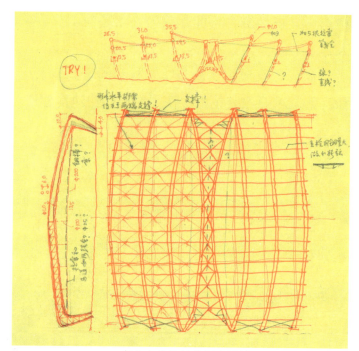

实施方案的结构概念设计

武汉南岸嘴

上海建成东方明珠塔之后，一些城市也想搞标志性建筑，便找到了我。武汉的南岸嘴位于长江、汉水交汇处，是一块宝地，要在这里建造博物馆和青少年活动中心，我们应邀参与投标。我的构思是三足鼎托一块晶莹的宝石，通透而不压抑，成为公园一

武汉南岸嘴表现图

景，意为"武汉三镇，八百万众，共创辉煌"。

然而，这块地实在太重要了，在争议声中，至今仍然只是一个江滨公园。

北京奥体公园标志塔

我十分欣赏中国书法，它的每个字，都有很好的结构，甚至是一幅画。为此，我为奥体公园标志塔构思了一个"众"字，它结构好，有以人为本的含义，如巨人般立在山上，确有山高人为峰的意境。然而没想到，这句话竟是某公司的广告用语，因而，方案报上去就被否了。

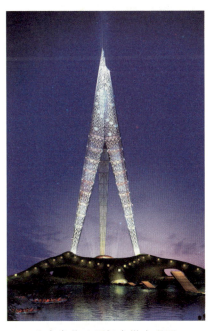

北京奥体公园标志塔表现图

上海万众大厦

上海要造一座最高的建筑，说是要由中国人自己设计。我很受鼓舞，主动请缨，免费提供方案。我倾注了巨大的热情，多次凌晨时分从床上跳起来，构思设计草图，试图把建筑艺术、结构技术和博大精深的中华文化完美统一起来。我把奥体公园标志塔的构思扩大为巨大的建筑。

全国政协委员、大书法家欧阳中石给我面授高深的哲学道理，他说："个体的人在社会上，只是散沙一粒。两个古写的人字，可以拼出比、从、北、化四个字，这就是人与人之间的相互关系，但最有力量的是'众'字，三人成众，众志成城，无坚不摧，中华民族的崛起靠的是万众一心。"欧阳中石先生还亲自为它题词"以人为本，万众一心"，大大增强了我的信心。

该方案有三大特点：

第一，把汉字引入建筑。

第二，把地面留给百姓，提供一个最好的市民广场。

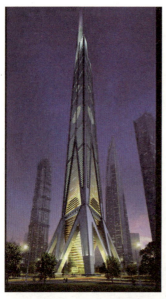
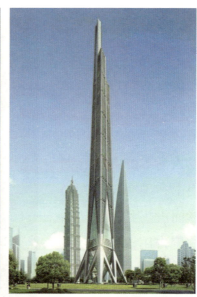

万众大厦，每个立面都是"众"字

万众大厦局部表现图

万众大厦总体鸟瞰图

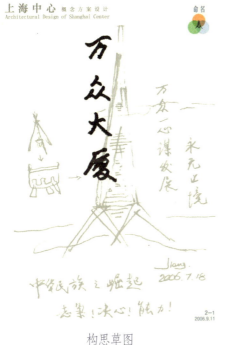

构思草图

追求中华文化、建筑艺术、结构艺术三者完美统一

博大精深的中华文化

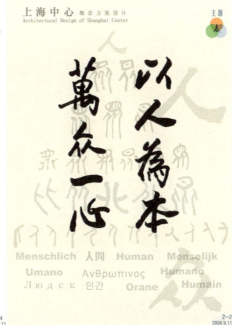

欧阳中石先生的题词

第三，结构分成8个大托盘，所有内柱均悬挂，在大托盘的上面一层，则完全无柱。顶部若干层，可作为抗震的阻尼装置质量块。

十分遗憾，组织者竟没有让我们汇报方案，因为我们这家公司太小，也因为曾答应我们参与竞标的某领导出事了。

后来，印度尼西亚华侨彭云鹏先生看到这个方案后十分兴奋，要我帮他找地方兴建。我找到了，就在天津于家堡，却又因众多原因，不了了之！

时任上海市人大常委会主任龚学平也给予鼓励。

印度尼西亚爱国华侨彭云鹏委托找地建造

歡成同志：

新喜愉快　閤家歡樂

您的文学大厦方案，我很喜欢，希望能尽早实现！

　　　　　　　龚学平

龚学平说："我很喜欢"。

白俄罗斯明斯克塔

　　构想由6根钢管混凝土组成六角锥。它和倒六角锥构筑的塔楼相互穿插，形成一个简单的几何形体的组合体，效果简洁、明快而挺拔。

　　因白俄罗斯要求中国贷款建造而未果。

明克斯塔表现图

广州塔表现图

广州塔

应邀参与竞标时，我构思了"木棉为形，攀登为神"的花塔，奉献给广州。它的结构十分合理，中筒承受全部塔楼的荷载，网壳承受水平作用，天梯鼓励人们沿彩带攀登，累了可转乘电梯，造型优美，标志性强。广州市政府网站公布后，该方案获50.8%的支持率和90.4%的人气指数，在广交会展示10天，得票率最高。然而，初选三家都是外国的，后来听说，国内方案只是陪标！

盐城塔

对于盐城塔，江欢成公司送了11个方案供选择，其中有几个是我的构思，包括盐山蹦极、华树旋转等。我自己最满意的是盐山蹦极方案。后来，盐城市领导挑中了盐晶塔（黄源钢创意），也很漂亮，但太苗条，结构难以实现。我设计了八角形双钢板混凝土筒，具有很大的承载力、很好的延性，终获成功。我参加过盐城推介会，该会就以它为标志物，巨型展板立于主席台旁，许多与会者拍照留念。

盐城塔——"用盐晶砌成"，已建成

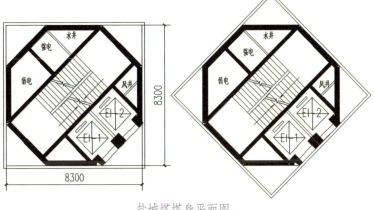

盐城塔塔身平面图

萝卜助我构思

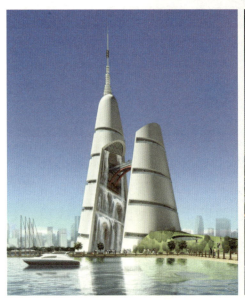

盐山塔一分为二，架桥兼作蹦极平台

会旋转的华树

无锡塔

无锡塔位于惠山二茅坪，风景优美，许多游客在此喝茶、打拳。无锡塔建成后，将成为视线焦点。我研究了无锡历史，觉得良渚文化很值得记载和发扬，于是构思了百姓喜闻乐见的玉璧和玉琮造型。玉璧做游乐设施，人们可迂回攀登，玉琮则作为天线桅杆的插座。

试图体现良渚文化

然而几年过去了，老塔依旧健在，听说是市民反对在此建新建筑。

无锡塔表现图

太阳塔

这是一座千米高塔，它的核心创意是利用蔬菜大棚的热气，通过高耸的气囱排放，形成人造风，驱动涡轮机发电。它由德国结构工程师Leonhart发明，并在西班牙经小型试验获得成功。上海电气集团和湘江集团，拟把它建成为一个兼有发电、现代化大农业、旅游观光、宾馆和标志于一体的综合建筑。江欢成公司应邀参与该建筑的创作，建筑模型在上海世博会信息馆中展览。

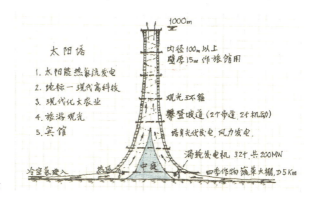

太阳塔

1. 太阳能热气流发电
2. 地标—现代高科技
3. 现代化大农业
4. 旅游观光
5. 宾馆

1000m

内径100m以上
壁厚15m 作旅馆用

观光环箍
攀登坡道(2个步道 2个机动)
塔身光伏发电、风力发电

涡轮发电机 32台 共200MW
四季作物蔬菜大棚, D 5km

冷空气进入   热区   中庭

太阳塔设计概念

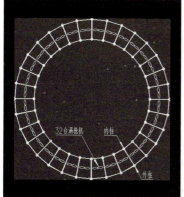

32台涡轮发电机
内柱
外柱

32台涡轮发电机平面布置

太阳塔模型在上海世博会信息馆内展览

太阳塔——塔高千米，塔筒内径100米，塔身可做宾馆等设施。人们可沿坡道攀登，也可乘坐观光缆车登顶。

因该项目动作太大，仅蔬菜大棚直径就达5公里，虽已酝酿多年，仍未启动。

上海世博会入口建筑方案

它由钢架和帐篷组成，造型美观，建造快捷，可重复利用。各国的世博会建筑都很有个性和地方特色。我多次在园区流连忘返，累得拖不动腿，还在来回拍照，欣赏不同的设计风格。我还在世博论坛以及其他场合作过几次报告，题为《更好的设计，使城市更美，让生活更好》。在上海世博会的主题思想前面，加上一句设计者的责任。

上海世博会入口建筑方案

向天借地——为新型城镇化出主意

我这两年到处宣扬"群体高层建筑天空城市"，听众评价颇高，有的人甚至说是对高层建筑的革命。我的主观愿望是为新型城镇化出点主意，它或适于某些大城市的建设。由于它的篇幅较大，放在下一章阐述。

第二十七章　群体高层建筑天空城市的构想

Another dream on sky city by grouped tall buildings

构建天空城市（或称立体城市、垂直城市、三维城市、紧密城市），是众多建筑师和企业家的理想与追求，旨在节约宝贵的土地资源、减轻城市交通压力、改善城市生态环境、提升社区亲和力。但到目前为止，天空城市的构想仍停留在乌托邦的科幻之中，甚至遭受诸多诟病。我和我的团队则逆流而上、知难而进，把节约土地资源看成是建设绿色城市的最大措施之一，并为之不懈努力。

随着城镇化的发展，许多城市的建设用地碰到了天花板。为解决这个问题，除了对老建筑物的挖潜改造之外，有三条出路：向天借地、向地要空间、向农村延展。相比之下，向天借地较为合算，因而，建造高层建筑是必由之路。我认为，高层建筑的发展遇到了效率、安全、舒适三大瓶颈。为求突破，我提出了群体高层建筑天空城市的构想，它的核心技术是两句话：竖直设施市政化，高层建筑多层化。这一创新概念的发展，将可能使天空城市的美好愿望落地生根、成为现实！

它面临的问题很多，有待政府、企业家、科技界同人共同努力，促其实现。群体高层建筑天空城市的建设，必将获得巨大的全球影响力！

两年多来,我就这题目在全国各地多次宣讲,2014年12月19日,在中国工程院院士周福霖主持的广州论坛上宣讲后,反响强烈。有的人说:"这才叫创新!""建议在南海岛礁上建一座天空城市,让我国百姓在那里生活、生产,开发旅游!"几所学校都邀请我去作报告。随后,我在上海的智慧城市论坛、绿色建筑论坛,上海建工集团、上海临港集团、绿地集团郑州事业部,以及清华大学、新鸿基公司、中冶建筑研究院等多处作过报告,他们纷纷提出合作意向。

众多同行的鼓励和企业家的支持,促使我对它进行深一步的研究,热切希望能有一个试点工程,为把上海建设成为"有全球影响的科创中心"做出贡献。

众多建筑师与企业家的理想和追求

空中城市的构想,我是一位后来者,较早提出的是日本建筑师矶崎新。他在20世纪60年代初,构思在现存街区,构筑树林般的空中网络,树干是与地面相

由日本东京都厅第45层鸟瞰东京城市

矶崎新的方案平面和模型

接的道路等设施，树枝负责横向连接，树叶则为住宅单元。

2009年，我国万通控股董事长冯仑在哥本哈根提出立体城市的构想，并在成都、西安等地做过方案。他的想法是：竖向发展，大疏大密，产业一体，资源集约，绿色交通，智慧管理。

我国远大集团董事长兼总裁张跃，要在长沙建设838米高的世界第一高楼，它是一座20万人的无汽车的天空城市。

冯仑的构想之一

长沙的天空城市表现图

然而，有人说矶崎新的天空城市是科幻故事，长沙的高楼停摆，许多天空城市只是热闹一阵子。天空城市成为负面用语，遭受诸多诟病。

在这种情况下，我再鼓吹它，实乃逆流而上、知难而进。我们把节约土地资源看成是最大的"绿色措施"之一，并努力进行探索。

城市建设用地的三条出路

我国城镇化建设风起云涌，目前，城镇化率已达54%，大量

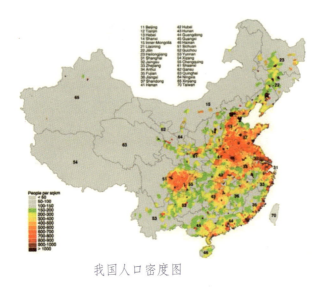

我国人口密度图

上海及周边——2000年后增加的建设用地（粉红色所示）

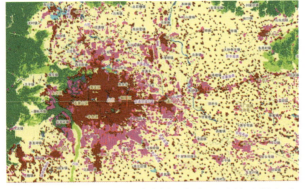

北京在2000～2010年增加的建设用地（粉红色所示）

农村人口向沿海及各大城市迁移。或许不应如此高度密集地发展，但现实就是如此。

不久前，学者陈军教授提供了一组航拍照片，使我受到强烈的震撼。

解决建设用地问题，除了对老建筑的挖潜改造外，就建设者来说，有三条出路：向天借地，向地要空间，向农村延展。向农村延展，必须付出占用良田好地的巨大代价。并且，地铁越造越长，从郊区到市中心上班，挤地铁至少得花个把钟头，因而，绝非科学的、可持续发展之路。向地要空间已逐渐被人们认可和接受，新造的高层建筑下往往有三四层乃至五层地下室，但我仍存若干疑虑：一是造价太高。地下工程较贵是众所周知的，地铁的综合造价约为5亿~10亿元/公里。二是安全存疑。在防水、防

珠三角地区在2000～2010年增加的建设用地（粉红色所示）

火、防毒、防恐等方面，万一出事，后果不堪设想。三是在地下全靠人工通风、采光，终究不如在地面上和阳光、大气直接接触更自然和谐。

向天借地

向地要空间

　　相比之下，向天借地，从经济、生态、舒适性等各方面都更为合算，因而，高层建筑群的出现有其必然性。但随着大量高层建筑的建造，大都市成了"混凝土森林"，人们开始对其产生厌恶：效率不高，能耗大，消防难保障，不接地气，人际关系冷漠。建筑师意识到这些问题，于是，在高层建筑中设计了避难层，进行平台绿化，大楼之间加上连廊等，做了诸多改进。出于

由花桥乘地铁至
上海市中心约40公里

由港城路乘地铁
至上海市中心约25公里

由松江大学城乘地铁
至上海市中心约36公里

由临港新城乘地铁
至上海市中心约75公里

地铁向城市郊区延展

节约土地的良好愿望，或对某种广告效应和暴富心理感受的追求，常在独幢高层建筑的高度和体量上下功夫，不能从根本上解决独幢的、各自建造的高层建筑的诸多弊端。

我对于群体高层建筑天空城市的构想，试图把密密麻麻的城市建设组织得更有序些，让市民在同一大楼中生活和工作，减少城市交通的烦恼和压力，还绿还地于民，建地建绿为民，寻求良好的生态环境。它是一座由成组的几幢高层建筑通过多个平台联结在一起所形成的城镇，可以解决目前独幢高层建筑存在的几大弊端，我称之为三大瓶颈。

高层建筑的三大瓶颈

1. 效率不高，耗能不小

目前常用的高层建筑结构，是核心筒+外框柱，其中，核心筒占用了25%~30%的使用面积，此其一。其二是电梯忙闲不均。上、下班及吃饭时间，大家排队等电梯；而业务时间，电梯则很空，其效率和车水马龙的道路不能相比。其三，全封闭的中央空调和人工照明，带来巨大的能耗。

2. 消防避难、安全疏散困难

典型的事例是2010年11月15日上海胶州路住宅楼发生大火，眼睁睁地看着大楼烧光为止，死亡58人。

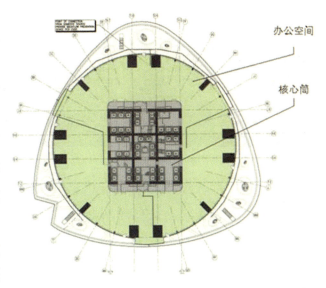

办公空间

核心筒

某大厦平面图

2010年11月15日，上海胶州路住宅楼发生大火

人们住在超高的"笼子"里，难免会感到不安与不适

3. 舒适度差，不接地气

人与人、人与自然之间，孤独不亲近，封闭不和谐。

我居住于高层建筑的第五层，自我感觉良好，少受电梯停运

车库屋顶花园

居民惬意地生活在人工地坪上

之苦，少些安全疏散之虑。和自然亲近，窗外是人工地坪（车库屋顶花园），每天早上被鸟叫醒。这些激发了我提出创造这种生存环境的设计冲动。

天空城市两大核心技术

江欢成公司构想的群体高层天空城市，有两大核心技术，就是竖直设施市政化、高层建筑多层化。

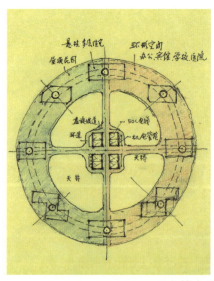

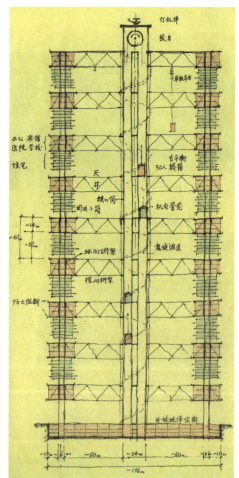

天空城市平面、剖面概念图

1. 竖直设施市政化

把群体高层建筑核心筒的大部分从单个大楼中剥离出来，集合成为市政设施，即集约使用的垂直的道路和管弄，其结果必将大大提高其运行效率，并减小服务设施的面积。垂直运行的电梯按公交车进行设计，停靠在大平台位置，车厢在自重作用下两两平衡以节能。在多层建筑中，设小电梯和楼梯形成垂直交通的微循环。作为辅助措施，甚至可以有盘旋上下的道路乃至小型直升机。

2. 高层建筑多层化

构建多个人工平台，使高层建筑分段成为多个多层建筑，置于人造平台上。平台上是多层住宅，平台结构的内部空间，则用作公共设施，如办公、医院、学校、幼托，以及轻型的生产空间等。它就是一座空中的城镇。这样，相当大的一部分职工将可以就近生活、生产，节约出行时间，减轻城市的交通压力。平台上以步行为主，辅以小型电瓶车运

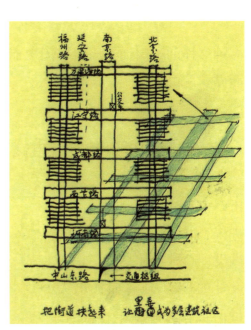

我畅想，把上海的南京路、北京路、福州路抬起来

输，确保人们生活的平静和安全。平台上有相当大的空地供人们休闲交流、绿化农作，利于构建和谐的社区。该平台伸出住宅一定距离，以阻断火灾的蔓延。遇局部的火情，人们从多层建筑内跑到平台上，就到达了安全地带。

该创意概念的形象表述，有如以上海外滩为基，把南京路、北京路、福州路乃至延安路等主干道竖立起来，让河南路、西藏

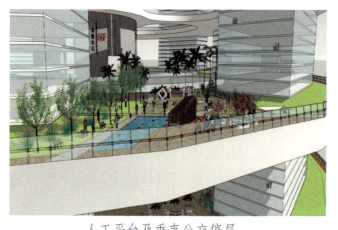

人工平台及垂直公交停层

路、成都路、江宁路、万航渡路成为空中花园，里弄则分布在空中花园之中。

设计概念性的平面、剖面如图所示。具体的设计方案将是多种多样的，因地、因时、因事而变，也因建筑师的修养和喜好而异。

群体高层建筑天空城市试设计

江欢成公司以上海某城市副中心的现有设计为例，进行了群体高层天空城市的试设计。试设计只用了现有设计的1/4土地，而让出大量的地面做绿化广场，并且，天空城市建筑本身也是架空的，因而可以说，全部地面都还给了市民。它坐落在地铁上盖，这样，人们不出地铁，就可以转乘垂直公交直上天空城市。

现有设计平面图

现有设计鸟瞰图

天空城市底部架空，还地于民

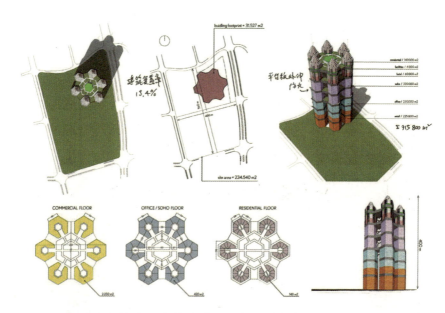

试设计的天空城市高400米，建筑覆盖率13.4%

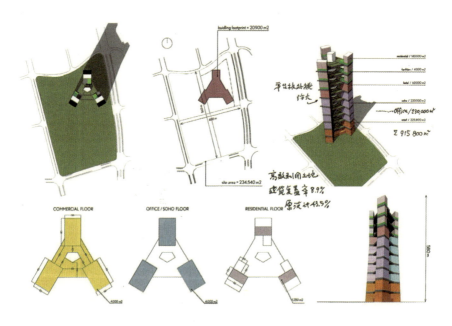

试设计的天空城市高580米，建筑覆盖率8.9%

学习自然，效法自然

最近看了许多马蜂窝的图片，也拍了些园林植物的照片，使我想起老子的名言："人法地，地法天，天法道，道法自然。"我们要拜自然为师，并且把不自觉的欣赏变为自觉的行动。

马蜂窝

园林植物

群体高层建筑天空城市的结构

人们多认为高层建筑的瓶颈在于结构。作为一位结构工程师，我认为结构之于高层建筑确实重要，它承担着巨大的负重和风力、地震的作用，对建筑安全起着至关重要的作用。但随着建筑材料以及结构技术的进步，结构不起制约作用。现在已建成的世界最高建筑是828米高的迪拜塔。我们公司也曾

750米高的上海万众大厦方案

1000米高的太阳塔

经尝试过750米高的上海万众大厦及1000米高的太阳塔的方案设计。我认为，只要有较好的地基条件（如较厚的砂层或岩石），并掌握恰当的建筑物高宽比（如6：1左右），采用先进的技术，造两三千米高的建筑是有可能的。

我设想，群体高层建筑天空城市主体结构较好的结构形式，应是带阻尼装置的巨型框架或带阻尼装置的巨型桁架。

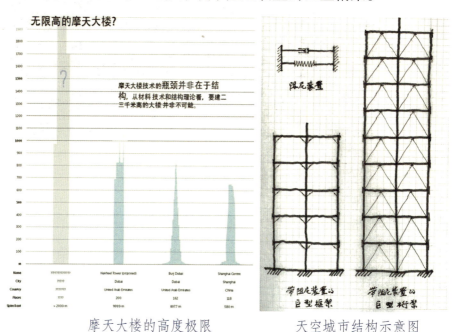

摩天大楼的高度极限　　　　　天空城市结构示意图

人工造地要花多少钱

这是人们十分关注的问题。为此，我们构思了一个示范小区，它在地上约有16.2万平方米，200米高，有5个大平台，平台间距40米，平台上是7~8层的居住建筑群，有广场、绿地、农作物。平台结构约15米高，结构内的空间是3层的研发中心等公共建筑。为解决日照、通风等问题，采用半圆平面。天空城市主要增加的造价是结构造价，经估算，人工造地的结构造价约为5000~7000元/平方米，按建筑面积均摊，是3500~5000元/平方米。乘个系数，造地约为1万元/平方米，也就是说，比目前在市中心买地还便宜。

可以预见，示范小区建成后，将使天空城市由乌托邦变成现实。那时，海内外人才云集，和谐地生活、工作。群体高层建筑天空城市将成为上海科创中心的一大亮点，在全球产生巨大的影响。

解决日照问题设计构想之一

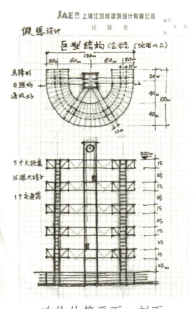

造价估算平面、剖面

群体高层建筑天空城市建设研究课题

群体高层天空城市，必须是科技创新的产物，它为科技人员提供了硕大的创新空间。我大致罗列了需要综合研究的若干问题：

1. 心理学——人们对高度的适应能力。
2. 社会学——大厦管理，和谐社区的实现。
3. 城市规划——土地的承载力与合理布局。
4. 建筑——多种平面、立体剖面的比较分析，日照、通风的优化设计。

5. 结构——巨型结构的延性，高强、高效结构的应用，防风、抗震、防恐、防暴措施。

6. 机电——公交绞车、中水利用、气流组织、垃圾处理。

7. 园林景观——不同高度的气温、空气质量、植被、作物。

8. 交通——和地铁地面交通的链接，上下连动及应急措施。

9. 消防——平台外伸长度，耐火要求。

10. 材料——高性能、轻质高效材料的应用。

11. 节 能——高空太阳能风能的利用。

12. 互联网+——IT产业在大厦中的开发应用。

13. 造价——建筑增加的费用，土地、交通，获得的效益分析研究。

我的小档案
My little files

一、1988年写给朱镕基市长的信——
上海应该搞一个什么样的电视塔

朱市长：

看了您1988年8月17日关于信访工作的报告受到启发和鼓舞，在您平均每天98封来信中，增加一封。

我叫江欢成，华东建筑设计院总工程师，上海市人大代表，出于对上海电视塔工程的热爱和忧虑，给您写这封信。

……

上海的标志是什么？老城隍庙？南京路？外滩？外滩是好，可到底是外国人搞的东西！几十年来，上海拿不出一个能代表上海的建筑形象，上海太旧了！

作为标志，它必须和上海在中国乃至世界上所起的作用以及它应有的地位相适应。因此，它必须要"新"！要现代化！要有决心出人头地，超过多伦多塔，拿到金牌而不是银牌、铜牌，更不能是平庸之作，没有这样的要求和雄心壮志做不好这个电视塔！

……

315

在这里，我毫不隐瞒地向您推荐华东院的"东方明珠"（见照片），它造型完美，独一无二，很有新意，较好反映了上海的地位和作用。我为这一富于创造性，充满信心和美好的憧憬，它必将吸引无数游客到上海来观光。

致

敬礼！

江欢成上

1988.11

（说明：1988年10月14日，上海某报刊登上海将建新的电视塔的消息，并附上海民用建筑设计院的"永恒"方案，使华东建筑设计院十分紧张，追问上海市广电局。10月15日，陈文炳副局长表示，报纸刊登的方案是随便挑的，尚未评标，没有倾向性。10月17日，华东建筑设计院责成我，以人民来信的方式写信给朱镕基市长，于是有了这封信，但并未寄出。经研究，改由组织出面，正式打印，于1989年2月呈送朱镕基市长）

给朱镕基市长的信（草稿）

给朱镕基市长的信（草稿）

二、1994年写给龚学平副市长的信——关于东方明珠塔二期工程

尊敬的龚市长：

　　……二期工程，挡住了外滩最佳观景点（南京路外滩）400米宽范围的视线（见附图），连同音乐厅、风塔，几乎在外滩就看不见塔的下部，而塔的下部，正是它的特点所在，力度所在。

　　……

　　东京电视塔，造型和埃菲尔塔相似，但它影响很小，其中一条重要原因，是因为它周围都是房子，游客没有一个地方可以拍照拍到全景。

　　……

给龚学平副市长的信

对二期工程的两点改进建议：

1. 把二期压入地下四层，把地铁包在一起，这样既解决了景观问题，又解决了和地铁的矛盾……

2. 和浦东公园换地。把二期工程搬到浦东公园，现二期地块还给公园。这样，二期仍然保留很好的江面，甚至江面更宽，对原有设计方案，改动最小……

　　敬礼！

致

江欢成敬上

1994.8.29

三、上海市第十届人代会代表建议——对东方明珠塔二期工程的决策宜慎重

　　"东方明珠电视塔"是上海标志性工程……是上海人民的骄傲，这串明珠，需要我们珍惜和爱护。

　　南京路外滩，是所有游客必到之处，电视塔的设计把它最好的立面，正对南京路外滩。为了这个原因，交通部发扬风格，将导航中心大楼搬到旁边，但现在正在审批的二期工程设计，正好放在导航中心原址，在电视塔和南京路外滩的连线上，总面积达 7万m^2，高达50m。把塔脚全部挡住，只露出它的腰身，这是很遗憾的事。

　　……

　　东方明珠二期工程，原设计时自由散落在露天剧场上的四颗明珠，面积仅2.5万m^2，将为上海市民和游客提供一个优美的休息娱乐环境，在三年前审批时，得到认可和赞许。为此，建议新设计的二期工程，尽量保持原有设计意图。如必需增加面积的话，我建议向地下发展。

　　……

　　为此，我恳请决策者们，在考虑规划时，不要为眼前的利益，牺牲长远利益，而造成历史遗憾，谢谢！

江欢成上

1994.8.4

二期工程及东方音乐厅建成后

←原设计意图→

我在上海市人代会上的建议书

四、原建设部黄卫副部长的信——
祝贺上海江欢成建筑设计有限公司揭幕开业

江欢成院士：

  欣闻上海江欢成建筑设计有限公司即日揭幕开业，特向您表示热烈的祝贺！并向在江欢成建筑设计有限公司的改革组建工作中付出了辛勤劳累的同志们，表示由衷的感谢！

  上海江欢成建筑设计有限公司的成立，是组建由专家控股的混合所有制建筑设计机构的一次重要尝试，是我国建筑设计行业探索与国际行业发展模式接轨的一次尝试。因此，希望上海现代建筑设计集团，能继续关心和支持上海江欢成建筑设计有限公司的后续改革与发展工作；同时也希望上海江欢成建筑设计有限公司，以公司成立为新的起点，发扬与时俱进、开拓进取的精神，追求有特色的创作风格，体现安全、实用、经济、美观的建设理念，不断完善自我，兢兢业业地为自身发展也为行业发展创造更加辉煌的明天。

  愿上海江欢成建筑设计有限公司在您的带领下在改革与发展的道路上，不断取得新的成绩，为祖国建设和人民生活品质的提高，创造出更多令中华民族骄傲、令世界同行瞩目的建筑精品、名品。

二零零四年十二月八日

五、致高层建筑超限审查专家委员会的信

尊敬的×××老学长：

在7月4日高层专家会上，我没做准备乱讲一气，不当之处敬请原谅！我的发言除了表示感谢委员会的努力之外，我觉得在思想上搞研究的和搞设计的，似有不同的想法，前者希望把筐子编织得滴水不漏，后者希望稍松些绑。

回沪后，再次学习"审查要点"，拟对某些条款提出修改意见供您参考。主要有以下几点：

· 修改标题，因为审查已超出高层建筑，近乎包罗万象；

· 不赞同把规范上升为法；

· 不能定义24m为高层从而把大跨纳入；

· 审查宜以省市为主，发挥各地委员的作用；

· 建议取消筒体—框架结构框架部分剪力分配的硬性规定；

· 不同意对连体结构作不当的限制；

· 斗胆建议改变目前的审查制度，建议强调设计人的责任。

上述补充意见，目前尚在酝酿之中，并请求某些专家指点，稍成熟后再向专家委员会报告。

学长为我国高层建筑的发展和体系体制的建设呕心沥血，是设计师的引路人，贡献巨大，学弟由衷敬佩。恭祝学长健康长寿！

江欢成敬上

2014.7.10

六、"超限高层建筑工程抗震设防专项审查技术要点"读后意见

2014年7月4日有幸被聘为审查专家委员，当天颁发了审查要点供研讨，来不及消化，会上我感谢委员会的努力工作和良苦用心，使设计有准可绳。也谈了一些不成熟的想法，包括：规范是一把双刃剑，在保证结构安全的同时，有束缚创新思维的负面作用；本"技术要点"似以求全、过细、从严为指导思想，把设计者的手脚越捆越紧，希望做些减法等。会后，拜读了所拟的"技术要点"，对某些条款提些补充意见，供修订参考：

一、关于标题

本人建议：

1. 把"超限"两字改为"超规范"或"超规"

理由是：（1）规范并无"限"字，只有"适用"范围；（2）"限"字有约束、阻碍之意，不利于技术进步，有负面作用。

2. 把"高层"改为"高层和大跨"

理由是：高层和大跨的受力和作用不同，不能因为大跨结构其高度超过24m而归于高层。

3. 或把"高层建筑工程抗震设防"改为"建筑工程结构抗震设防"

理由是：本要点把24m高作为高层建筑，这样，除了别墅等低矮建筑之外，几乎涵盖了当今所有建筑结构。

二、关于第一条"建设部令第111号"

本人建议不再强调"部令",理由是:

1. 一个行政命"令"把一个技术文件的地位上升为"法",不够严肃,欠妥;

2. 该"令"公布于2002年,已执行了12年,似该重新审视一下它的必要性和它的正负作用;

3. 该"令"字有悖于当前"创新驱动发展"的伟大战略,也不适应"减少行政许可"的大环境;

4. 以"部令"作强制手段,不利于百花齐放、百花争鸣的学术发展。

三、关于第二条"高度24m"

本人认为把高度大于24m定义为高层建筑,从而纳入本审查要点不妥,理由是:

1. 在高层建筑国际会议上,把24m定义为高层曾令人发笑和难堪,颇显低级无知;

2. 24m高度是1960、1970年代施工多层住宅的塔吊有效高度,它和高层结构设计技术是两种不同的概念;

3. 高层建筑的概念因城市、环境、施工、消防、受力特点等而不同、而变,国际高协CTBUH提出:一般认为50m是高层的门槛,而超高层建筑的标准是超过300m。本人认为,设计规范的高层建筑要从结构受力及其表现来定义,水平荷载和地震作用对高层结构设计起着极为重要的作用。

四、关于第二条"屋盖超限"

本人认为把大跨结构等"屋盖超限"纳入高层建筑进行审查不妥,建议取消或另列,理由是:

1. 大跨结构和高层结构是受力性能有很大差别的两种结构,前者主要受弯,后者主要受压,把大跨结构纳入高层,令人费解,有审查"扩大化"之嫌;

2. 难道低于24m的"屋盖超限"就不要审查了?!

五、关于第三条"建议委托全国……委员会……专项审查"的要求，本人建议取消。理由是：

1. 建议性的条款不应列入审查要点；

2. 按2002年建设部111号令，专项审查由省、自治区、直辖市负责组织，仅对"审查难度大"的才"可请"全国委员会……委员会78位审查专家分布全国各地，要相信他们并充分发挥他们的作用；

3. 组织权和解释权过于集中于某个单位、某个办公室、某几个人，不利于技术进步。

六、关于第三条"四种类型中三种"、第九条"五种类型中四种"等提法建议取消，理由是：

1. 简单的算术加法用于复杂的工程判断，欠科学；

2. 结构合理性、安全性的判断，是基于分析各种因素对整体结构的作用和影响程度，而不是简单的做加法。

七、关于第五条"数据库"，原文中只提"信息录入"欠周全，建议增加"成果分享"内容，以适当的形式及时公布。

八、关于第七条"地震记录的时间、地震名、记录台站名称和加速度记录编号、峰值加速度"的要求，一般要地震专家才能完成，建议由地震局或建设部建研院提供。

九、关于第十一条"多道防线的要求""框架部分计算分配的地震剪力，最大楼层不小于基底剪力的10%……"建议取消，理由是：

1. 缺乏充分的试验依据和震害实例，会上肖从真副主任的解释是，当计算分配的框架剪力比例较小时，在大震下整体刚度退化较大，因而不敢用。

本人认为：

1）在大震下刚度削弱是正常的，是好事。大震时整体刚度就应该削弱以吸收地震能量，如果靠刚度硬顶地震作用，该增加多少材料！如果要求"大震不坏"就违背了抗震三原则。

2）据了解，所有工程振动台试验在设防烈度下均满足了"大震不倒"的三原则，除非改变地震参数，而这是要专门批准的。

3）经汶川大地震考验，在超烈度地震下，所有高层均未出现严重破坏。

4）上海新建的超高层建筑，由于过分强调框架柱的计算剪力分配比例，柱子普遍偏大，和相对应的筒体墙肢不相协调。

2. 规范不应排斥甚至枪毙单道防线，如果"单道防线"留有足够的余地（如20%以上），也未尝不可。

3. 核心筒—框架结构中，核心筒不应看成是单道防线，筒体中有多道连梁起耗能作用，它是多次超静定结构，是好的抗震结构。

4. 美、欧、日等发达国家似无专门的高层规范，似无框架分配剪力比的规定。钱教授介绍美国某工程师赞赏中国规范的二道防线，正好说明美国并无这一要求。

十、关于第十一条"伸臂构件""弹性模楼板假定"，建议不写为好，楼板参与工作及其程度，应由设计人分析判断决定。

十一、关于第十一条"连体的各个单塔，其自身的承载力应满足整体结构的性能目标要求"，本人认为这句话不能写！

1. 门形、h形、H形、拱形等巨型结构是好的抗震结构，它的特点就是连桥在起着相当大的作用，而要求单塔自身能够单独存在，等于枪毙了该结构形式，因而这条是阻碍技术进步的典型条款！

2. "整体模型和分开模型计算"建议不提，该怎样做才安全、合理、经济，应由设计人考虑。规范只要提出原则要求即可，它有别于设计指南和教科书。

十二、关于"行政许可"。为响应和落实中央"减少行政许可"的精神，本人斗胆建议：

1. 把"审查"改为备案、抽查；

2. 明确责任人是"设计人"，避免在设计人、抗震专项审查人和施工图审查人之间相互推诿；

3. 鼓励设计师聘请顾问，鼓励开发商聘请第三方作设计顾问，鼓励地方抗震办公室组织专家会，以集体智慧完善工程设计。

十三、关于"办公室负责解释"，建议改为"由办公室安排规范相关条款的编制人负责解释"，理由是：

1. 办公室仅有主任1人、副主任2人，不可能全作解释；

2. 条款编写者有责任在条文说明中尽量阐述清楚，不足时再作口头解释，或按实践经验再作补充完善。

中国建研院的同行专家为规范的编制和专项审查要点做了大量工作，对保证结构安全起了巨大作用。我本人作为设计师，是其受益者，许多专家给了我们宝贵的支持帮助，谨表由衷的感谢！

但我多少觉得搞科研的专家和搞设计的人的想法存在一定距离，前者用心良苦，总想把自己所有研究成果，尽可能放入规范或审查要点中，从而指导后者。在学习中央"创新驱动发展"的伟大战略后，针对目前我国规范周全而过细和强制条款太多的情况，以及严格的专项审查、施工图审图制度，我认为，为激发设计人员的创新创造有必要减少规范对设计思想的束缚和限制，有必要减少行政许可。

规范的核心，本人理解就是三个词，"强度、刚度和舒适度"，为了这三个词，应鼓励设计者，使用十八般武艺，各显神通！

另外，我支持地方总结经验，编制地方规程先行先试（甚至允许突破全国规范的限制），为全国规范的修订积累经验，这样，技术才能进步！

以上意见很不成熟，请予指正！

江欢成

2014.7.14

七、关于《抗震设防专项审查技术要点征询意见函》的回复

中华人民共和国建设部工程质量安全监管司

尊敬的XXX副司长：

我叫江欢成，上海现代建筑设计集团资深总工程师、上海江欢成建筑设计公司董事长。

1月26日收到上海市建委转发的贵司"关于征求《超限高层建筑工程抗震设防专项审查技术要点》意见的函"，感贵司征求意见之诚，恕我斗胆直言：**本人不赞成以政府的名义颁发这份技术文件。**

请允许我把本人的观点报告如下：

一、创新驱动发展，是我国的战略决策，对技术过多的行政干预，将束缚创新思维，不利于技术进步。文中许多技术指标要求，尚在争鸣中而未见统一，为技术指标发文（乃至部长令）似欠妥。

二、简政放权减少行政审批，是高效政府所必需，也是对企业发展的重要激励。政府管得太多以及少数专家包打天下，都不

利于广大科技人员积极性的发挥。

三、我国抗震设计规范、高层建筑设计规范、大跨度建筑设计规范等，经逐次修订不断细化（乃至过细），越编越厚（规范几乎成了设计指南），试图取代设计师的思维，它不利于设计人员在基本法则指引下发挥其创造性。

四、对我国已有设计规范所具有的指导力，要有足够的信心。经汶川大地震等超烈度的考验，凡按我国现行规范设计的建筑（甚至包括按以前版本规范设计的高层建筑）绝大部分满足了抗震三水准性能目标的要求。为此，业界充分肯定规范编制组专家们的巨大贡献。没有必要在现有规范之外再颁布技术要点。规范中的强制性条文，就是审查的技术要点。

五、欢迎规范编制组将成熟的研究成果，作为规范补充文件以编制组的名义发出。目前更欢迎对规范中不合理的、繁复的、束缚创新思维的条款做些减法。

六、请正视目前建筑行业的现实，大部分有影响的建筑，多数是外国建筑师做的方案。这与我国设计师受到规范诸多约束不无关系！（我庆幸在东方明珠设计时，没有这样多的规定和审查）

七、减少行政审批的建议：

1. 强调设计的责任者是设计师（公司），专家及审查者不承担责任。设计投保，设计不当所造成的损失将由保险赔偿，设计师（公司）则将为之付出信任度上的代价。

2. 把初步设计的专项审查改为专家会诊（专家意见不可能完全统一），专家对项目设计提出的意见供项目设计师参考。把施工图审查改为备案抽查，重点审查规范强制性条文的落实情况。

3. 鼓励设计方聘请专家作顾问，鼓励建设方聘请第三方作咨询。

八、本人曾为此于2014年7月10日致信超限高层建筑工程抗震设防专项审查技术专家委员会主任，随后又对此前的"技术要点"的条款提了一些具体意见。从这次的征求意见稿可见，若干意见已被接受，深表感谢。对于未被接受部分，本着百家争鸣精神和民主集中原则我不予坚持，恕不在此重复。

以上意见必有诸多不当之处，敬请批评指正。

江欢成

2015.1.29

顺便建议：本人认为我国建筑工程的安全问题，重点是地震多发区农村及乡镇建筑的抗震设防问题，建议住建部质安司把工作重点向这方面转移。

八、江欢成的新年祝词

2007年年终总结
（2008年1月18日）

1. 奋斗2007

时间过得真快，眨眼工夫又是一年。去年2月18日春节，2月9日团聚海烟饭店，和许多老朋友及家属一起，共同庆祝辉煌成果。在总结会上，我讲了几句话：难忘的2006，严峻的2007，树立信心，迎接挑战。

2006年收到的设计费从2005年的1327万元跃升到1848万

元，人均从24.1万元提升到33.6万元。

快和忙是一对好朋友。忙的时候总觉得时间不够用，日子太短；闲则度日如年，手足无措。2007年开春，我们就迎接了一次大挑战——朱家角住宅的优化方案和扩初、施工图设计，时间要求在个把月时间完成，出于对后续任务的幻想，手头能上手的项目也不多，结构工种仅有的巨人集团工程隔震和海峡明珠，建筑仅有建国西路、思南路等难缠的项目，我们硬着头皮把它拿了下来。

这是对江欢成设计所的一次考验、一次队伍检阅。开春后，4位同志离开江所，我们迅即补充了4位：李翔、姜涛、王向锋、李琦。这4位同志都接受了战斗洗礼，任务完成出色。

2007年下半年，我们又打了几次硬仗，包括温州大西洋、思南路、通利、湖北大厦改五星级旅馆、海峡明珠、当代天境、集成电路中心、包头会展中心、三亚凤凰岛、溧阳平陵广场和中钢天津等。

下半年，可以用**忙得一塌糊涂**来形容，在结构设备房间，其紧张程度，按建筑师的话来说是"使人羡慕"！尤其是对结构工程师的努力羡慕得很。

可是，在这奋斗的2007年，我们实收设计费仅1780万元，比2006年还少68万元，按56.33人计算，平均为31.6万元/人，比2006年少2万元/人。曲线有点起伏是正常的。经原因分析，我十分乐观，为了享受2年免税的政策，2006年年末，我们和业主商量，提前收了几百万元设计费，而这部分设计费本来就应在2007年收的，所以实际上，2007年比2006年的设计费应是高了一些。

而2007年年末，有好几个大工程，都是刚刚出图，包括思南路、温州大西洋、平陵广场、包头会展中心、海峡明珠等。尚未审图、修改，还来不及收设计费，三亚养生度假中心本周刚出图。当然，可以采用2006年的办法提前索要，但没有这样做，反正今年、明年都是大家的。大家知道，2007年的企业所得税是33%，2008年是25%。

2. 丰收2008

前面要加"期望"二字，"期望丰收2008"。据统计，目前已完成工作量，但还没有收到设计费的，估计有1400万元左右。在开春之后，通过审图、修改等工作，估计可以收到900万元左右，如果能把三亚、平陵、包头等项目做好，可望又是一次大飞跃。2008年一开年，仅十几天时间，就已有多个项目来联系，出差了几次，并正在努力工作，包括青岛裕源集团新八大关的规划、广西防城60万平方米小区、西安购物中心、北海51万平方米小区，以及三亚凤凰岛增加的商业项目，奉贤杜总的项目也有希望。这些又将是几千万元的项目，它们预示着2008年必然是一个好年成。作为 "预算"，年收入3000万元应该不是难事。到那时，我们的人均产值可望赶上和超过上海现代建筑设计集团。这是我们多年所奢望的事，也是我们成立公司的意图之一。

还有一组数据要向大家报告。据统计，2007年，公司的合同设计费余额是6574万元，比2006年年末的4137万元多2400多万元，还不包括印度尼西亚雅加达塔，即使不接新项目，也够我们干两三年。

2008年，丰收在望，让我们大家共同努力，跳一跳，摘大桃子。

3. 改革江所，活力江所

现代集团上下各级领导以及社会各界，无不对江所给予巨大关注和期望，不停地询问2007年的设计费收入。我总是支支吾吾不给正面回答，颇有无地自容之感。

"三年萝卜干"过去了，该是拿出成绩，向所有关心我们成长的同志们汇报的时候了。

今年的年终奖分配，可能使一些同志不高兴。虽然员工收入平均数增长了3.5%（13.38万元/人），有的员工分别增长了46.5%、44%、33%、29%、25%、22%、18%、16%，但有些人降低了23%、17%。对此，我感到十分不安，在建筑组的一次通报会上，就表现出了一种消极的情绪。但会上许多同志的发言，使我受到巨大的鼓舞。有的同志说："结构设备比我们忙、贡献大，应该比我们多！"还有的同志说："收获不仅看收入，还看成长。虽然收入不多，但我学到了东西。"更有同志说："这次分配，体现江所在按劳分配上，迈开了可喜的一步！"这些发言，给了我巨大的鼓舞，稍微减轻了一点思想负担。有些人的确收入有所降低，原因有多种。有的同志上一年做的项目收入多些，他的收入就多些，反之就少些。有的人正好赶上考注册，错过了承担项目的机会，收入也会少些，等等。因为目前国内单位实行的，并为所大家接受的分配制度是"基本工资+项目计奖"制（公司按项目分奖到组），而不是年工资制，不能保证每个员工逐年增长工资。

月初和华东建筑设计院总建筑师汪孝安在一起，他关心江所的发展（其实2年前，他就给我提过建议："打结构牌，带动其他专业"）。他说，你要做好几件事：第一，爱护你的身体。第二，看住一个平台（技术和质量）。第三，管好一个人（三大块各一人）。他的一席话，让我茅塞顿开。他说："建筑是龙头，最活络，收入应该不会少，你要让他们活起来，让他们到市场上跌打滚爬。你不要冲在前面去接任务，关键时刻出出场就可以了。对建筑，你只要管好一个人——程之春，随他怎么去组织。他可以选几个头，由他们去组织几个人成立小组，谁接到任务谁做。对机电，你管好魏俭，他也可成立两个综合组，展开竞争。对结构，管好杜刚，他也可以分小组。建筑、结构、机电各一人当副总经理，轮流当常务，常务有常务的报酬，也有竞争！"我听了很受启发。

我曾多次说过，要把公司分成三块，成立三个子公司或分公司。这3年均未实行，因为家底薄，公司统筹就得多些。今年是第四年，家底厚了些，也就是公司手中的合同设计费余额多了。有它垫底，即使在市场上打拼输了，也饿不着。这样，中气足了，就可以挺起腰板做人了。今年，我们是不是可以试行建筑、结构、设备三块独立核算？请大家酝酿一下。在接到项目后，就把28%作为奖金，除去上交管理一部分（经理人员的奖金）、撒胡椒面一部分（考虑工种和项目差异），以及设计总负责人、项目经理一部分，之后都按工种分配到小组，分配在前面，而不是在年终。做完这个项目可以拿到多少，心中有数。

至于奖金到组之后是项目计奖还是年工资制，由各分块自行决定。

项目计奖的日常工作很繁杂。因为项目有好坏，很多必须做的事不一定和项目有关，管理将很复杂，要核定计奖产值，它跟合同产值完全是两码事。还要给没有产值的室发必需的奖金。

年工资制则是划分等级难。先要对每个人按岗位及其能力、资历、学历表现划分等级（由此可能产生很多矛盾），确定不同等级的年工资，年终时再加1~2个月工资做奖金。这是国际上通常的做法。其实是计时工资制，除干部外，加班有加班工资。

是不是还有别的分配制度？例如项目经理制，由项目经理自主经营、自织班子、自接任务，上交管理费，自行分配。听说有的公司是这样做的。是否适合我们公司？

我希望通过分配制度的改革，使公司出现一个到市场抢项目、在内部争任务的局面。果真如此，今年就是公司的活力年。

我这个想法还很不成熟，就算是抛砖引玉，和公司各位讨论同人如何改革江所、活力江所。

4.和谐社会，发展江所

我十分拥护建设和谐社会的伟大构想，并努力以发展江所来表示支持。

2007年，江所是团结、合作的。王晓哲体会很深，他说江所单纯，没那种钩心斗角。

2007年，江所是高效、奋斗的。虽然2007年的收入不尽如人意，但为2008年打了好的基础。加班加点是家常便饭，甚至有人抱病工作。虽然还有些人在劳动纪律方面有待加强，但他们正在努力克服，并且常常把工作带回家做。

2007年，公司添了三个小宝宝。今年，我们还要迎接一位小宝宝。各小组要合理安排、分担任务，尽量不影响公司运作。小宝宝们为公司这个大家庭增添了幸福和欢乐，公司祝贺他们！

2007年，我们所还得了现代集团的乒乓球赛团体冠军。

2007年，有6位员工（孙骅、王丹琥、王建明、陈晓红、何向群、傅纵）离开江所，奔向更大的舞台，却有10位新同志（李翔、徐明超、车心达、王向锋、姜涛、李琦、朱旻、陈因、周仁、孙林）加盟。他们一进来，就为江所作了大贡献，充分体现了江所的活力，我们热烈欢迎他们。

2007年，我们结交了马岩松、曹珍福等公司作为新的合作伙伴，为江所的发展开辟了新路。

所有这些预示着，2008年，江所将是在和谐社会下蓬勃发展的江所。

过年了，我又老了一岁，但我更高兴的是大家又成熟了一年。

祝大家新年快乐、合家安康！

5年回顾和展望

（2010年1月29日）

各位同事们、朋友们：

大家新年好！

公司的年夜饭，每年一次，年年不同。记得我们在黄河路吃过一次，在保定路的海烟饭店吃过两次，还有一次在南汇的滨海黄金度假村，去年是在海烟饭店吃的。我们公司小，不能像现代集团、华东院、上海院，在上海国际会议中心等豪华宾馆举行。但同志们可能会注意到，今年是在东方明珠塔下的上海老饭店，档次提高了些！吃完饭，还可以登塔观光，看动感电影。东方明珠塔凝聚了我们许多同志的辛勤汗水，和我们公司有深厚的历史渊源，在这里过年，自然会更加亲切，像到了家一样。

今年过年，我觉得比较轻松。我相信大家会有和我相同的感觉。因为自年终奖颁发之后，还没有同事为此来找过我，有几位同志说比他们预想的要多。这说明大家对2009年的收入基本上是满意的，基本认可它和自己的劳动付出是相称的。这使我十分高兴。分配肯定会有瑕疵，然而，大家从爱护公司的角度出发，都理解了、接受了，这使我更加感谢各位。

今年是我们公司的丰收年，我向各位展示一下公司的年产值和人均产值，见下面的图表。

（万元）

年　份	2003	2004	2005	2006	2007	2008	2009
总产值	538	1064	1327	1848	1860	2135	2489
人均产值	17.9	23.6	24.1	33.6	37.6	41.2	50.5

今年1月1日是公司成立5周年。为准备这个年终总结，我翻阅了历年的新年祝词，感慨万千。

1. 公司5年回顾

公司在2004年12月18日成立。2005年，我们叫它"**试营业**"年，在年终总结上写道：是"一个比较困难的时期"，虽然新签了40个合同，但35个是几十万元的，产值1327万元，人均24.1万元，利润为负8万元。为保证职工的收入，不致和其他公司的差距太悬殊，股东没分红。当时，我们提的口号是："珍惜机遇，迎接挑战，各尽职守，实现1600万元。"我给大家打气，我们"有名气，有资质，有人才，有项目，有朋友"，肯定能把江所搞好！然而年终时，1600万元的指标没有完成，差270万元。我感谢老同事们和我同甘共苦、同舟共济，

2006年，我们叫它"**难忘的2006**"，是"吃萝卜干"的一年、艰苦奋斗的一年，也是战果辉煌的一年，我们做了1848万元，人均33.6万元。

2007年，我们叫它"**严峻的一年**"，这年的产值和2006年持平，而实际上比2006年多些，原因是：2006年的产值，有一部分是向2007年"碧玉蓝天"项目预支的。这一年，我们提出了"改革江所，活力江所，和谐江所，发展江所"的口号。3年萝卜干吃完了，公司逐渐成熟起来。

2008年，我称它为"**追赶的一年**"。这年的产值是2135万元，人均41.2万元。产值开始向现代集团的水平靠拢，处于同一个数量级上。多个工程优化设计的成功，使我们公司的品牌逐渐被全国本行业知晓。凤凰岛、北部湾一号、平陵广场、包头会展中心、海峡明珠等，都直接和我们签约。我们还和马岩松、曹珍福、黄奕民等合作，尝到了公司间合作的甜头。

刚刚过去的2009年，我们该叫它什么年呢？我想，是否可称之为"**赶超的一年**"？这一年，我们做了2489万元，人均50.5万元（事实上，我们还可以多收很多，只因受到某种原因的约束）。这个数字大概和现代集团相当，现代集团在2009年净收入

17.81亿元，3600人，人均产值49.5万元，而人均职工收入还略低于江所。

从产值图表可以看到，我们公司的总产值和人均产值是直线上升甚至是往上翘的。有了这个对比数字，我舒了口气。在成立公司之初，我就以"赶上并超过现代集团"作为奋斗目标，总算熬到了这个时候！公司领导班子所有成员和我都完全知道，大家拼得很苦。我们感谢大家的努力，努力的回报是职工收入较大幅度的增加（人均收入18.28万元，不包括"四金"部分，比2008年增长15.6%）。

但是同时还要看到，我们还有不小的差距。和现代集团相比：集团的品牌好（江欢成公司虽然品牌也好，但成立的时间不够长，也缺乏宣传）；集团有规模效应；集团有很多项目的积累、储备；集团的管理上了轨道；集团自主创作的能力大大增强，中标率大大提高；集团被认可为高新技术企业，所得税优惠10%。所有这些都是我们的追赶方向，人均产值只是一个指标。我们要继续努力，力求尽快地全方位赶上并超过。

回顾公司成立后的5年，是从艰难创业到艰苦奋斗，再到取得初步成绩的5年。回顾不是想沾沾自喜，为的是：

第一，肯定公司的优点。希望大家珍惜它、爱护它、用好它，对公司树立充分的信心。

第二，看到公司的成绩。激发再接再厉的热情。

第三，找到公司的差距。针对薄弱环节，努力寻求突破。

2. 公司展望

2010年，我希望它能成为腾飞的一年。腾飞的可能性基于下面几点分析：

第一，公司的品牌越来越被认可。除了碧玉蓝天大厦、逸飞创意街获得上海市优秀设计二等奖之外，我还亲耳听到许多业主对公司队伍的表扬，包括北海、三亚、上海湖北大厦、证大广场等。好的口碑，比奖牌还重要！江欢成公司的优化设计、江欢成公司**专解疑难杂症**、江欢成公司**长于高新技术**等，已被广为传播。

第二，**公司的资质**。综合甲级资质，是许多公司垂涎欲滴还拿不到的，它使我们可以和大设计公司平起平坐地竞争。我们大家都要珍惜它！

第三，**公司的平台**。这个平台可以接到许多很有挑战性的项目。搭建了这个平台，我自认为是我在事业上的一大成果。

第四，**公司可观的合同储备**。公司的合同余额，已有6300多万元，顺利的话，今年可以完成一半，并且还不断有新的项目进来。如果今年职工人数扩大到60人以上的话，完成3000万元应不成问题。

第五，**公司的人才资源**。这是最最重要的一条。在每年这个时候，总要有人离开公司。我总是真诚地挽留他们，但一般都留不住。后来，我想通了——每个人都有自己的定位和奋斗目标，人才流动是社会进步的表现，因而，我都给予支持。包括在座的王晓哲、陈慧婷同志，我们借此机会欢送他们，祝福他们在新的岗位上成功！有了"流水的兵"，就可以调整、充实，"铁打的营盘"才能健康地发展。我相信，今年会有更多的新职工进来，充实我们这个铁打的营盘。

今天，我隆重推出我们将要引进的人才——江春。大家知道，他是我的儿子，但我希望大家不要这样看他，我们是把他作为人才挖过来的。可能许多同志并不熟悉他，我简单地作个介绍：江春，1992年，同济大学建筑系毕业（是班长，优良毕业生）；毕业后，在上海院工作了一年；此后在英国世界著名的建筑事务所——英国的理查·罗杰斯、诺曼·福斯特等工作了3年，参与过香港赤鱲角国际机场设计；然后在RMJM（香港）工作了10多年，被派到上海做首席代表6年。他的代表作是深圳图书馆、苏州东方之门、上海招商银行等。东方之门已为世界所知晓，将成为苏州的标志性建筑。

对江春的加盟，我不提太多的要求，以免给领导班子施加太大的压力。但希望他能把国际经验带到江所，加强和国际公司的合作，开拓江所新的业务，把他已有的服务网络，变成江所新的网络，通过他还可能引进一些新的人才。

在展望2010年的时候，我希望公司同人认真做好以下几件事。

(1) 努力完成好手头的任务，迎接新的任务的到来。

2010年，我们清楚地感受到公司面临着巨大的压力：建国西路、北海北部湾1号、三亚凤凰岛等项目快速、大规模推进，正等着我们的图纸。上海湖北大厦的五星级提升、利通优衣库的改造，都要出施工图。厦门海峡明珠很快就要上手，杭州西湖会展中心、奉贤宾馆今年都要启动。印度尼西亚雅加达塔工程虽然拖了很长时间，牵制了我们很大精力，但由于它是国际工程，规模宏大，具有世界影响力，对于打造我们公司的国际品牌大有好处，我们非把它做好不可。

(2) 探索和开拓设计总承包业务。

设计总承包业务，在盐城电视塔项目上迈开了第一步。建国西路工程中，业主口口声声说我们是设计总包，却没有放权。但说实在话，如果真的给了权，我们的人才和管理肯定还跟不上。看发展趋势，还要加强学习和人才引进。

(3) 在自主创作方面迈开大步。

力求逐渐改变只在低端市场（施工图）打拼的局面。今年开春，我们就要参加世界客都会馆的方案和成都农行的方案竞标。我们期望着一个开门红，向设计的高端进军，这也是我们对今年腾飞的一个期待。

（4）**在技术创新方面，要有新的建树。**

各专业都要求创新，要在三维协同设计和管理平台方面努力走在前面。掂量一下，在高新技术的创新和应用方面，我公司的密度和强度并不亚于现代集团。例如：

a. 十几个优化设计项目——重庆朝天门滨江广场大厦、上海陆海空大厦、上海湖北大厦，万达广场，中信广场，黄兴路东方蓝海等；

b. 高难度项目的求解——证大喜马拉雅、MAD的随形拱随形柱、青岛泰山集团、怡山全钢超高层、无锡生态园等；

c. 高新技术的开发应用——天线的抬升、巨人集团别墅隔震、东方明珠塔观光廊、历史建筑保护、桩土承载调节装置专利等。

今年，公司要有专人负责，对技术进步情况作总结、提升，争取一两年内成为高新技术企业。

同志们，我今年已经72岁了，已超过"奋斗之年"了。春节后，我将辞去总经理职务，这也是我今天为啥作这个5年回顾和展望的原因。另外，黄源钢、王凤石也将作为江所的顾问总师，而退居二线。江春在3月份正式加盟，事实上，他已经逐步参与江所的工程。他的职务，将在他正式加盟后由董事会任命。

我希望江春加盟后，能和领导班子其他成员以及整个团队同舟共济、密切合作，**把江所打造成一个具有国际品牌的、达到国际设计水准的、有国际服务水准的甲级设计公司。**

我们寄希望于年轻的领导班子，也请大家给予他们支持。

我预感到今年将是江所腾飞之年！希望它能成为现实！

在这里，我祝愿今年公司更加兴旺发达！

祝愿公司同人新年快乐、万事遂意、身体健康、合家幸福！

新年祝词

（2011年1月21日）

1. 2010年是公司的转型年

在转型过程中，出色地完成了生产任务，为建设国际型公司打下了基础。

江春在2010年3月份加盟公司当总经理，得到公司骨干和全体同人的认可与支持。在新的领导班子带领下，公司完成或正在完成新老转型。

（1）**演出平台从茶馆的戏台变为剧院的大舞台**。建筑师、工程师们已感觉到公司是很好的表演舞台，很多很好的项目都找上门来，现在就嫌时间和脑袋不够用，最好有三头六臂。其实，这正是我搭这个平台的目的——做自己想做的事。

（2）企业由**以结构唱主角、以施工图见长的建筑设计所，转变为以建筑为龙头、多工种协同作战的综合建筑设计公司**。由跳蒙古舞、跳呼啦圈舞变为跳拉丁舞，全身都动起来了，都忙起来了。

（3）**公司自主创新的能力大大增强**。梅州客都会所、斐讯研发基地、雅思阁、石家庄以岭药业集团、温州大西洋二期、无锡西水东、马鞍山金鹰、嘉华集团等，都是公司自己的创作。

（4）**企业文化从埋头苦干发展为斗志昂扬**。员工们到公司上班，心情舒畅，体会到了白领的身价。在增强自信心的同时，也给了业主信心，有些项目就因此直接委托公司设计。

在宝矿洲际商务中心运动会上，我们这么一个小公司竟然获得了75%的奖项！（公司的网页要宣传！）

（5）**企业抵御风险的能力明显增强**。受国际金融危机和国家宏观调控政策的影响，三亚凤凰岛、北海北部湾一号、雅加达塔工程停滞，但由于内功的锤炼，新的项目源源不断进来，产值仍直线上升，保持年增10%的速度增长。2010年，实收2750万元，人均50万元（名册上66人，折实52人）。

2010年的努力为今后的发展打下了坚实的基础，明年超过3000万元将不成问题。

公司欢迎更多的人才加盟，这样还可以做得更好些！

2. 预祝2011年成为公司的腾飞年

上了年纪的人，喜欢往后看，回忆以往的艰苦创业。

希望新的班子、年轻的班子，更多地往前看。

(1) 公司6年回顾：

2005年——**试营业年**，亏了8万元；

2006年——**难忘年**，吃萝卜干；

2007年——**严峻年**，没有免税了；

2008年——**追赶年**，加强合作，追赶现代集团；

2009年——**丰收年**，人均年产值略高于现代集团；

2010年——奢望成为腾飞年，但没能如愿，究其原因，主要是公司以施工图为主，处于被动状态。它可能是发展的必然（汪孝安就是这样建议我的），然而时至今日，不转型为真正的综合建筑设计公司，就不可能在行业的竞争中获得主动权！

把2010年看作是公司的转型年，较为合适。

应该说，转型还在进行中。转型的成功，关键是人才。我们需要高端的各工种人才，尤其是作为龙头的建筑人才。

(2) 长规划、短安排：

a. 希望开年把2011~2015年作个五年规划。

队伍建设——规模多大，才能适应市场需求，同时又能做好
　　　　　　　作品；

自主创新——在做好做细施工图的基础上，做前端、高端，
　　　　　　　做设计总承包；

技术进步——抗震防灾、低碳环保、绿色建筑方面要有所作为；

国际品牌——在人才、项目、竞标等各方面努力，把公司打造
成为国际质量、国际服务、国际品牌的公司。

b. 2011年要作个短安排。

产　　值——2750万元×1.1=3025万元。

公司规模——60人。

技术进步——做好几个绿色建筑，向高新技术企业靠拢。

对超高层住宅按社区进行设计作个探索，闯出
一条路。

对已有的努力成果进行总结和宣传，包括历史
风貌建筑、巨人工程抗震、上海音乐厅和天线
提升、青岛超高位转换、桩基专利等。

企业文化——宣传、网站要不断更新和充实。

组织旅游，长见识、聚人心。

写文章、当专家、参与有影响项目的投标，努
力跻身行业前沿。

我看到公司有希望、个人有前途。

祝大家身体健康、新春快乐！

新春感言

（2012年1月18日）

每年春节，家家都要吃年夜饭。公司是一个大家庭，一年
365天，除了晚上和假日，大家大部分时间在一起，甘苦与共，
同舟共济，其乐融融！

江春作为大管家，向大家报告了一年的工作。作为一个家
长，我的工作主要在前面——组成这个大家庭，搭好一个工作
平台。其后的工作，主要是现领导班子和全体同人共同努力完成
的。我所能做到的，只是站在前面宣传、站在旁边提醒、站在背

后支撑。

各位一年来辛苦了！我向各位拜年！

1. 2011年是公司的发展年

从2005年公司成立到现在的7年间，我们经历了试营业年、难忘年、严峻年、追赶年、丰收年。我说过去年是转型年，从以结构为核心的设计公司，转型为以建筑为龙头、结构为核心的设计公司。2011年，获得了较大进展。年产值突破了3000万元（3133万元，甚至更多），比去年增长了许多，图表上为直线增长并上翘，可以算到增长27%，但我们只说增长了14%。人均年产值少说一点是52万元，因为按高新公司的要求，必须持续增长，我们把某些定金留给2012年（规定允许），以应对2012年全球性的经济困难，积谷防饥，以丰补歉。

2. 创新驱动，转型发展，稳中求进

上海市的人大、政协会议刚开过，我列席会议时记住了以上这三句话。它们正好符合并能指导我们公司的发展。我想特别强调的是创新驱动。一个小型公司，没有创新，不可能在和众多大公司的竞争中脱颖而出。

这一年，公司在占领前端高端高地方面迈开了大步。结构的前端高端包括结构的优化、咨询15个项目，收到设计费466万元。厦门怡山大厦，获全国建筑结构设计二等奖；盐城电视塔的双钢板混凝土剪力墙，是世界上第一次用于上部结构并取得成功；三亚、北海的随形设计影响巨大；巨人的免震结构是上海首例；桩土承载调节装置获得专利。

建筑的前端，包括15个方案设计，收到设计费395万元。其中，石家庄以岭、厦门世侨、三明晟发、洛阳关圣，以及多个金鹰项目均获成功。关圣昨天刚获第一名，商飞在国际竞赛中进入前三名。另外，年前做的东方明珠塔观光平台，太阳塔等设计都有巨大影响。

我们希望，2012年，江所将获得高新技术企业称号。在中小企业中，凭我们这些业绩，获高新技术企业称号是受之无愧的。希望大家继续努力，以创新设计为乐趣，总结提升创新成果，在杂志上发表。《上海建设科技》《建筑结构》等，我们都是理事，是大家事业发展的平台。

机电所在绿色低碳、节能环保呼声很高的今天，也是可以大有作为的，除了配合公司的工程之外，不妨单独承接机电的前端和设计咨询工作（如果力所能及的话）。

关于转型，我希望公司要有三个转型。

（1）从施工图向前端、高端、优化、方案转型。目前施工图的收入，仍占70%。它是基础，但要优质、高产，还是要加大前端高端工作。

（2）从普通建筑设计向高新技术转型。

（3）从国内设计向国际设计转型。包括在国内和国际公司合作，以及国外工程的承接等，我们在这方面有比其他公司更好的条件。

抓住了创新、转型，我们就能稳中求进。从人均的概念上，可以说已赶上了现代集团。希望在不久之后，能赶上甚至超过华东院。

3. 2012年争取更好的年景

2011年也可以说是公司的小康年。估计大家都把自己的收入和去年有过比较，都会发现有了较大的提高，比CPI多了好多个百分点，和现代集团比较也不逊色。外面的声音不断地传进我的耳朵："江所很好！"但不好和机关、房地产、央企、金融业的职工横向比较，也不可能使人人都满意。我们有很好的团队。新加盟的同志都有一个体会：这里气氛很好、平台很好。只要我们共同努力，可以预见，会有一个好前景。

按吴杭的统计，2012年已签合同，尚有6000万元的工作量，不出意外的话，已够我们努力一年半的了。有些项目，还正在洽谈之中（从江所出去的同志，都是公司的好朋友，不断给我们介绍项目）。不断还有新项目进来，包括刚得第一的洛阳关圣。

今年，国际、国内的经济形势的确十分严峻，上海市的"两会"上说要减小"四个依赖"（投资拉动、房地产、重化工业等），都和我们有十分密切的关系。我们要做好咬紧牙关的思想准备，要做好服务工作。"朝南坐"早就不可能了，但长期养成的习惯，时不时还要表露出来，包括礼仪、茶水、接送等方面都有有待改进之处。所以，我想在上面的三句话上，再加一句"做好服务"，争取做好一个、带出一串！谢谢大家。

恭祝各位身体健康！万事遂意！合家欢乐！龙年大吉！

新年祝词

（2013年1月31日）

每年吃年夜饭，我都要和各位交流一下，为已经过去的一年起个名字并展望来年。今年，我把公司成立后8年的历程理了一下。至于总结和展望，将由江春来作。

2005年——试营业年；

2006年——难忘年；

2007年——严峻年；

2008年——追赶年；

2009年——丰收年；

2010年——转型年；

2011年——小康年；

2012年——忙碌年。

对2012年，我把它起名为"忙碌年"，包含着我的侥幸和喜悦。全球的经济不景气，不能不对我国有很大影响。本大楼第23层，曾是进出电梯人数最多的，现在寥寥无几了。本层的邻居Senergy，突然消失了；对面的敬业公司，也总是"关门赚大钱"。唯独我们公司，总是灯火通明、热气腾腾、加班加点、嫌时间不够用。人员从60人到今年的70人，许多新同事加盟。这不是好事吗？！这是公司在年轻班子领导下，大家共同努力的结果，可喜可贺！

新年伊始，我想再强调的是"创新驱动，转型发展"。这是今年我国的发展纲要，它和我们公司的要求十分吻合。其实，去年吃年夜饭时，就这样说了。要把我们公司从"以结构见长的建筑设计公司"转型为"以建筑为龙头、结构为强项，机电密切合作的国际型综合设计公司"，这不能一蹴而就，需要有几年的努力。2013年，我期望找到一个突破口，在艰难中求生存、谋发展！

我再强调一下公司的宗旨："把设计做得好些再好些！"从我做起，做好每一个工程，稳扎稳打，一定能取得更大的胜利！让我们一起打响JAE的品牌！

祝大家新年快乐！万事如意！合家幸福！

新年祝词

（2014年1月24日）

我手中这张纸上，有两条曲线，一红一蓝：红的是历年产值曲线，像匹骏马。它不是大起大落，而是脚踏实地稳扎稳打地前进。蓝的是历年人均产值，它曲折前进。最近3年，徘徊在50元万上下。在2013年，小龙抬起了头，上了人均55万元的台阶，很有龙马精神的意境。对于70人左右的小公司，这很不容易。因为它少有千万元以上的项目支持，所以，大家非常忙碌。这对于年轻人来说，不是坏事。它意味着大家在快速成长，做出了许多作品，该很有成就感。我祝福大家！

由于同人们的努力，江欢成公司这块好牌子变得越来越响亮、越来越有竞争力。有的同事离开江所后，颇有体会地告诉我：因为在江所待过，人们投以不同的眼光，身价不低！

然而，我仍旧对同人们怀有歉意。我曾决心要让我的同事们在同行中所享有的报酬居上游，而现在还没有实现。前年，我曾与现代集团的人均收入比较过，我们还略高一些，但最近听说，同学间相比，我们还低不少呢！我知道，现代集团某些部门连奖金都发不出，只好寅吃卯粮，可人往高处走，总是和好的相比、和人家好的时候相比。要知道，多数公司的奖金是和项目挂钩的。然而，公司领导班子正在努力，使之全面提升！也希望公司同人的眼光看得远些，看重公司的技术进步和个人的成长。

公司领导对公司的发展充满信心。魏俭告诉我，开春有相当多的项目储备，规模都不小，诸如元祖、宝矿等。为此，公司2014年的人数还要扩大些，否则来不及做。欢迎各位介绍人选！各位已经看到办公室都准备好了，我们现在有近1200平方米。人说："不当家，不知油盐柴米贵。"我当家了才知道，公司每天要付出1万元房租和物业费、水电费，每平方米每天要付出7.46元，不管你上不上班。另外，还有大量长途差旅等开销。但大家放心，赚的总比付的多！

一年来，大家很忙，大家辛苦了！我代表公司，对各位为公司的努力和贡献表示衷心的感谢！

从2010年江春加盟算起，我对每年的命名分别是转型年、小康年、忙碌年。2013年，我给它的命名是起色年。我的明年的公司梦是起飞年！让我们发扬龙马精神。我虽年高76岁，但自我觉得是67岁，仍将尽犬马之劳，和同事们一起为公司的发展共同努力！

祝大家新春快乐、合家幸福安康！

新年祝词

（2015年2月6日）

每年年初新春伊始，我都为过去的一年命个名。2013年是起色年，2014年叫什么？我和几位同事讨论了一下，拟叫它蓄势年。去年储备了不少项目，开年势头较好，憋足了一股气，要大干一场。众所周知，去年全国房地产业减速乃至低迷，设计行业首当其冲。在这种情况下，我们公司仍保持了年产值的持续增长，人均年产值尚处于平稳状态，这是大家同心协力的结果。今年，上海市不讲地区生产总值了，但公司还是要讲产值，否则，大家的收入就不可能提高。开年就签订了莘庄铁路上盖、南京金鹰等几个咨询项目，以及宜家、盐城、宁波等若干建筑方案和扩初设计。公司的业务正从施工图为主向高端前端转型。它说明，公司的品牌在"把设计做得好些再好些"的指引下，越来越响了，逐渐被认可。我们非常珍惜这个品牌效应的获得！

谢谢大家一年的辛勤劳动。祝各位羊年吉祥如意！

新年祝词

（2016年2月1日）

刚过去的2015年是公司的压力、动力年。通常，每年第四季度会收到全年一半以上的设计费。今年，公司领导层为催收经受了巨大的压力，现金流只够一个月的工资、房租，更谈不上奖金。熬到最后两天，总算来了两笔，各位的奖金仍免不了有所影响。在建筑业一片"去库存"声中，开发商资金困难，许多设计公司减薪、裁员乃至关门。我体会到，这就叫"大浪淘沙，优胜劣汰"。

我感谢公司职工和董事、股东们一起，同甘共苦，精神抖擞，看好未来，把压力变为动力。我们的信心来自多年打造的品牌！有了它，我们就会有回头客。即将签约的奉贤某项目的业主，就是原上海湖北大厦的业主。有了它，设计项目就可能得以延伸，苏河湾的

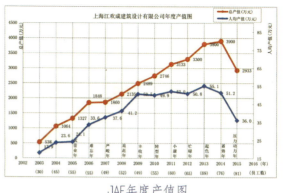

JAE年度产值图

项目就是这样发展的。江欢成公司已获得"信得过"的美誉。我常听到业主当面夸奖："作品质量好，服务意识强。"面对严峻的竞争形势，要求我们"把设计做得好些再好些"！

让我们迎着困难上，在钢结构，在BIM技术等方面，把公司的能力进一步提升，在激烈的市场竞争中赢得胜利。

预祝2016年公司更好，大家收入提高！

九、江欢成大事年表

1938年

1月24日，出生于广东省梅州市县城北福瑞岗泉塘江屋。

1943～1957年

相继就读于当地两厢小学、青云庐私塾、梅县乐育中学、广

东梅州中学。

1957年

由广东梅州中学高中毕业，考入清华大学土木建筑工程系。

1963年

从清华大学土木建筑工程系工民建（原房屋建筑）专业五年半制本科毕业，分配到上海华东建筑设计研究院从事建筑结构设计工作。

1966年

借调到贵州遵义参加大三线建设。在贵州期间认识了后来的夫人徐妙芝。

1968年

结婚。夫人徐妙芝，是华东建筑设计院的同事，曾同赴贵州遵义参加大三线建设。次年，儿子江春出生。

1972年

首次在软土地基上成功设计30米大直径的卫星天线基础，获上海市优秀设计奖和1978年全国科学大会奖。

1972年

在大屯煤矿主井设计中，设计了世界土木建筑史上罕见的80米超深沉井。

代表华东建筑设计院，参加在北京民族饭店召开的全国第一次设计革命大会。

1975年

第一次出国，考察和设计赞比亚联合民族独立党总部大楼工程，首次成功运用鱼骨式剪力墙结构，荣获"建工部援外战线先进工作者"称号。

1980年

获英国CBI奖学金，做为期2年1个月的访问学者，赴英国Ove Arup结构设计顾问公司，参与设计埃及开罗米兹银行大楼和香港交易广场大楼等项目。

1985年

任华东建筑设计研究院总工程师，直到上海现代建筑设计集团成立。在华东院35年，当了14年总工。

1987年

担任上海东方明珠广播电视塔总设计师，怀着"创上海腾飞标志，树世界建筑丰碑"的目标，带领团队精心设计出造型新颖、结构独特、雄伟壮观的东方明珠广播电视塔，不仅具有"大珠小珠落玉盘"的意境，并还足以抵抗12级台风、超设计烈度。东方明珠广播电视塔经过8年努力建成，被评为"上海十大城市景观"之一。

1988年

2月至1998年2月，当选上海市第九、第十届人大代表。

10月，奉命拟稿写信给时任上海市市长朱镕基，表示东方明珠塔赶超加拿大CN塔的决心。

1992年

获国务院授予的"有突出贡献中青年专家"称号。

1994年

被评为上海市劳动模范。

东方明珠广播电视塔被香港《大公报》整版报道，被英国"Construction Today"杂志用5版篇幅专题报道，并被美国《纽约时报》誉为"新上海崛起的象征"。

担任世界第三高的上海金茂大厦的设计监理组组长，后被聘为的设计方SOM的设计代表组组长。

1995年

1月，分别被英国土木工程学会和结构工程学会选举为资深会员。

5月1日，举行上海东方明珠广播电视塔开播仪式。江欢成等5位建设者在东方明珠塔大台阶上剪彩。

设计的印度尼西亚雅加达电视塔方案，参与美国、日本、加拿大等国6个顶级设计事务所的竞赛，一举中标。雅加达电视塔高558米，高度超过当时世界第一的加拿大多伦多电视塔5米，建筑面积超过东方明珠塔4倍。

5月，当选为中国工程院院士。

10月，应邀作为英国皇家建筑学会和土木学会联合年会的唯一报告人，作了题为《东方明珠和上海浦东的发展》的报告，赢得高度评价。

1996年

参与东方明珠塔建设已有10年，在笔记本上，从1986年2月13日到1996年1月1日均有记载，共用了23本工作手册，尚不计东方明珠塔建成后上、下球和观光梯的改造等。

1998年

3月，华东建筑设计院和民用院合并，成立上海现代建筑设计集团。当了6年现代集团的总工程师。

3月至2008年3月，当选第九届、第十届全国政协委员。

2000年

从4月起，此后6年，共参加了3次山西应县木塔维修方案的考察和讨论，坚决反对大修。对该塔的安全论证使其他专家们的观点发生了戏剧性变化，自认为这是颇有意义而值得一记的事。

重庆朝天门滨江广场大厦工程委托江欢成团队做优化设计，

该工程后获得全国建筑结构设计一等奖。此后，出于责任感的驱使，江欢成到处宣讲优化设计；并自以为，优化设计这项得罪人又赚不了多少钱的工作，是对科学发展观的落实。坚持几年后，已逐渐被业界同行认可。

2001年
4月至2008年4月，被聘任为上海市政府参事。

2004年
被授予"中国工程设计大师"称号。

12月，组建我国首个以中国工程院院士命名的民营建筑设计公司——上海江欢成建筑设计有限公司，66岁时一肩三职：董事长、总经理和总工程师。江欢成公司的早期作品——上海百联西郊购物中心获得了上海市优秀设计一等奖，树立了公司品牌。

2008年
5月，汶川大地震后第六天，应成都市建委邀请，对成都灾区和都江堰灾区进行考察，写成题为《汶川大地震所见所学所想》的调查报告，并参加了多次讨论、宣讲，为灾后建设和发展增加信心。

至2012年，被聘任为上海市科协副主席。

2010年
物色接班人。儿子江春回国加盟，带领上海江欢成建筑设计有限公司转型发展。

3月，因上海东方明珠广播电视塔工程，获中国建筑学会颁发的新中国成立60周年建筑创作大奖。结构工程师获得建筑大奖，个人未敢奢望的愿望成为现实。

2013年
9月，获得广东梅州叶剑英奖，奖金15万元。与另两位院士一起，以45万元作为第一笔基金设立"院士奖学金"献给母校梅州中学。地处山区的梅州中学至今已培育了8位院士。

2014年

在中国工程院和全国多个论坛上，多次宣讲酝酿多年的"群体高层建筑天空城市"的构想，寻求传统的建筑学科在城镇化建设中的创新、突破。

2015年

2月，在上海江欢成建筑设计有限公司年会上表示，在全国房地产业发展减速乃至低迷的情况下，江欢成公司仍保持了年产值的持续增长态势。公司品牌在"把设计做得好些再好些"的指引下，越来越响。

十、江欢成学术讲座一览（部分）

年份	主办方及其内容	报告主题	地点
1995年10月25日	英国建筑学会、土木学会联合年会	东方明珠和上海浦东的发展	伦敦
1995年10月25日	英国Ove Arup	东方明珠和上海浦东的发展	英国Ove Arup公司
1996年	香港第四届国际高层建筑论坛	东方明珠和上海浦东的发展	香港
1996年	香港Ove Arup公司	东方明珠和上海浦东的发展	香港Ove Arup公司
1998年10月24～26日	越南VNCC设计公司	电视塔设计培训班　三天	河内
1998年	台湾结构工程师学会	东方明珠设计	台北
1998年	清华大学	东方明珠设计	北京
2003年8月22日	中国工程院土木建学部学术报告会	优化设计大有可为	北京
2004年6月15～17日	浙江大学——第六届中日建筑结构技术交流会	深圳会展中心优化设计	杭州
2005年5月27日	工程科技论坛——我国大型建筑工程设计的发展方向	合理的结构造就建筑的美——东方明珠塔、雅加达塔及广州塔的方案设计	北京
2005年11月17日	上海现代建筑设计集团第三届科技节	可持续发展与结构优化	上海

中国工程院院士传记

江欢成 自传

年份	主办方及其内容	报告主题	地点
2005年11月18日	全国勘察设计工作表彰大会及新时期设计指导思想研讨会	可持续发展与结构优化	北京
2008年6月18日	汶川大地震技术交流大会	汶川大地震所见所学所想	上海
2008年8月2日	全国第十届混凝土结构基本理论及工程学会议	结构工程师在建筑设计中的责任和贡献	大连
2008年9月	西安科技大学	关于结构的优化设计	西安
2008年9月28日	建筑设计与文化融合设计中国·百家讲坛	结构工程师在建筑设计中的责任和贡献	上海
2008年10月24日	上海市虹口区第四中心小学	东方明珠的故事	上海
2008年11月14日	2008年新能源与生物技术产业发展两院院士山东德州行	太阳能热气流发电及综合利用	德州
2008年11月16日	福建省勘察设计协会注册工程师培训	结构工程师在建筑设计中的责任和贡献	福州
2008年12月11日	上海市科教党校第3期中青年领军人才研修班	结构工程师在建筑设计中的责任和贡献	上海
2009年1月6日	上海绿地集团——可持续发展与结构成本控制	优化设计的探索和实践	上海
2009年8月6日	上海市建设工程咨询行业协会——莲花河畔景苑7号楼整体倾倒事故的教训主题讲座	从莲花河畔景苑7号楼整体倾倒事故中吸取教训	上海
2009年10月10日	上海师范大学建筑工程学院	1. 优化设计的探索和实践；2. 上海莲花河畔景苑7号楼整体倾倒事故的思考	上海
2010年7月13日	厦门理工大学	更好的设计使城市更美，让生活更好	厦门
2010年7月23日	相约名堂——和院士一起看世博	更好的设计使城市更美，让生活更好	上海

年份	主办方及其内容	报告主题	地点
2010年8月10日	兰州大学	祝兰州大学越办越好，祝百岁青年人越来越俊秀	兰州
2010年9月20日	大连理工大学——中国工程院首届土木工程高层论坛	更好的设计 使城市更美，让生活更好	大连
2010年9月20日	中国工程院土木工程安全与可持续发展高层论坛	更好的设计 使城市更美，让生活更好	北京
2010年11月9日	上海院士中心——久隆模范中学	世博建筑之美：也谈低碳生活前景	上海
2010年11月13日	河南南阳理工学院——现代结构会议	更好的设计 使城市更美，让生活更好	南阳
2010年12月8日	上海交通大学	结构概念设计报告	上海
2010年12月22日	深圳职业技术学院	更好的设计 使城市更美，让生活更好	深圳
2010年12月31日	上海建设职工学院	更好的设计 使城市更美，让生活更好	上海
2011年4月22日	第三届全国建筑结构技术交流会	优化、创新、责任	深圳
2011年4月27日	全国房屋安全管理与鉴定论坛	优化、创新、责任	上海
2011年5月7日	中国土木工程学会、中国工程院土木水利建筑学部、国家自然科学基金会、东南大学、江苏土木建筑学会	土木工程安全	南京
2011年5月9日	清华大学土木水利学院	优化、创新、责任	北京
2011年6月17日	哈尔滨工业大学	责任、优化、创新	哈尔滨
2011年7月20日	中共中央统战部党外院士同心服务团	土木工程师的责任	甘南

我的小档案

年份	主办方及其内容	报告主题	地点
2011年9月11日	杭州市科学技术协会、杭州结构与基地处理研究会2011年杭州市科协第四届学术年会绿色低碳建筑的可持续发展高峰论坛	城市建设工程可持续发展的设计思路（责任、优化、创新）	杭州
2011年9月28日	西安中建八局——2011年探索和实践	城市建设工程可持续发展的设计思路——责任、优化、创新	西安
2011年11月22日	同济大学学生会同舟讲坛	设计创新与优化——从东方明珠设计说起	上海
2011年12月10日	华南理工大学	抛砖引玉——结构创新几个尝试	广州
2011年12月11日	第二届建筑结构基础理论与创新实践论坛	抛砖引玉——汇报几个设计创新的尝试	广州
2011年12月25日	江门市科协联合五邑大学、江门市土木建筑学会	优化、创新、责任	江门
2012年7月5日	中国土木学会、东南大学	关于创新的学习札记	上海
2012年7月10日	云南师范大学——同心·党外院士服务团	关于创新的学习札记	昆明
2012年9月25日	上海市浦东新区城市建设科技委——建筑行业的创新主题报告	关于创新的学习札记	上海
2012年10月15日	长沙理工大学	关于创新的学习札记	长沙
2012年10月27日	高层与超高层建筑论坛主题报告	关于创新的学习札记	天津
2012年12月5日	北京航空航天大学	设计创新的学习札记、优化创新的探索和实践	北京
2012年12月6日	北京工业大学	设计创新的学习札记、优化创新的探索和实践	北京
2012年12月11日	中国工程院城市可持续发展研讨会	关于创新的学习札记	哈尔滨

年份	主办方及其内容	报告主题	地点
2013年3月14日	中建七局	从业50年工作汇报	郑州
2013年3月23日	万方数据	我的优化创新努力	海口
2013年4月18日	上海市浦东新能源协会	太阳能热气流发电及综合利用	上海
2013年5月25日	中国科协第十五届年会	设计的优化创新	贵阳
2013年6月14日	深圳市规划和国土资源委员会	超高层设计创新与结构实现	深圳
2013年9月23日	梅州嘉应大学	从业50年工作汇报	梅州
2013年9月25日	中建五局	从业50年工作汇报	井冈山
2013年10月26日	同济大学研究生院	从业50年工作汇报	上海
2013年10月29日	江欢成从业50年庆典	从业50年工作汇报	上海
2013年12月5日	西交利物浦大学	从业50年所感所悟	苏州
2014年4月14日	上海经纬设计院	从业50年工作汇报	上海
2014年8月21日	深圳市规划和国土资源委员会	群体高层建筑天空城市构想	深圳
2014年9月11日	上海绿地集团	结构优化与创新	上海
2014年9月14日	郑州大学	从业50年所感所悟	郑州
2014年9月18日	同济大学	群体高层建筑天空城市构想	上海
2014年9月27日	天津城建大学	从业50年所感所悟	天津
2014年11月2日	上海市浦东新能源协会	太阳塔	上海
2014年11月4日	核工业设计院	从业50年所感所悟	郑州
2014年12月3日	华中科技大学	从业50年所感所悟	武汉
2014年12月18日	中国工程院第199场论坛	群体高层建筑天空城市构想	广州
2015年1月22日	城市综合体高峰论坛	群体高层建筑天空城市构想	上海
2015年4月10日	上海市市政设计院技术交流	群体高层建筑天空城市的设计构想	上海

年份	主办方及其内容	报告主题	地点
2015年4月21日	国际太阳能与绿色建筑论坛	群体高层建筑天空城市的设计构想	上海
2015年5月8日	第203场中国工程科技论坛	群体高层建筑立体城市的设计构想	南京
2015年6月2日	上海绿地集团	群体高层建筑立体城市的设计构想	上海
2015年6月17日	上海绿地集团（中原）报告	群体高层建筑立体城市的设计构想	郑州
2015年7月23日	上海市普陀区建筑工程学会	我的优化创新努力	上海
2015年8月3日	上海临港集团	优化创新努力	上海
2015年8月6日	九三学社科学与艺术论坛	优化创新努力	上海
2015年8月19日	清华大学学术交流	群体高层建筑天空城市的设计构想	北京
2015年8月21日	深圳——城市\建筑设计	从业50年——我的优化创新努力大师论坛	深圳
2015年9月18日	中冶建筑研究总院60周年院庆	我的优化创新努力	北京
2015年9月23日	中国工程院绿色建造与可持续发展论坛	群体高层建筑天空城市的设计构想	北京
2015年12月21日	重庆大学	我的优化创新努力——群体高层建筑天空城市的构想	重庆

中国工程院院士传记

江欢成 自传

跋
Postface

我下个狠心，一鼓作气，把从业50多年的经历和感受理了一下，总算松了口气！然而事实上，它只是提纲而已。想展开一下，一没时间，二恐无所裨益于人，只好搁笔。

草稿完成之后，呈送我所在上海现代建筑设计（集团）有限公司董事长严鸿华、总裁张桦审阅。他们对我这50年的工作作了肯定和鼓励，并由现代集团组织举行隆重的江欢成从业50周年（1963~2013）庆典活动。原建设部领导、中国工程院院士、中国科学院院士、我的同事和老朋友以及开发公司老板纷纷前来热情祝贺，对我50年的工作给予颇高的评价，使我深受感动。书稿作为《现代设计集团丛书》的一种（无书号）印制千册，分送与会者及合作伙伴。

在书的扉页上，我常赠友人数言：

年逾古稀　不甘耄耋

自娱自乐　倚老卖老

这几句话，表达了我的现状、心情和写书的本意，并对书中的浅薄和错误祈求谅解。出乎意料，亲友们对该非出版物颇感兴趣，中国工程院土木、水利与建筑工程学部陈肇元①院士和聂

---

① 陈肇元（1931~　），中国工程院院士，中国工程院土木、水利与建筑工程学部原主任，清华大学教授，土木结构工程和防护工程专家。

中国勘察设计协会王素卿理事长祝贺

上海市人大常委会原主任龚学平（右）、上海市政协原主席蒋以任（左）祝贺

中国科学院院士郑时龄祝贺

东方明珠黄晋总经理祝贺

上海现代建筑设计集团秦云董事长祝贺

建国①院士给予过奖。我敬重的中国工程院原秘书长葛能全②建议将它列入《中国工程院院士传记丛书》正式出版，并提出了许多宝贵的修改意见。几经修改，于是有了本书。本书作为《现代设

---

① 聂建国（1958~ ），中国工程院院士，清华大学教授、博士生导师。
② 葛能全（1938~ ），中国工程院顾问、中国工程院筹备办公室主任（1992~1994）、中国工程院秘书长（1994~2000），曾任钱三强的专职秘书16年，并兼任中国科学院郁文、严东生、周光召等人的秘书，出版著作10余种。

计集团丛书》的一种时，书名为《从业50年——我的优化创新努力》；作为《中国工程院院士传记丛书》出版时，为统一风格，并考虑到年长的院士大多从业50年以上，因而将书名截短为《我的优化创新努力》。书中若干图片，摘自同行的技术文件，为说明问题而引用。我在此，对所有给予支持、鼓励并提供具体帮助的同志们表示衷心的感谢！

我谨以上述几位领导、学者的鼓励，三位长期共事的同事对我的评价，以及接班人代表江春的答谢词作结。

一、华东建筑设计院老同事和上海现代建筑设计集团领导的评价与鼓励

三位老同事对我的评价

一位是胡精发。他在20世纪70年代说过：**"江欢成设计的东西，多挂一个油瓶都不行！"** 我自嘲为"节约闹革命"。我知道，他是在批评我犯书呆子气，不留余地！我确实是太相信计算都是科学了！从此，我不断地调整自己的设计思想。结构方案一

欧阳中石书赠的八个字："心揽无极，意通至微"，成为我的座右铭

定要概念清楚、合理，掌握这一条，大致就不会出大错；而构件和细部设计，一定要周全，避免阴沟里翻船。我把大书法家欧阳中石①送的一幅大字"心揽无极，意通至微"，挂在墙上做座右铭。

汪大绥（左）、项祖荃（右）和我

再一位是项祖荃院长。他常向别人介绍："**江总是结构工程师，同时也是建筑师。**"我感谢他，因为他看得起我、相信我。从赞比亚到东方明珠塔，我和他配合多年，多有默契。我往往把建筑上的问题想在前面，建筑师都喜欢和我配合。说实在的，我喜欢搞建筑。高考时，我填报过华南工学院建筑专业，但排序居后，便念了清华大学工民建专业。在Ove Arup公司进修后，我确实以Ove Arup先生为榜样，争取成为工程师加建筑师，因而，不自量力地尝试过很多建筑方案设计，却也带给我许多遗憾。虽未能成功，但我总结了自己的建筑创作观，那就是"中华文化＋建筑艺术＋结构技术"。我到处讲自己那句话："优秀的建筑需要合理的结构，合理的结构造就建筑的美。"我作为一名结构工程师，荣幸地于2010年3月获得了新中国成立60周年建筑创作大奖。

另一位是汪大绥。汪总在席上喜欢喝点酒，一喝酒就说英语、唱歌，颇有李太白遗风"君不见黄河之水天上来"！一次酒

① 欧阳中石（1928～　），北京大学哲学系毕业，首都师范大学教授、中国书法家协会顾问、多届全国政协委员。

后，汪总又要讲英语，便拍着肩膀问我"灵气"的英语怎么讲。我说，大概是"Smart""Creative"之类。他接着说："江总，我谢谢你对我的高度评价，我是从申延泰那里知道的（我猜想是在推荐总工程师时，我赞赏汪总知识广博）。我对你的评价是："**灵气！你的结构有灵气！**"我也感谢汪总的酒后真言。我一直在做有关优化创新设计和宣讲，一定得罪了不少人，正担心被别人骂，汪总对我的肯定，多少使我释怀！

严鸿华董事长的鼓励

设计优化和创新，是江欢成院士从业50年的一条生命线，也是现代设计集团"创新成就梦想"企业理念的生动演绎。

张桦总裁的鼓励

现代建筑设计集团60年的历程中，人才辈出，他们为上海和全国的城市留下无数座建筑丰碑。多年来，我有幸在这个大家庭中得到众多前辈的热情关怀和谆谆教导，至今难忘。除了他们在工程技术上的丰富经验以及在工程技术界的崇高威望，还有严谨细致的工作作风以及谦逊祥和的为人品格。与他们共事，你会感觉到周围有一股股正能量在伴你成长。

江欢成院士是我清华大学的学长。我在1988年进入华东建筑设计研究院时，江总是总工程师，是我们青年人的骄傲和偶像。当时，我们都认为能够成为华东院的总师是技术人员成功的标志。我还记得第一次与江总近距离接触是在1989年，江总在北京评优，我为院评优送补充材料，飞了一趟北京，我们一起在建研院食堂吃饭。我感到江总一点儿没有总师的架子，十分朴实、亲切。我在华东院里听同事说，江总在星期天还会买菜、拿牛奶。

我印象最深的一次是我们在上海虹桥世贸商城做现场设计时，江总来现场指导商城金属雨棚的结构设计。当时，我们是边施工边设计，南北入口的雨棚是设计重点。雨棚的覆盖面积较大，金属结构，透明的玻璃覆面，我们希望产生一种轻巧、简洁的现代形象。和结构工程师连续讨论了几个构思，由于结构形式不是十分令人满意，设计方案迟迟未定，业主和重大工程指挥部催个不停，整整推迟了10个月。于是，我们就请项祖荃院长安排院里的总师来帮助我们，一起寻找解决的方案，江总专门到场参加。我们详细介绍了建筑构想，展示了制作的结构足尺模型。会上，专家们反复讨论、交换意见。江总多次提出大胆的结构建议并最后拍板确定结构方式，解决了我们的难题。雨棚施工过程中，我们还挑选几名工人站到悬挑雨棚最远端测试其强度，使我们感受了一次结构的力量。

江总这本自传性的总结一口气读来十分朴实、亲切。书中的许多人，我都认识、了解；许多事情，我都知道、熟悉；江总在改革开放过程中的经历和体会，我也有同感。发生在江总身上和身边的事情，可能已经为现在的年轻人所陌生，但确实是我国发展过程中的一个时代的缩影。我国的经济发展就是那样一步步走过来的，我国的工程技术水平就是那样逐步提高的，我们中国现在取得的成就凝结着几代人的努力和付出。这些都是我们应该好好珍惜的宝贵历史财富，也时刻勉励着我们后辈沿着前人的步伐续写我国工程技术辉煌的篇章。

二、中国工程院领导和院士的鼓励

中国工程院原院长徐匡迪院士的贺信
（2013年10月29日）

上海现代建筑设计集团：

　　欣闻贵公司为江欢成院士从业50周年举行庆祝活动，特致诚挚的祝贺！

　　我和江院士相识多年，他作为上海著名的地标建筑东方明珠的设计总负责人而闻名海内外。在我任职上海市长期间，他曾建议把上海展览中心在抗震加固的同时整体抬升，放在8米高的平台上，以改善周边建筑和延安高

中国工程院原院长徐匡迪（左）与我

架路对这座优秀历史建筑的不利影响，并使之焕发青春。该建议成为当年上海市"两会"的焦点，并在实践中取得良好效果①。我为江院士的创新精神叫好！

　　他在66岁从现代集团技术领导岗位退下来后，又组建了以院士名字命名的创作平台，在设计优化创新方面做了大量工作，取

---

① 后因某种原因，该工程只做了加固，未做抬升。

得了可喜的成绩。

　　衷心祝愿江欢成院士再接再厉，设计出更多创新作品，培养更多优秀人才，并一如既往地健康快乐、享受人生！

徐匡迪

中国工程院土木、水利与建筑工程学部原主任
陈肇元院士的鼓励
（2013年8月）

陈肇元院士（右）与我

　　感谢江总赠我本书初稿的印刷本，阅后收获良多、感触尤深。这本自传式著作是在50年漫长的求是创新基础上完成的，很值得我们从事土建专业的同行学习并能从中获得借鉴和教益。

　　要做好一项工作并能有所创新，需兼有责任感和探索精神。读了江总的50年从业经历，他确实为我们做出了榜样。他从大学毕业参加工作开始，几乎对每一项设计任务都不拘泥于常规，而是独立思考，精益求精，以创新为志趣，做到游刃有余。

　　作为结构工程师，江总首先看重的是结构的整体方案构思与整体设计，这确实非常必要。由于受西方近代技术科学还原论的影响，在许多结构工程师的心目中，往往突出分解方法而置整体于次要位置，在工程师培养的大学教育工程中也一样，比如更多

地重视具体计算方法和构造细节。这些固然不能缺少，因为计算和细节中万一出现重大差错，就会关系到建筑物寿命和人命；可是，结构整体方案失误的后果有可能更为严重。我们中国的历史传统，在医学和工程技术中，也是以整体论的方法为主导的。

我祝贺本书正式出版发行，同时深信，江总的50年从业路程远非终结。在他的不懈努力和他设计指导思想与理论的影响下，一定会有更多的标志性传世建筑物在中国大地出现。

陈肇元

中国工程院聂建国院士的鼓励
（2013年8月22日）

大约一个月前，我收到了江欢成院士寄来的"非正式"出版的《从业50年——我的优化创新努力》一书。所谓"非正式"出版，实际上是源于他的谦逊。他没有交出版社正式出版，而是自己掏钱印刷，不过印刷质量很高，尤其是书的内容很好，我读了之后，受益匪浅。作为晚辈和学生，我不敢妄加评论，只能写点学习体会。

我久闻江院士的大名是从1994年建成的上海东方明珠塔的资料介绍中开始的，第一次面见江院士大概是在2001年。通过数次听他的报告并向他求教，我汲取了许多书本上学不到的知识和经验。他留给我的印象是一位真正令人尊

聂建国院士（右）与我

敬的、融建筑和结构于一体的工程设计大师，从他设计的东方明珠，到雅加达电视塔，再到盐城电视塔等都得到了很好的印证。

　　长期以来，江院士一直致力于土木工程结构的创新与实践，不仅取得了显著的技术、经济和社会效益，而且对推动结构工程学科的发展和建筑行业的技术进步起到了重要的促进作用。他的创新与实践真正做到了"源于工程，服务工程，高于工程，指导工程，引领工程"：源于工程是他的创新思想来源于工程实践；服务工程是他解决了实际工程中的一系列重要关键技术难题；高于工程是他的创新设计成果并未局限于某项具体工程，而是具有广泛的参考价值；指导工程是他的优化创新成果对类似工程的优化设计具有普遍指导意义；引领工程则是他的创新思想和理念，将对结构工程乃至结构工程学科的发展产生深远的影响。

　　这本书言简意赅，没有复杂的公式、长篇的技术理论，通篇读来，都是江院士发自肺腑、朴实自然的随笔札记，提纲挈领式的论述却句句切中要害。他从业50年来孜孜以求的"优化创新"，在我看来恰恰道出了结构设计的灵魂。"设计是创造性的劳动"，因而，设计没有固定的结果，没有对错之分，没有最好，只有更好。设计的过程需要不同思想的碰撞、不同见解的交融、不断地否定与自我否定，直至臻于完美。目前，一些结构设计行业的从业人员离开规范和计算机就不能设计：在规范的桎梏下，结构设计成为烦琐、平庸的机械重复，成为劳动密集式的流水生产，创新人才无施展聪明才智的空间，让人痛心；对结构优化的抵触和排斥，使造价高、施工复杂的不合理方案成为现实，造成无法挽回的安全隐患和资源浪费——这些问题的存在只能说明"优化创新"尚未深入人心，而其背后其实是行业文化和机制体制的深层问题。虽然由于种种原因，江院士许多独特的结构优化创新建议未能最终实现，但这并不影响这些成果对未来类似工程的宝贵参考价值遗憾之余，我却觉得他的这些大胆尝试，无疑会使人们对结构设计的行业文化转变和机制体制改革引发更深刻的思考。

我认为，这本书既是对结构设计理念的"点睛"，更是一名在结构设计道路上执着追求者的人生体悟，字里行间折射出的是一路走来的心路历程。我作为晚辈，钦佩于江院士"比前人做得好些再好些"，不断优化，精益求精，追求卓越，止于至善；钦佩于他身为结构工程师却勇于挑战建筑师的工作，为了践行"合理的结构造就建筑的美"，实现结构的优化以及结构与建筑的完美结合，即使"撞得头破血流"，也始终未曾放弃多年的建筑师梦想，可谓追梦直到变老，也未曾妥协；钦佩于他始终把"省钱"和"安全"作为他的职业操守与道德坚守。在如今土木工程"浪费不犯法、花钱买不安全"的乱象中，结构工程师的本质精神在他这里得到了回归和还原：用简单的方法解决复杂的工程难题，而非先制造工程难题然后再来解决这些难题，也就是复杂问题简单化，而非简单问题复杂化。正如这本书留给人们的感觉：简单而深刻。

作为晚辈，虽然深知自己在各个方面都难以企及江院士的高度，但在江院士的鼓舞和影响下，我所能做的只能是不断学习和努力，向江院士在这本书最后一页所写的"后来居上"的目标前行，以不负江院士所盼！

中国工程院原秘书长葛能全的鼓励
（2013年12月4日）

从1995年起，我就对江欢成院士在建筑设计上的突出成就有所了解；1997年上了东方明珠塔，更有了亲身体验；16年后细读

江欢成

自传

葛能全（左）与我

《从业五十年》，才真正知道这位中国工程院的早期院士，不单在从业领域硕果累累，而且有始终如一、追求更好的从业精神和对他人、对集体的诚挚态度，在关乎事业成与败的那种磊落境界等方面，也都十分令人钦佩，真正是难能可贵。

　　江欢成院士自撰的《从业五十年》列入《中国工程院院士传记丛书》出版，无疑于今于史都是件有意义的事情。首先，这些自传式的文字，自始至终以实事求是的态度，通过叙述50年从业亲历，涵盖了我国众多重要建筑工程以及其人其事，用质朴、不掩饰、不造作的文字记述历史，同时坦言自己的心声，读者读来既清晰又可信。其次，这部自传语言朴实，文笔流畅，有亲切感，可读性很强。本来，写这样专业题材的经历，读来会比较枯涩，引不起阅读兴趣，但此书完全避免了这种情况，让人爱读，也很耐读。最后，它图文兼佳，赏心悦目；而且更重要的是，这些图表、照片，具有很强的史料价值。

　　……

　　感谢江欢成院士在繁忙的从业之余，花时间和心力写了这样一本好自传——从中强烈地体会到，一位成功的建筑设计师，不单要有过得硬的技术，也许更应该有视野、有胸怀、有精神。

葛能全

三、江春在江欢成院士从业50周年
庆典上的答谢词

各位领导、各位嘉宾，大家好！

非常感谢大家百忙之中前来参加这次活动，尤其是远道从外地来的贵宾。今天来的嘉宾中，有一直关心并支持我们的领导，有我们的客户朋友，还有长期合作的同行。我们举办这个活动的目的除了庆贺江院士从业50周年，更是借此机会向各位朋友、领导表示衷心的感谢，感谢大家一直以来的支持。希望大家能够在这里度过一个有意义的下午。

作为江欢成公司的总经理，在此，我要代表公司的全体员工，向我们尊敬的董事长江院士表示祝贺，祝贺他能够在自己心爱的专业上耕耘了50年，完成了那么多令人景仰的作品。同时，要感谢他开创了我们这个建筑设计公司，为全体员工创造了一个施展才华的平台。虽然今天不是我们所有员工都能来到现场，但我们通过现代科技让他们表达一下自己的心愿。

江院士在1963年从清华大学毕业后加入了上海华东建筑设计院，正式开始工作，1986年开始进行东方明珠塔的设计工作，1995年被选为中国工程院院士，1998年年底成立了我们公司的前身——江欢成建筑设计事务所，至今已是第15个年头了。我本人是在2010年加入公司。这里的一些朋友可能也知道，我大学毕业后不久就去了英国工作，后来回到香港发展，2005年被家英国公司派回上海设立分公司。这期间，我父亲江院士嘴上不说，

江春致答谢词

可我知道，他心里一直希望我能够加入江所；但是当初，我一是留恋在外企的工作，二是有种不希望在父亲的树荫下工作的心态，一直没想回来。

可是，在外企工作时间越长，对外企的一些做法渐渐产生了不同的看法，尤其是当看到不少大陆的同行做出了越来越多漂亮的作品，自己的同龄人风生水起地打出一片天地的时候，自己的想法慢慢发生了转变。终于在2010年，由于原来的公司转型，我下定决心加入江所。说老实话，对加入江所后到底和父亲又是董事长的合作会是个什么情况，我心里非常没底。

其实之前，在我小学、中学、大学期间，我父亲工作很忙，我又住校，父子之间深入的沟通并不多。感觉上，我父亲喜欢做些别人没做过的事。记得小时候，左邻右舍的灶台还是相当简陋，就是些角钢、铁架，上面嵌几块瓷砖。但他用些细钢筋和水泥，做了个相当结实、实用的现浇式一体式灶台，在那时还是比较先进的。江院士的精力非常旺盛。记得东方明珠塔还没封顶时，他带我去爬塔，爬得比我快。我爬了一次就喘得不行，他每天得爬几次。他的心态也非常年轻，虽然在我面前不苟言笑，但在同事间，尤其是和年轻同事是有说有笑的。他言出必行，决定了的事，几头牛都拉不回来。还有一点，他虽然是结构工程师，但对建筑设计也有自己很强的想法。他所崇拜的大师比如Ove Arup先生，就是集结构设计和建筑设计于一身的。

通过这3年多的工作，我初期的疑虑逐渐消失了，和父亲兼董事长之间的合做出乎意料的顺利，反而深深感受到了他作为长辈及前辈所给予的支持和能量。这里，我想拿几个项目来举例子。

印度尼西亚雅加达

总建钢构总部大厦

中国商飞总部基地

无锡河湖治理研究基地

　　这样的事例不胜枚举，令我对董事长绝不墨守成规、化繁为简的创新精神有了第一手的体会。和他一起工作是对自己的一种鞭策，因为给一个结构工程师提出你建筑设计的不足，虽然他是院士，多少有点面子上挂不住。

　　我们公司目前有80多位员工，是个中小企业。董事长在他66岁的时候创立了她，仅是这个举动就足以令人敬佩。非常幸运的是，应该说也是他以身作则、诚恳待人的个人魅力所致，整个公司领导层不管条件多么艰苦，一直以来都能够齐心协力。我们的领导层既是管理人员，又是技术人员，基本上都还战斗在工作的第一线。经过这么多年的实践摸索，公司一开始就以主要做结构的形象为人所知。到了近年，我们在建筑、结构、机电等方面的综合实力逐渐得到体现。

艺术和技术完美结合、创新设计、做以人为本的设计，成为我们遵循的道路。

这些年来，我们始终在尝试将江所原有的优良品质和我自己在外企工作期间设计和管理上的经验结合起来，试图找出一条适合我们这个中小企业的发展道路，找出并强化我们的核心竞争力。

有人说，中国的建筑设计公司只有两种能够生存：一种是大型企业，另一种是十几人的小团队。很可惜，我们都不是。但是我们相信，以我们的不懈努力，以我们的聪明才智，更重要的是，有在座的各位朋友、老师的鼎力支持，我们能够找到适合生存的土壤。想当初，建设部鼓励江院士成立这个公司，就是要在中国尝试中小型设计公司。我们的目标不是做大做强，而是做精做强，做一个有国际品质的中国设计公司。相信中国有足够大的市场，让设计市场真正做到百花齐放。

最后祝愿江院士、我们的董事长永葆一颗年轻的心，并再次感谢大家的光临。

厦门世侨中心

上海湖北大厦

斐讯通信研发基地一期

浙江千岛湖五星级酒店

后记
postscript

　　本书作为《上海现代建筑设计集团丛书》内部出版时，名为《从业五十年——我的优化创新努力》。此后，我又做了3年多工作，增加了些内容，便将原书名的副标题扶正，有了现在的书名。

　　书中照片和图纸，多为本人或江欢成公司所拍、所珍藏，并对少数引用的图片的出处作了说明，但恐有遗漏，敬请谅解！本书编撰过程中，得到现代集团严鸿华、张桦等同志的支持、鼓励，得到江欢成公司江春、魏俭、程之春、杜刚以及王怡、黄雯婷等同志的具体帮助，得到人民出版社编辑的指点和帮助，特致诚挚的谢意。

　　从业50多年来，我总觉得时间太短，想做很多事，做成了一些，做好了一些，想再多做些！但人都会老、会死的，这是自然规律，任何人不可能违反！幸运的是，目前我身体尚可，还搭好了公司做平台，让年轻人在台上尽情表演。自己也常觉得时间不够用，我珍惜这尚存的余热。习近平总书记在党的十八届五中全会上，提出实现中华民族伟大复兴中国梦的五大发展理念：创新、协调、绿色、开放、共享，并把创新放在第一位，给了我巨大的鼓舞。它支持我在有生之年，还要继续在创新的路上走下去，在支撑年轻人的过程中，再做成一些事。

　　世界无穷无尽，发展无止无境。你老了、走了，后人会干得更好！

祝我的同行、晚辈们后来居上！
祝我们伟大的祖国和谐、康乐、富强！

江欢成

2017年6月于上海